學會各派羅盤這本最正確

黃恆堉、李羽宸◎著

隨書附贈羅盤影音教學DVD

作者序

黃恆堉

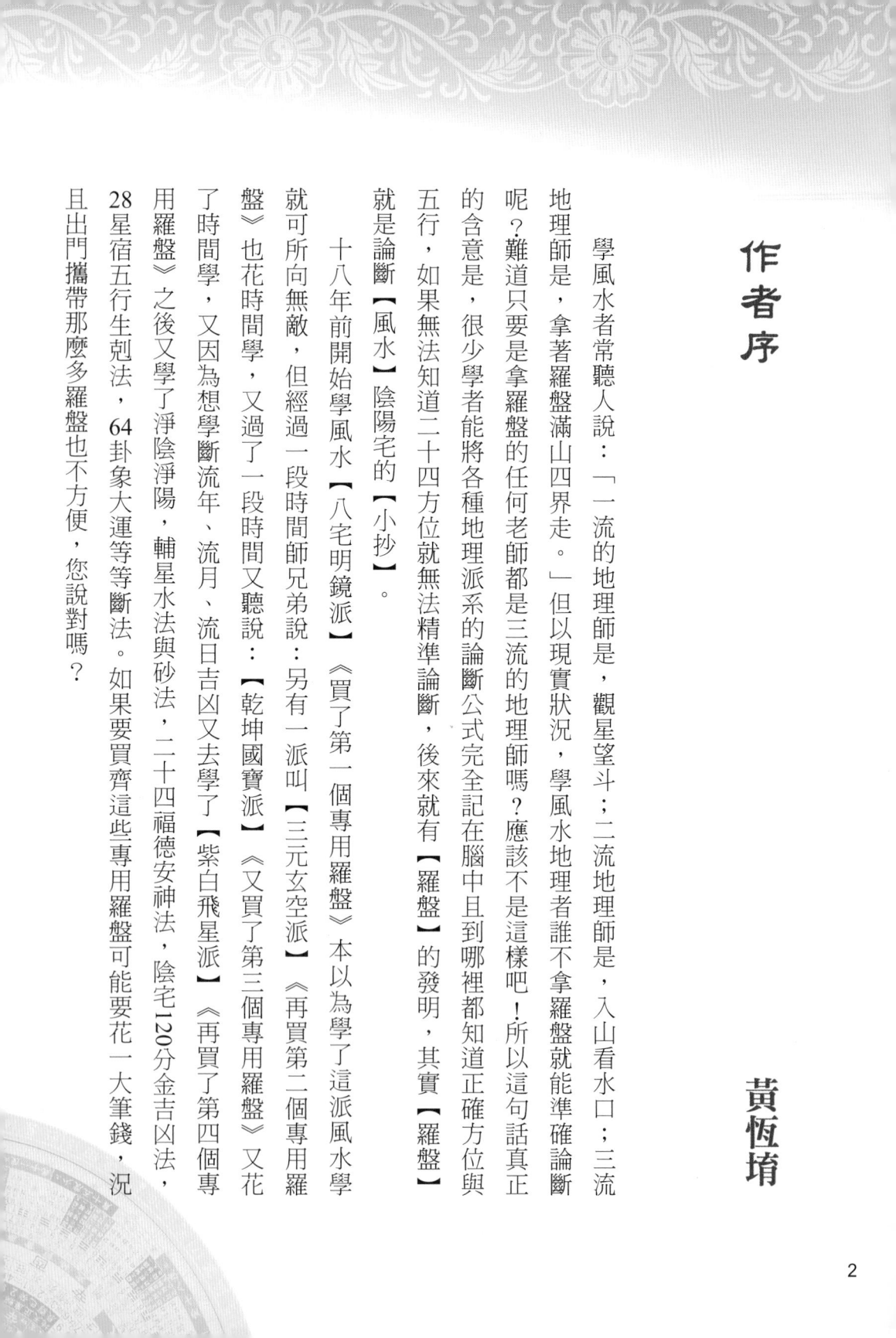

學風水者常聽人說：「一流的地理師是，觀星望斗；二流地理師是，入山看水口；三流地理師是，拿著羅盤滿山四界走。」但以現實狀況，學風水地理者誰不拿羅盤就能準確論斷呢？難道只要是拿羅盤的任何老師都是三流的地理師嗎？應該不是這樣吧！所以這句話真正的含意是，很少學者能將各種地理派系的論斷公式完全記在腦中且到哪裡都知道正確方位與五行，如果無法知道二十四方位就無法精準論斷，後來就有【羅盤】的發明，其實【羅盤】就是論斷【風水】陰陽宅的【小抄】。

十八年前開始學風水【八宅明鏡派】《買了第一個專用羅盤》本以為學了這派風水學就可所向無敵，但經過一段時間師兄弟說：另有一派叫【三元玄空派】《再買第二個專用羅盤》也花時間學，又過了一段時間又聽說：【乾坤國寶派】《又買了第三個專用羅盤》又花了時間學，又因為想學斷流年、流月、流日吉凶又去學了【紫白飛星派】《再買了第四個專用羅盤》之後又學了淨陰淨陽，輔星水法與砂法，二十四福德安神法，陰宅120分金吉凶法，28星宿五行生剋法，64卦象大運等等斷法。如果要買齊這些專用羅盤可能要花一大筆錢，況且出門攜帶那麼多羅盤也不方便，您說對嗎？

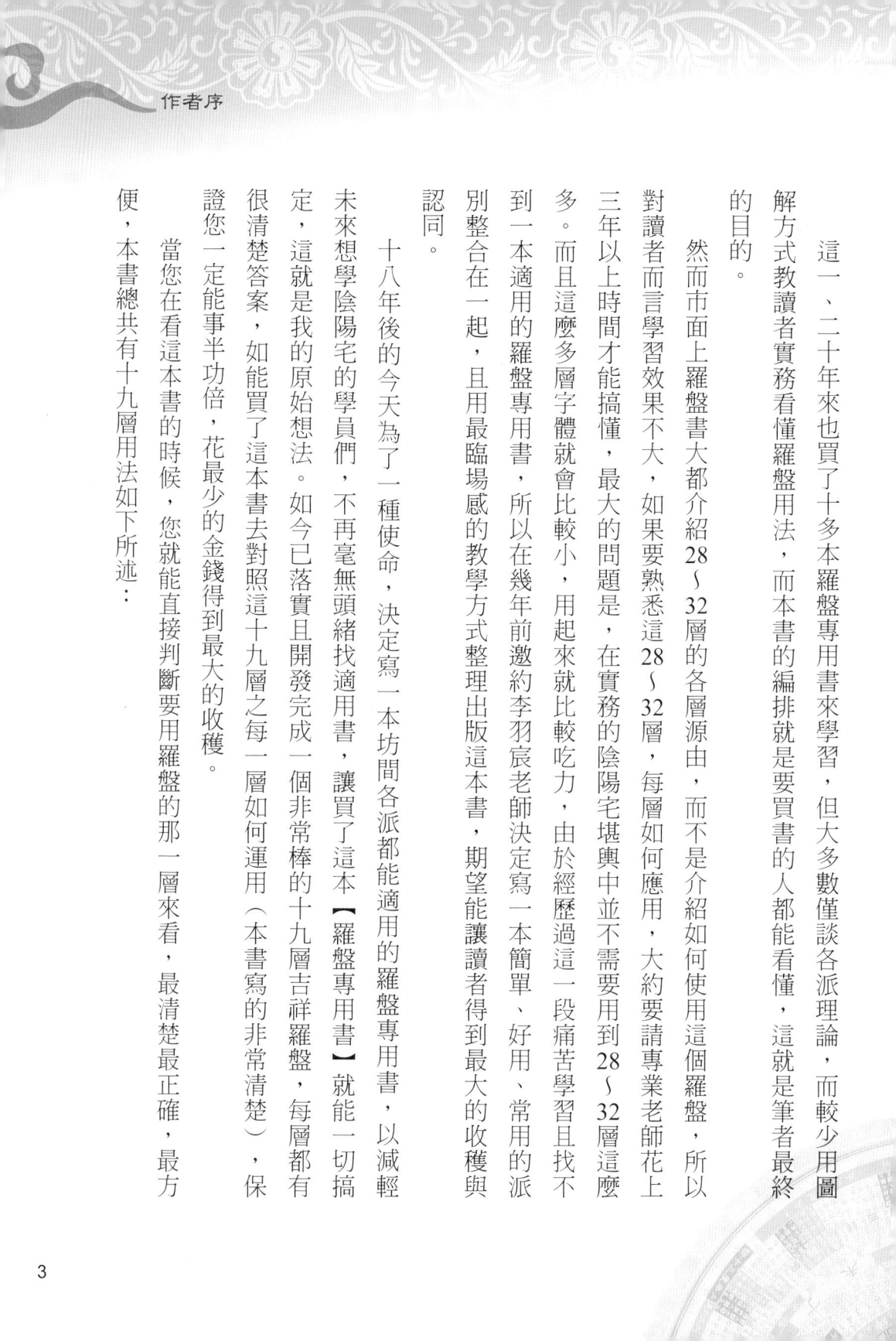

這一、二十年來也買了十多本羅盤專用書來學習，但大多數僅談各派理論，而較少用圖解方式教讀者實務看懂羅盤用法，而本書的編排就是要買書的人都能看懂，這就是筆者最終的目的。

然而市面上羅盤書大都介紹28∫32層的各層源由，而不是介紹如何使用這個羅盤，所以對讀者而言學習效果不大，如果要熟悉這28∫32層，每層如何應用，大約要請專業老師花上三年以上時間才能搞懂，最大的問題是，在實務的陰陽宅堪輿中並不需要用到28∫32層這麼多。而且這麼多層字體就會比較小，用起來就比較吃力，由於經歷過這一段痛苦學習且找不到一本適用的羅盤專用書，所以在幾年前邀約李羽宸老師決定寫一本簡單、好用、常用的派別整合在一起，且用最臨場感的教學方式整理出版這本書，期望能讓讀者得到最大的收穫與認同。

十八年後的今天為了一種使命，決定寫一本坊間各派都能適用的羅盤專用書，以減輕未來想學陰陽宅的學員們，不再毫無頭緒找適用書，讓買了這本【羅盤專用書】就能一切搞定，這就是我的原始想法。如今已落實且開發完成一個非常棒的十九層吉祥羅盤，每層都有很清楚答案，如能買了這本書去對照這十九層之每一層如何運用（本書寫的非常清楚），保證您一定能事半功倍，花最少的金錢得到最大的收穫。

當您在看這本書的時候，您就能直接判斷要用羅盤的那一層來看，最清楚最正確，最方便，本書總共有十九層用法如下所述：

第一層　是讓您定位正確的【南、北極】，以便取得座向方位。

第二層　線條標示是先天八卦，文字是後天八卦。

第三層　就是能讓老師直接看出家中誰會出什麼問題。

第四層　就是要讓使用者測定正確方位用的。

第五層　是用來定陰陽宅分金之用，每山有五個分金，用對則富，用錯則貧。

第六層　可看出家中成員身體、財運、疾病、躁鬱、婚姻等等。

第七層　可看出廟宇、大樓、煙囪、高塔、尖射物等對房子好壞。

第八層　可看出屋宅前、後、左右的水路及形煞對宅體好壞。

第九層　可看出門、臥房、書房、神明廳、廚房、廁所與人命配卦的吉凶。

第十層　可看出床、神位、門、臥房、商店大門、收銀機位置的好壞。

第十一層　可看出門或大樓或辦公桌位置對我是吉是凶可直接看出。

第十二層　可看出從各方位來的水或出水口是吉是凶可直接看出。

第十三層　可看出「來水、路氣」過堂之納氣，能否子孫賢孝，家庭美滿，事業順利，貴人多顯或是會失去美滿生活，事業不順，家道中落。

第十四層　可依易經堪輿法之「來龍、坐山、立向、水口」，與卦運和卦氣來分析出房子之好壞。

第十五層　可直接看出從各方位來的水或出水口是吉是凶可直接看出。

第十六層　可明確的看出各大運各房子的各方位之好壞組合及佈局。

第十七層　可明確的看出屋外各種大型之形煞物對我之屋宅ok不ok。

第十八層　最簡單一下子可明確的看出各方位是在幾度以作判斷。

第十九層　可明確的看出房子中神位、門、辦公桌之位置好不好。

這本羅盤試使用專用書絕對是您最佳的選擇，希望您擁有，一定要典藏。

台中市五術教育協會　創會理事長　黃恆堉
甲午年於吉祥坊易經開運中心
網址：www.abab.com.tw　04-24521393

作者序

李羽宸

羅盤又稱為「羅經」、「羅庚」、「盲公竹」，表示包羅萬象、經天緯地之意。據傳黃帝大戰蚩尤時，因為迷失了方向，便由九天玄女娘娘傳授指北針法，進而慢慢的演變成現在普遍命理師在使用的「羅盤」。

羅盤分為「蔣盤」及「楊盤」兩種，蔣盤為蔣大鴻所創，是以九星和卦爻為主的三元盤；楊盤為楊筠松所創，是以雙山三合為主的三合盤。惟由吉祥坊易經開運中心自行研發的「吉祥十九層風水專用羅盤」，甚為美觀大方又實用，已經漸漸受到堪輿界的矚目及讚譽。

因為可以測量宇宙間正確的方位，並且利用自然的原理，掌握天時、地利、人、事、物之吉凶，所以已經在五術界及陸海空方面被廣泛使用。只是地理堪輿師在使用的羅盤，學理甚為複雜，若沒有專門的研究，或是良師的引進教導，要悟出其中的原理，想必會相當吃力，而且是事倍功半。

陰陽宅堪輿實地測量方位必備的工具就是羅盤，否則就無法立基定向。堪輿界有一句名言：「巒頭無理氣不靈，理氣無巒頭不準。」所以地理法，法法可用，並沒有三元派、九星派、三合派、八卦派之分。而羅盤就是理氣最佳的工具，「吉祥十九層風水專用羅盤」已經涵蓋各門各派風水學之精華。子曰：「工欲善其事，必先利其器」，所以要研究或是了解風水地理之學，最好的工具無非是「羅盤」，而能善其事的工具書非「學會各派羅盤，這本最正確」最實用。

羅盤除了可以清楚界定「坐山立向」，了解陰陽宅之吉凶禍福之外，更可以鎮宅化煞、防止車關意外、開運招財、保佑平安。當宅運處於不好的環境之下又不許搬遷的時候，羅盤可擋凶化煞，亦可更換宅運、旺財，達到一舉數得之功效。盤中有陽宅堪輿必備的「二十四山行龍定向」、「人盤中針撥砂法」、「天盤縫針納水法」、「先天八卦符號與後天方位」、「二十八星宿」、「九星納甲水法」、「八宅明鏡」、「紫白飛星」、「乾坤國寶」、「三元玄空」、「易經堪輿抽爻換象」、「二十四山星神」等，在本書當中都有非常詳盡的使用方法說明，今後當您擁有這本「羅盤」堪輿使用工具書之後，無論是風水規劃師或是對羅盤如何使用有興趣的讀者，只要擁有它，陽宅鑑定與規劃，將會是輕而易舉的事情。

命裡有時終須有，命中無時莫強求；人逢倒楣金變鐵，時來運轉牆難擋。也就是說不管做任何事情，一定要親力親為，努力不懈，才能有所成。絕對不能在失運之時就懷憂喪志，心灰意冷。

命好心又好，榮華發達早；心好命不好，一生也穩飽；命好心不好，前程恐難保；心命都不好，窮苦直到老。可見平時口說好話，手做好事，心想好願，就能夠轉好運。做好事要發自內心，不求回報，積陰德者必有陽報，經常行善積德之人，縱使住進所謂的凶宅、凶地，其純真無私之心，也能讓地氣由凶轉吉。如「玄武無靠，貴人無罩」，但當有福之人入住之後，自然而然在宅後就建造了比本宅稍為高出的建物當成靠山，此乃應驗「福地福人居」的不變法則。

所謂：「入門三相，便知其家。」陸陸續續「陽宅系列」書籍付梓，包括「十分鐘學會看懂陽宅風水」、「各派陽宅診斷現象化解」、「學會八宅明鏡，這本最簡單」、「學會三元玄空，這本最好用」、「學會乾坤國寶，這本最容易」、「學會紫白飛星，這本最好學」、「學會各派羅盤，這本最正確」等，旨在導正一般人對於陽宅正確的認知，祈使每位讀者都能夠深得其用，自助而助人。最後謹以《中國五術教育協會》三尊保護神：謙虛、尊重、禮讓，與大家共勉，祝福大家、謝謝大家，感恩！感恩！再感恩！

高雄市五術教育協會　理事長　李羽宸
甲午年季秋謹序於吉謙坊命理開運中心
網址：www.3478.com.tw　0930-867707

陽宅專業羅盤使用方法介紹

吉祥十九層風水專用羅盤，由吉祥坊易經開運中心創製。乃是針對陽宅風水堪輿設計製作，本羅盤去除一些古盤不用的層數，再增加初學者堪輿陽宅風水時，簡易方便之層數，外型明亮、準確，一般生手也很容易上手。層數包括陽宅必備之「八宅明鏡」、「紫白飛星」、「乾坤國寶龍門八大局」、「三元玄空」、「九星水法」、「地盤正針（行龍定向）」、「人盤中針（撥砂之用）」、「天盤縫針（納水之用）」，以及各宅固定之吉凶方位，一些難記之口訣，便於勘宅之時更容易得心應手的操縱自如，判斷準確而精準無誤。

要堪輿一間陽宅的好壞並找出問題所在，第一個重要工作就是必須先界定清楚該陽宅之「坐山立向」，要界定「坐山立向」的工具就是「羅盤」。而羅盤最重要部份就是在最內圈天池裏的指南針，地球磁力線均由北極至南極，所以指南針的指針都是指著南北極，因指南針的發明，更深深影響了人類的發展。

相傳約四千餘年前黃帝為討伐蠻橫無道的諸侯蚩尤，初期黃帝大軍被困於濃霧之中，迷失方向，幸得賢能的「風后」運用多年研究而成的指南針，裝入兵車之中，兵車名為指南車，黃帝因指南車上的指南針發生功效得以了解四面八方的方向，在濃霧的山林中，行軍如履平地，揮軍直攻蚩尤，最後順利將蚩尤打敗。

指南針的發明有兩項重大發明與發現，一是人工磁化鋼鐵製成方便指向，二是磁偏角（磁體指向與地理子午向有偏角）及磁傾角（磁體指向與地平面呈傾斜角）的發現。也因此而使指南針獲得廣泛的使用，尤其當在茫茫大海中航行的船隻，羅盤為他們解決了方位判定的問題。現今無論在陽宅與陰宅堪定方位方面，或新陽宅及陰宅在確定坐山立向、定分金之時，都必須使用羅盤來界定。

古人謂「天道健、地道順，人道平。」先有天地後有人，故人盤居天地盤之中間，天陽主動其氣早來。以子午進半位7.5度為「天盤」；地陰主靜，其氣後來，以子午退半位7.5度為「人盤」，曰中針；而「天盤用在納水，地盤用在定位坐山立向，人盤用在消砂」。

坐山立向：

陽宅定位「坐山立向」，目前有兩種作法，一是以整棟房屋之坐向，另一是以大門為向，但個人以為獨棟房屋應以大門為向較符合實務上之操作。

如何測量獨棟房屋之坐山立向？當人站立與大門平行面對馬路，人向外看就是「向」，背後屋牆為「坐」。

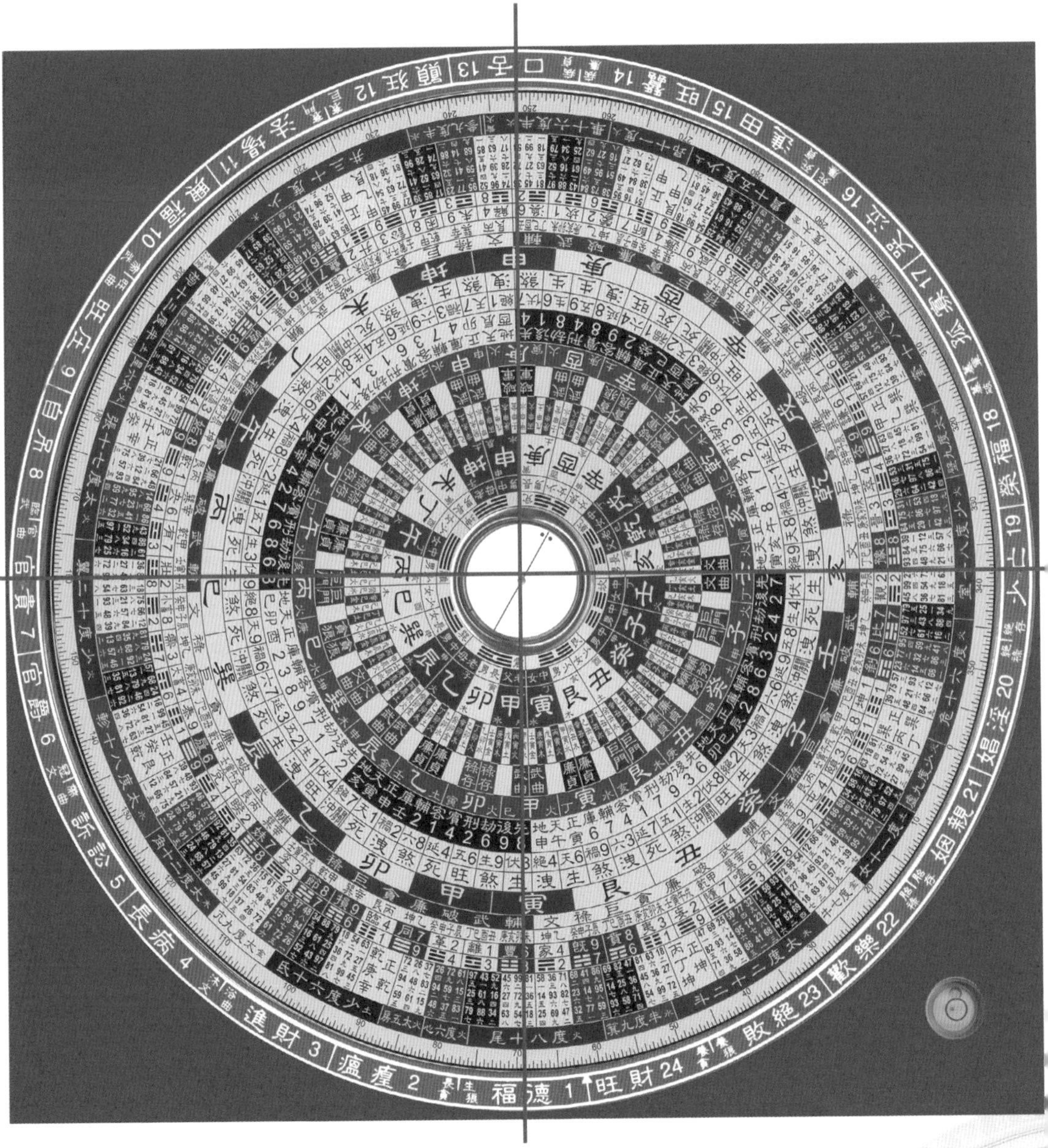

測量的方法是將羅盤最外層二十四山星神的「福德」面對自己；左手自然的捧放在二十四山星神的「官爵、官貴」處；右手捧放在二十四山星神的「歡樂、姻親」處。雙手拿穩保持水平狀態，再用雙手的大姆指旋轉羅盤內盤。當磁針靜止之後，天池內黑色指針大頭與天池內紅色線兩點重疊成一直線，羅盤靠身體處為坐，接著再看羅盤第四層「地盤正針」二十四山為何？如為巳亥（如圖檔所示），就稱該屋之坐山立向為「坐巳向亥」。目前大多數堪輿師也都採用以大門為定坐向之標準。

（羅盤正確用法最外圈福德朝內）。羅盤上的紅色十字魚絲線應該與屋的正前、正後、正左、正右的四正位重疊，如果錯誤那所量出來的坐山立向就不準確。

羅盤規格：

目前比較常使用的羅盤尺寸有：一寸九、二寸八、三寸四、四寸二、五寸二、六寸二、七寸二、八寸六、一尺二，最大有做到三尺。

羅盤必須具備以下幾個要求：

1、要精細準確，愈大的羅盤愈精細愈準確，若堪輿面積較大的工廠、陽宅，則必使用較大的羅盤，如七寸二、八寸六、一尺、一尺二等。

2、要能方便攜帶，要求精細且準確度佳，羅盤最好選用七寸二或八寸六。

3、若只須測量坐山立向，則可選擇使用一寸九、二寸八、三寸四、四寸二、五寸二即可。

4、一般職業堪輿師都會選用「一寸九」的小羅盤，隨身繫在皮帶上或帶在身上，不僅可以護身化煞，亦可於做為隨身測量之用。

吉祥坊研發之十九層羅盤：

這只羅盤特別針對陰陽宅堪輿時，用得到的十九層而設計的，字體較大也更為實用，如果學會這十九層也等於學會了多派陽宅學，足以堪稱為陰陽宅大師了。

內容有坊間較多老師在使用的各派陽宅學：

（一）、八宅明鏡派使用法。
（二）、紫白飛星派使用法。
（三）、三元玄空派使用法。
（四）、乾坤國寶派使用法。
（五）、九星水法派使用法。
（六）、二十八星宿使用法。
（七）、易盤六十四卦派使用法。

（八）、地盤正針定向使用法。

（九）、人盤中針撥砂使用法。

（十）、天盤縫針納水使用法。

（十一）、一百二十分金使用法。

（十二）、二十四星神福德派使用法。

每一層每一派如何使用都會用最簡單的方式教給您，保證您找不到比這一本更簡單好用的「羅盤」使用法工具書。如果您能把這本看通，就等於學會了坊間最主流的各個風水學派，本中心也錄製了這個羅盤每一層的運用方法，讓您輕鬆學會，如有需求可來電詢問。

第壹層
天池（羅盤層數，由內往外算）

這一層是讓您定位正確的【南、北極】，以便取得座向方位。

一、羅盤奇針八法介紹

天池內黑色指針與紅色線重疊成一直線（如圖檔所示），指針大頭與紅色線兩點中心必定指向子（北方），此為針尾；指針細小一端必定指向午（南方），此為針頭。

據此而知，天池內黑色指針為南北指向，靜止時必定歸於南北，也就是羅盤地盤正針的「子午」正中線。當指針大頭與紅色線重疊成一直線靜止時（此

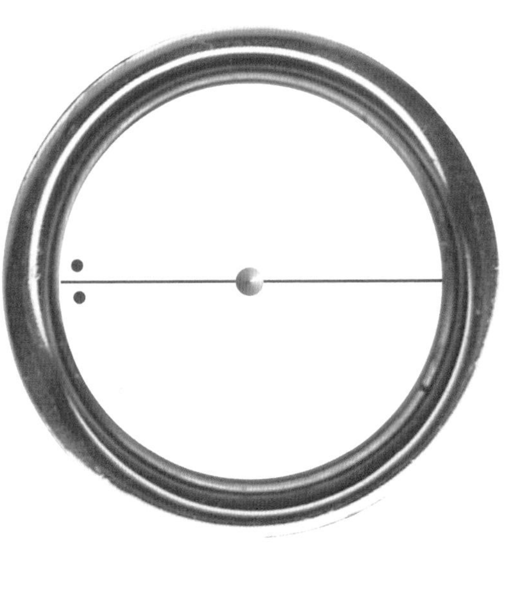

線即是子午線），羅盤靠身體處為【坐】，面前為【向】，接著再對照羅盤第四層「地盤正針」二十四山為何？就是目前的正確坐向。

羅盤之天池精準度高於一般的指南針，配上八卦陰陽五行，對磁場與氣場就有特殊的感應力，此為指南針難與羅盤同論之處。

古人有所謂「堪宅先感氣」之說，意謂堪輿陰、陽宅之前，必先感應該宅之氣；因此，古時候陰陽宅風水堪輿，留有「奇針八法訣」，也就是利用羅盤天池上的磁針，來感應該宅的氣場吉凶，作為示警之用。

除了奇針八法之外，另增列幾項重要法則，提供讀者研究探討，僅將其略述於后：

1、搪針：搪者，畏懼也，指針擺動不定，不歸中線，斷為此地有怪石深潭，居之有禍。若針在巽巳丙位泛動，則九尺之下有古板古器等物，居之必出女子好酒色，孤苦無依之人。

2、兌針：兌者，突出也，針頭上突，又稱浮針。表示有當地的家神、祖先靈（本家或附近其他）、地基主，來影響羅盤，主在警告此宅或此地不佳，或是此陰、陽宅擺設有問題，造成氣場不順，須處理改善，以免將來發生家運不順、破財、病痛、意外等問題。

3、沉針：沉者，下沉也，針頭下沉（指針細小處稱之），有陰氣介入，此陰非惡陰，為冤死或非正常死亡之魂徘徊，或宅、地下有人骨、動物屍骸未處理乾淨，顯示該宅、地氣陰、氣濁，會使一般人感到不適，必須處理。

4、**轉針**：轉者，轉而不止也，指針轉而不止，此為惡陰介入，怨恨之氣徘徊，或是該宅、地有聚怨靈或含怨的陰氣，人們一旦進入就容易被沖煞，需要制煞處理或乾脆遷離為宜。

5、**投針**：投者，半沉半浮也，指針半浮半沉，或上浮不達頂，下沉不達底，此乃地下有墳墓堆聚，居之必多哭泣，且須防官司口舌是非。

6、**逆針**：逆者，針歸中線不順也，此地必出忤逆之人，並且財丁兩敗，無風水可言。

7、**反針**：磁針所指方向無故與實際方位相反，相差180°，主該宅、地有聚凶煞，或怨靈、怨魂，人若進入容易被煞到、中邪，需要制煞處理或乾脆遷離為宜。

8、**側針**：針不歸中線也，針已靜止，但不歸中線，針不歸南北，偏東或偏西之意，或是磁針所指方向無故與實際方位相差一個卦位，或差一、二山（約15°～30°），顯示有其他的靈體在附近，狀況較不嚴重，或此地為神壇古剎，不適合當住家居住。

9、十字紅線無故斷裂：此情形罕見，主該宅、地有佔領慾極強的凶煞、惡煞，人若進入恐會被主動攻擊，嚴重者會有生命危險，必須馬上離開。

10、天池蓋無故破裂：此情形罕見，主該宅、地有佔領慾極強的凶煞、惡煞，或有被法力下於該處的陰兵、陰將聚集，人若進入將會被主動攻擊，嚴重者會有生命危險，須立即離開。

11、正針：正者，正確無誤也，無異樣且不偏不斜，此地為正常之地。

從陽宅居住環境學角度來看，確實我們生活週遭暗藏很多不穩定的磁場，每每於勘宅時遇到磁針異常的狀況，宅內宅外皆有，就是表示當地氣場很不穩定。其實我們只要到高壓電塔附近作測量，羅盤磁針的異動一定非常明顯，表示磁場混亂，並不適合居住其間。

二、羅盤如何保養與維護

1、甚麼才是準確的羅盤？

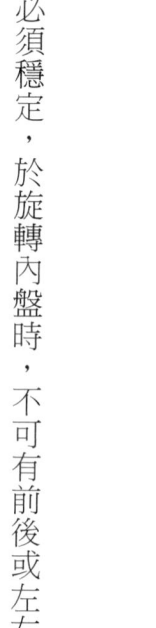

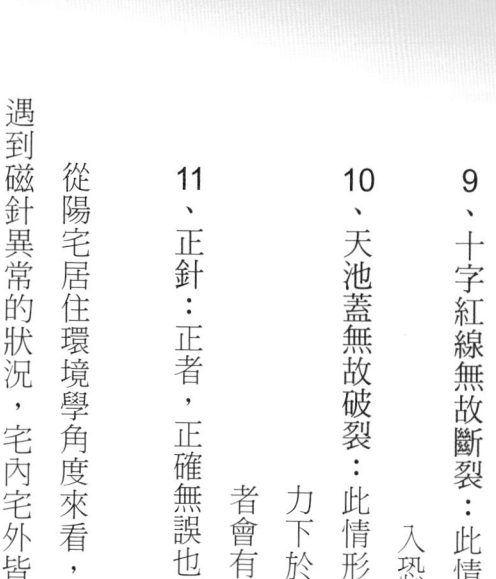

選擇羅盤時，中心軸指針的結構必須穩定，於旋轉內盤時，不可有前後或左右鬆動的

現象。

羅盤的尼龍紅色十字線，一定要直角與垂直對齊內盤盤面刻度中，第十八層周天三百六十度之刻繪角度。如「0度」對角為「180度」；「90度」對角為「270度」，間隔180度，以此類推。

天池內之紅色子午線，一定要對齊第四層二十四山地盤正針的子午線，周天三百六十度之刻繪角度，固定為子山「0度」與午山「180」度。

2、羅盤的保養與維護

羅盤經過長期使用之後，產生磨損時，必須送回工廠校正羅盤。若造成位移磨損不均，導致內盤會鬆動於外盤，致使內盤轉動的時候會前後左右鬆動，則必須更換羅盤，以免影響其準確性。

羅經盤長期處於不良的環境之下，如電器用品、爐灶、熱水器、飲水機等旁邊，會影響指針的磁力壽命。

測量時要避開有電池、鋼筋、鐵器、電視機、印表機、傳真機等帶有磁性物體旁測量，都會影響測量的結果。

羅盤測量者身上，若有鐵器製品，如手機、手錶，都會影響測量的結果。

測量時要與汽車或機車保持適當的距離。

羅盤不可置於潮濕之處，久了便會影響盤面的轉動而導致測量結果的準確性。

羅盤不使用的時候，應該放在平整的地方，將羅盤盤面朝下。

羅盤要防止日光曝曬或雨淋，尤其是銅面羅盤，容易造成盤面脫落，使用後要用乾淨的軟布來擦拭。

羅盤是堪輿師必備基本工具，不用時應放在乾淨、陰涼的地方。出門在外堪輿，要防止道路顛簸而損害指針。

羅盤要避免擠壓、碰撞、震動，故不適合放置行李箱內，盡量放在車內為宜。

3、衛星定位系統（GPS）與羅盤相比之準確性如何？

世界各國皆因國防安全，對衛星定位系統加裝訊號，都會有所限制。

衛星定位系統測量基礎為方位經緯度，風水測量所需的數值是大地磁力線，兩者資料各異。

4、手機電子羅盤與羅盤相比之準確性如何？

全球商用電子羅盤的系統元件兩大生產商（飛利浦及H牌）IC研發團隊，對外公開規格報告中指出，測量基礎誤差值為正負差2度。

雖然有一些製造商用複數演算，聲稱可以將數值定位於正負0.5度，但同一位點讀數還是不盡相同。

若再加入環境干擾的影響，其測試取樣的測量結果誤差值更大。

電子羅盤的數值校正，需要有專業的精算，否則其誤差值更大。

第貳層

先天八卦符號與後天八卦方位

這一層線條標示是先天八卦，文字是後天八卦。

一、易經河圖洛書介紹

河圖與洛書為八卦的來源，乃出自於易經。繫辭傳上曰：「河出圖，洛出書，聖人則之。」但可惜的是圖與書早已失傳，疑為失於周幽王或毀於秦始皇之時。

另一種「河圖洛書」的說法是指，中國傳統文化五千年以來的「河洛文化」。「河圖洛書」乃是發現於黃河及洛水一帶的殷商甲骨文，在名為洛書的甲骨

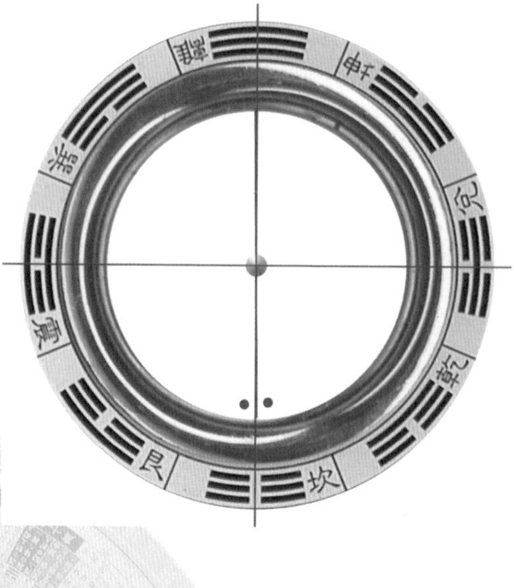

中，記載了縱橫圖。

河圖洛書就是易經八卦，先天為體，後天為用。運用在陽宅內格局的擺設，如大門、客廳、神位、房間、樓梯、灶位、廚房、廁所、辦公桌、床位等，皆以易經八卦之陰陽理論為基礎。易云：「易有太極，太極生兩儀，兩儀生四象，四象生八卦」。八卦兩兩相配，而成六十四卦（如圖檔所示）。

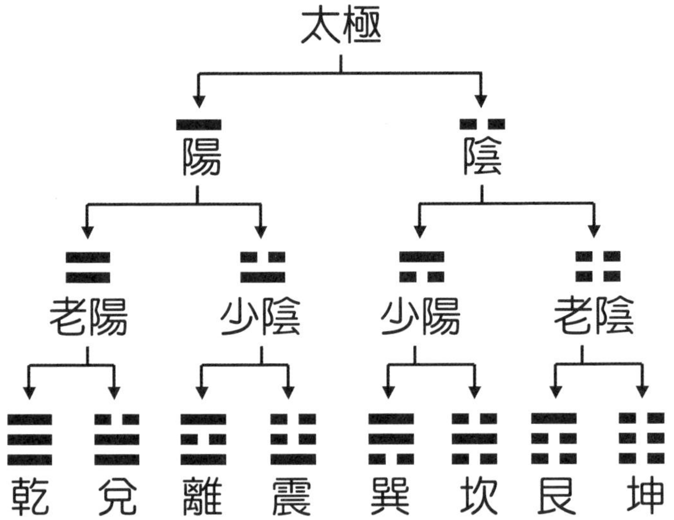

八卦生成圖

由先天四正位演變：乾、坤、離、坎。

乾卦上面變卦成兌上缺，故乾兌同源；

坤卦上面變卦成艮覆碗，故坤艮同源；

離卦上面變卦成震仰盂，故離震同源；

坎卦上面變卦成巽下斷，故坎巽同源。

二、何謂先天八卦

河圖：

伏羲是我國傳說中的三王五帝之一，在他為王的時代，就對日月星辰、氣候天象、草木興衰等等有很深的觀察與認識。直到有一天，黃河中忽然躍出了「龍馬」，也就在此時，他發現龍馬身上的圖案，與自己一直觀察萬物「意象」完全神合，於是伏羲運用龍馬身上的圖案，與自己的觀察，將之繪成圖案叫做河圖（如圖所示）。

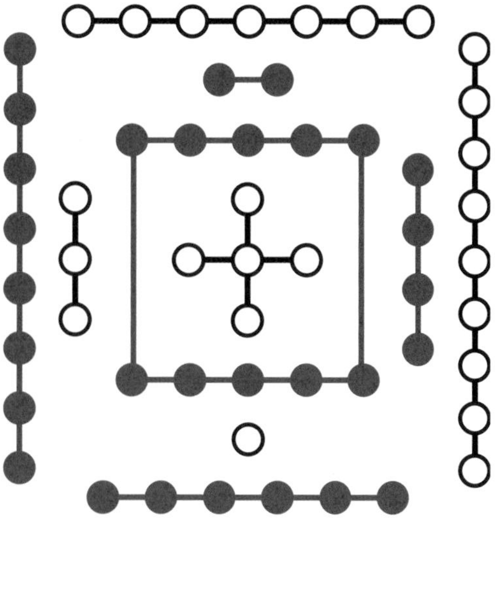

將五行配上河圖：

一、六在北共宗水（天一生壬水、地六癸水成之）。
二、七在南同道火（地二生丁火、天七丙火成之）。
三、八在東為朋木（天三生甲木、地八乙木成之）。
四、九在西為友金（地四生辛金、天九庚金成之）。
五、十居中同途土（天五生戊土、地十己土成之）。

圖中白點為陽，紅點為陰，其每個方位的數字相差數皆為五。除了中央土五、十之外，不管陽數或陰數皆為順時針轉向，表示五行相生依序為：一、六北方水生三、八東方木；三、八東方木生二、七南方火；二、七南方火生五、十中央土；五、十中央土生四、九西方金；四、九西方金生一、六北方水。此河圖為伏羲先天八卦之根源，其順序皆為陰陽相配，相生始能生成。

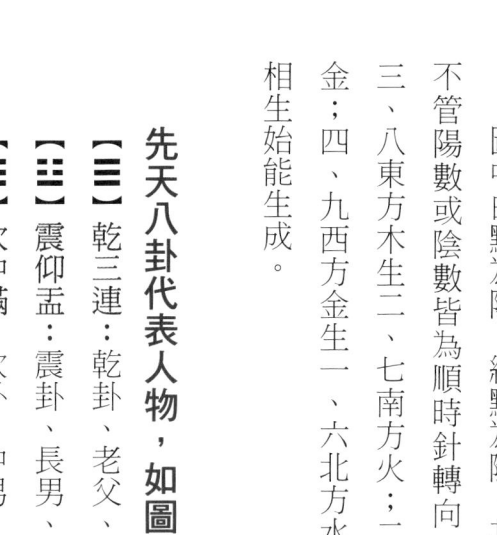

先天八卦代表人物，如圖檔第二層：

【☰】乾三連：乾卦、老父、天。
【☳】震仰盂：震卦、長男、雷。
【☵】坎中滿：坎卦、中男、水。
【☶】艮覆碗：艮卦、少男、山。
【☷】坤六斷：坤卦、老母、地。
【☴】巽下斷：巽卦、長女、風。
【☲】離中虛：離卦、中女、火。
【☱】兌上缺：兌卦、少女、澤。

三、何謂後天八卦

洛書：

自伏羲發現河圖，經過了八百年左右，當時洪水氾濫成災，百姓叫苦連天，於是大禹銜命治水，且當時剛新婚，卻數次經過家門而不入，其悲天憫人、因公忘私、無悔無怨的胸懷，當今還是為後代世人所津津樂道。當時大禹始終找不到治水的良策，後來他發現一隻神龜出現在洛水，背上甲裂成紋繪成圖案叫做洛書（如圖所示）。

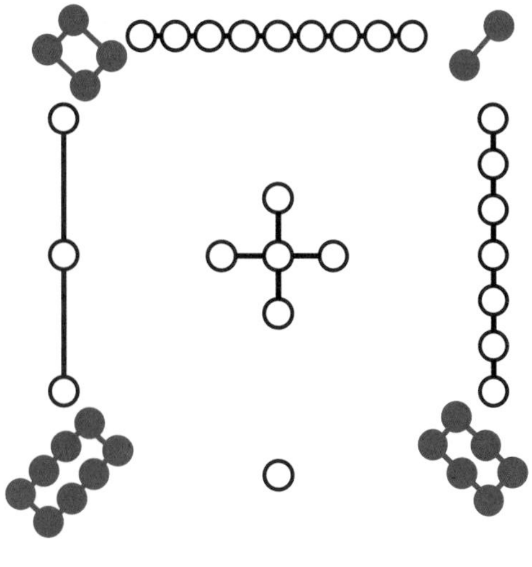

此乃所謂：「載九履一，左三右七，二四為肩，六八為足，五居腹中。」白點為陽，紅點為陰，除五之外，陽數一（北方）、三（東方）、七（西方）、九（南方）在四正方；陰數二（西南方）、四（東南方）、六（西北方）、八（東北方）在四隅方。

洛書由逆向轉序為相剋：一、六水剋二、七火；二、七火剋四、九金；四、九金剋三、八木；三、八木剋中央土五；中央土五剋一、六水。

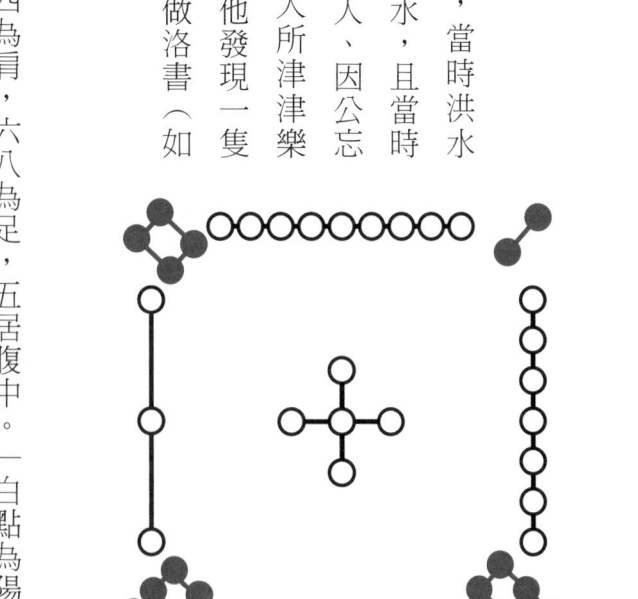

後天八卦代表方位，如圖檔第二層：

坎：北方。
艮：東北方。
震：東方。
巽：東南方。
離：南方。
坤：西南方。
兌：西方。
乾：西北方。

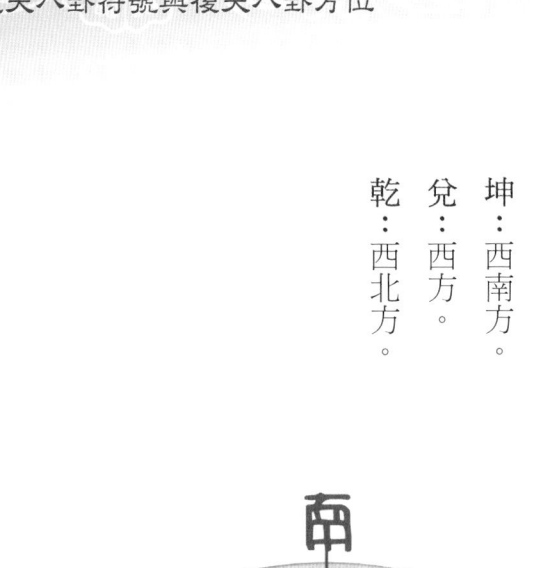

第參層

二十四山人倫納甲

這一層就是能讓老師直接看出家中誰會出什麼問題。

一、卦位人物代表

1、「洛書」後天八卦九宮，數字的「陰陽」屬性。

坤（乙），先天卦位在後天坎卦，洛書數「1」為陽。

巽（辛），先天卦位在後天坤卦，洛書數「2」為陰。

離（壬寅午戌），先天卦位在後天震卦，洛書數「3」為陽。

兌（丁巳酉丑），先天卦位在後天巽卦，洛書數「4」為陰。

艮（丙），先天卦位在後天乾卦，洛書數「6」為陰。

坎（癸申子辰），先天卦位在後天兌卦，洛書數「7」為陽。

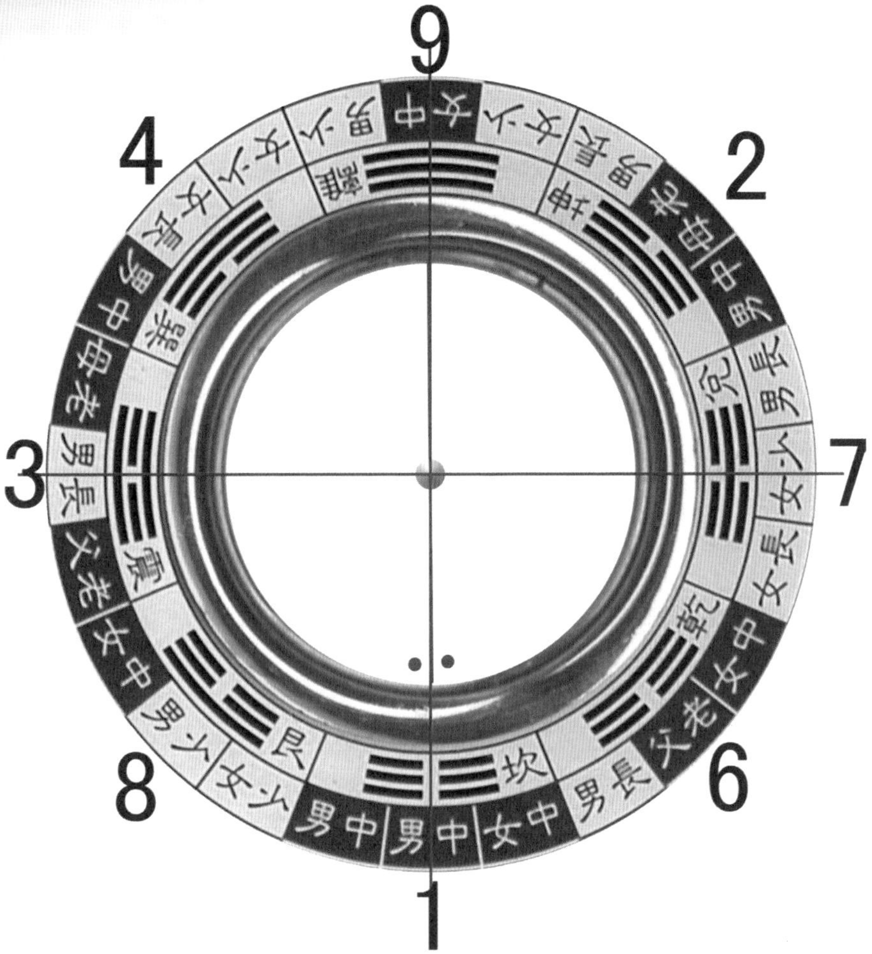

4	9	2
3	5	7
8	1	6

震（庚亥卯未），先天卦位在後天艮卦，洛書數「8」為陰。

乾（甲），先天卦位在後天離卦，洛書數「9」為陽。

2、紅色為陽、黃色為陰。第三層與第四層相互對應（如圖檔所示），便知陰陽與卦位人物代表。

納甲法歌曰：「乾納甲、坤納乙、艮納丙、兌納丁、震納庚、巽納辛、離納壬、坎納癸。」

「乾」納甲，為老父。

「坤」納乙，為老母。

「震」納庚亥卯未，為長男。

「巽」納辛，為長女。

「坎」納癸申子辰，為中男。

「離」納壬寅午戌，為中女。

「艮」納丙，為少男。

「兌」納丁巳酉丑，為少女。

二、周易後天八卦六十四卦與人倫納甲

周易後天八卦六十四卦法則

卦別		輔星氣：人倫	輔星氣：廿四向	巨門	武曲	輔弼	貪狼	破軍	祿存	文曲	廉貞
乾卦	陽	老父	乾甲	坤乙	壬寅午戌	乾甲	癸申子辰	艮丙	庚亥卯未	丁巳酉丑	巽辛
坤卦	陽	老母	坤乙	乾甲	癸申子辰	坤乙	壬寅午戌	丁巳酉丑	巽辛	艮丙	庚亥卯未
震卦	陰	長男	庚亥卯未	巽辛	巳酉丑丁	庚亥卯未	艮丙	癸申子辰	乾甲	壬寅午戌	坤乙
巽卦	陰	長女	巽辛	庚亥卯未	艮丙	巽辛	丁巳酉丑	壬寅午戌	坤乙	癸申子辰	乾甲
坎卦	陽	中男	癸申子辰	壬寅午戌	坤乙	癸申子辰	乾甲	庚亥卯未	艮丙	巽辛	丁巳酉丑
離卦	陽	中女	壬寅午戌	癸申子辰	乾甲	壬寅午戌	坤乙	巽辛	丁巳酉丑	庚亥卯未	艮丙
艮卦	陰	少男	艮丙	丁巳酉丑	巽辛	艮丙	庚亥卯未	乾甲	癸申子辰	坤乙	壬寅午戌
兌卦	陰	少女	丁巳酉丑	艮丙	庚亥卯未	丁巳酉丑	巽辛	坤乙	壬寅午戌	乾甲	癸申子辰

周易後天八卦二十四山人倫納甲

乾卦陽	乾納甲	老父、天	天地定位
坤卦陽	坤納乙	老母、地	
震卦陰	震納庚亥卯未	長男、雷	雷風相薄
巽卦陰	巽納辛	長女、風	
坎卦陽	坎納癸申子辰	中男、水	水火不相射
離卦陽	離納壬寅午戌	中女、火	
艮卦陰	艮納丙	少男、山	山澤通氣
兌卦陰	兌納丁巳酉丑	少女、澤	

第肆層
二十四山地盤正針（行龍定向之用）

這一層就是要讓使用者測定正確方位用的。

一、何謂二十四山

1、二十四山的組成

八天干：甲、乙、丙、丁、庚、辛、壬、癸。

十二地支：子、丑、寅、卯、辰、巳、午、未、申、酉、戌、亥。

四隅位：乾、艮、巽、坤。

2、二十四山的組成，如圖檔所示，依順時針方向依序為

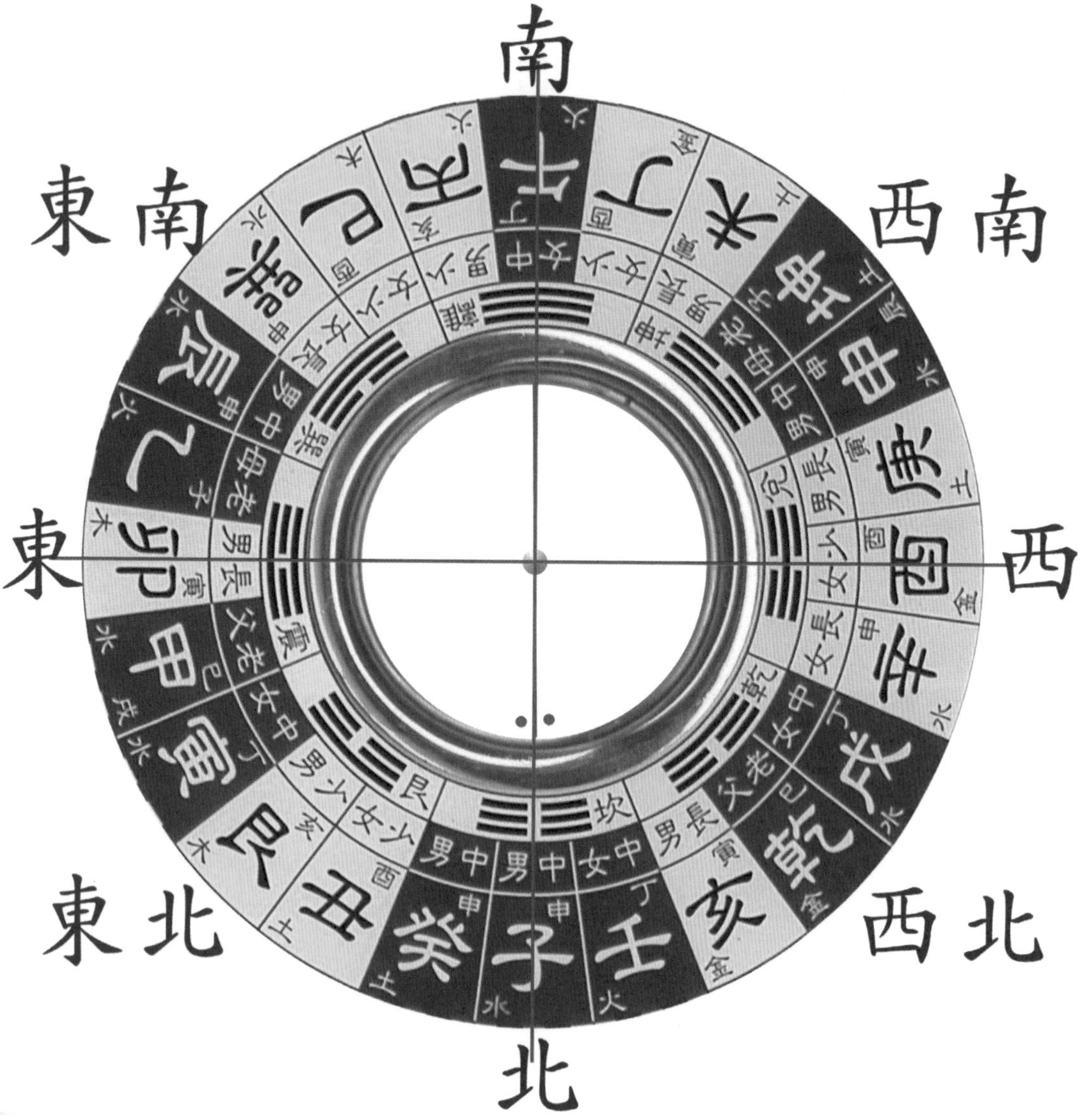
南
東南
西南
東
西
東北
西北
北
午
丙
巳
巽
辰
乙
卯
甲
寅
艮
丑
癸
子
壬
亥
乾
戌
辛
酉
庚
申
坤
未
丁

壬子癸（北方屬水、坎卦）。
丑艮寅（東北屬土、艮卦）。
甲卯乙（東方屬木、震卦）。
辰巽巳（東南屬木、巽卦）。
丙午丁（南方屬火、離卦）。
未坤申（西南屬土、坤卦）。
庚酉辛（西方屬金、兌卦）。
戌乾亥（西北屬金、乾卦）。

3、八卦分為二十四山，每個卦位各分為三山，每山15度，合計360度

坎卦：壬山丙向、子山午向、癸山丁向。
艮卦：丑山未向、艮山坤向、寅山申向。
震卦：甲山庚向、卯山酉向、乙山辛向。
巽卦：辰山戌向、巽山乾向、巳山亥向。
離卦：丙山壬向、午山子向、丁山癸向。

坤卦：未山丑向、坤山艮向、申山寅向。
兌卦：庚山甲向、酉山卯向、辛山乙向。
乾卦：戌山辰向、乾山巽向、亥山巳向。

二、洪範五行介紹

洪範五行據說為周代箕子所創立。本中心精製「羅盤」特別將其洪範五行標註於地盤正針每山之左下角，以利於判斷吉凶。

1、洪範五行口訣

甲寅辰巽水流東，戌子辛申水一同；
艮震巳山原屬木，離壬丙乙火為宗；
乾亥兌丁金生處，丑癸坤庚未土中。

2、洪範五行口訣說明

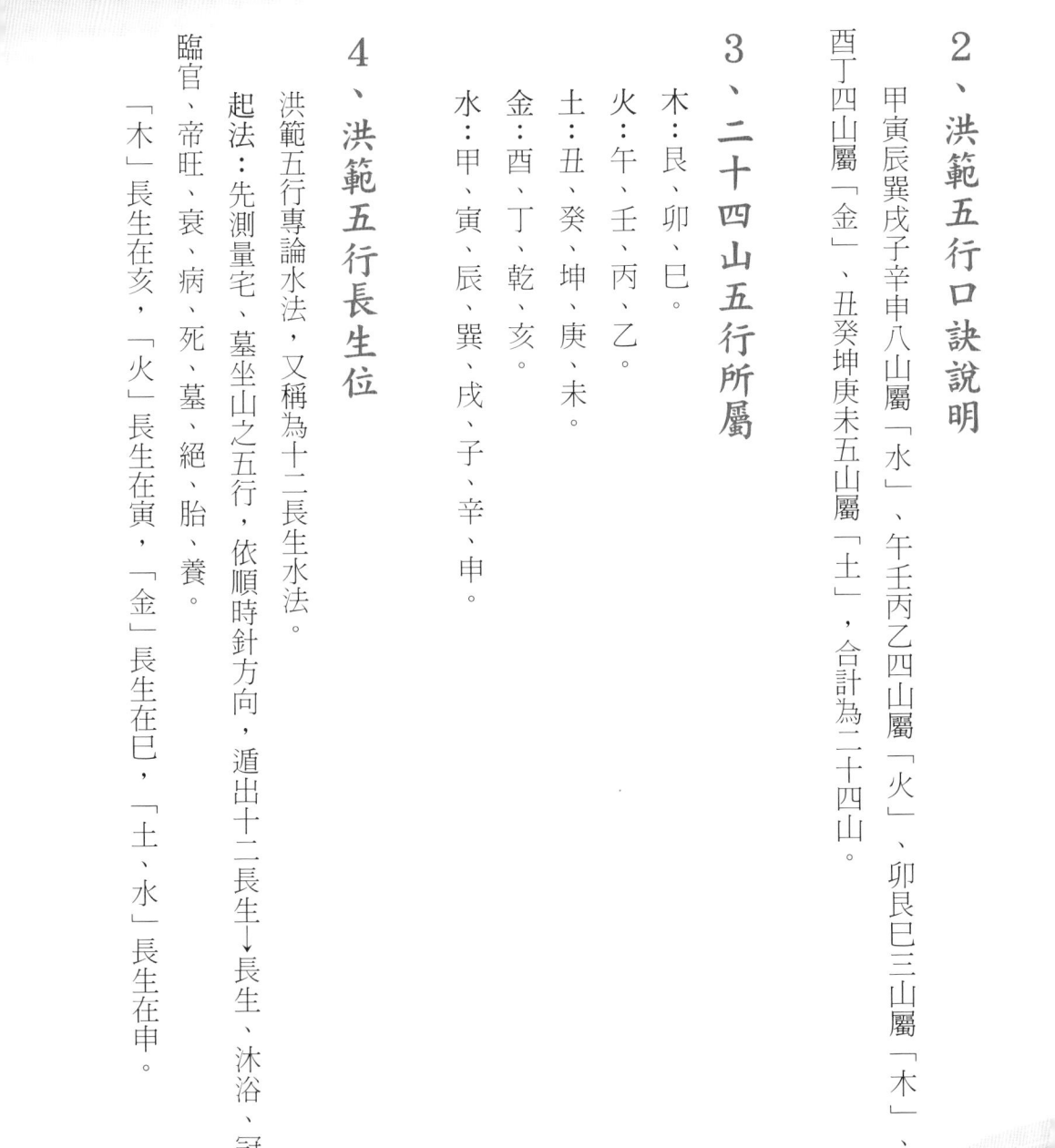

甲寅辰巽戌子辛申八山屬「水」、午壬丙乙四山屬「火」、卯艮巳三山屬「木」、乾亥酉丁四山屬「金」、丑癸坤庚未五山屬「土」，合計為二十四山。

3、二十四山五行所屬

木：艮、卯、巳。
火：午、壬、丙、乙。
土：丑、癸、坤、庚、未。
金：酉、丁、乾、亥。
水：甲、寅、辰、巽、戌、子、辛、申。

4、洪範五行長生位

洪範五行專論水法，又稱為十二長生水法。

起法：先測量宅、墓坐山之五行，依順時針方向，遁出十二長生↓長生、沐浴、冠帶、臨官、帝旺、衰、病、死、墓、絕、胎、養。

「木」長生在亥，「火」長生在寅，「金」長生在巳，「土、水」長生在申。

5、洪範五行十二長生吉凶方位

十二長生吉方：長生、冠帶、臨官、帝旺、胎、養。

十二長生凶方：沐浴、衰、病、死、墓、絕。

洪範五行水法，來水以取十二長生吉方為主，去水則取十二長生凶方，若去水又取十二長生吉方，乃大凶。

6、實例分析

例一：坐山「丑」，口訣曰：丑癸坤庚未土中，則五行屬土。「土、水」長生在申、沐浴在酉、冠帶在戌、臨官在亥、帝旺在子、衰在丑、病在寅、死在卯、墓在辰、絕在巳、胎在午、養在未。

據此得知坐「丑」山之宅、墓。喜「申」方長生、「戌」方冠帶、「亥」方臨官、「子」方帝旺、「午」方胎、「未」方養的來水（造水局可依此法來造）。

但依「雙山五行取水法」，因水喜從天干來，如「子」方為帝旺水，則欲造水局可改從「壬」方來水。

例二：坐山「乾」，口訣曰：乾亥兌丁金生處，則五行屬金。「金」長生在巳、沐浴在午、冠帶在未、臨官在申、帝旺在酉、衰在戌、病在亥、死在子、墓在丑、絕在寅、胎在卯、養在辰。

據此得知坐「乾」山之宅、墓。喜「巳」方長生、「未」方冠帶、「申」方臨官、「酉」方帝旺、「卯」方胎、「辰」方養的來水（造水局可依此法來造）。

但依「雙山五行取水法」，因水喜從天干來，如「申」方為臨官水，則欲造水局可改從「坤」方來水。

三、二十四山安神要訣

二十四山地盤正針每山右上角之五行，是用來尋找二十四山星神（第十九層，羅盤最外層）的吉凶方位。

此層二十四山右上角【小字的天干或地支】是為了配合第十九層，羅盤最外層安神二十四星神所做出的對應點，只要量出二十四坐山，就可直接將該坐山上方的天干或地支旋轉對準第十九層，羅盤最外層的【福德】位。

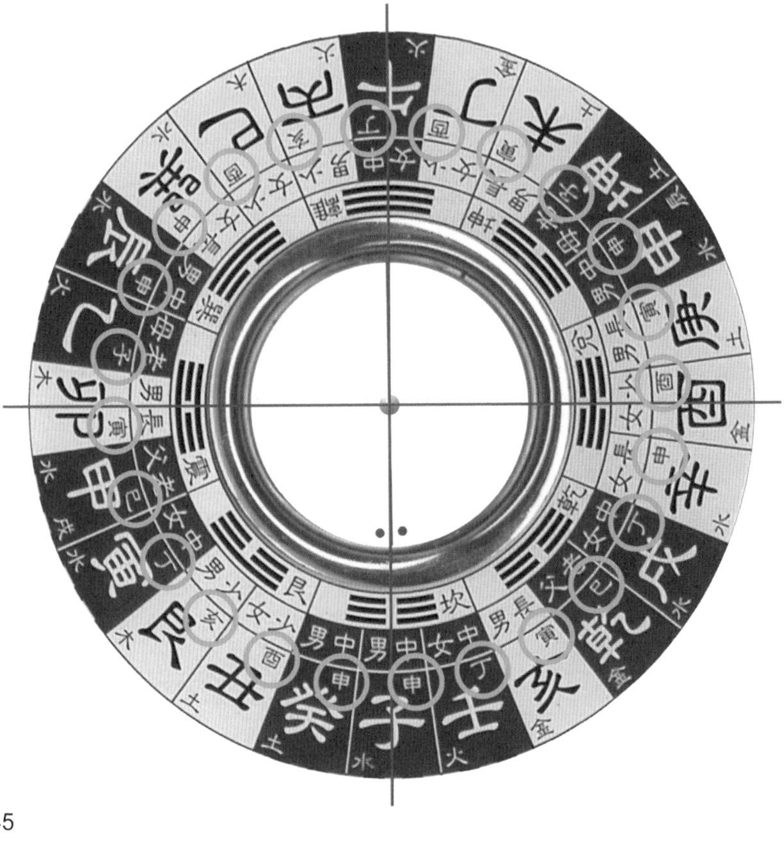

運用方法介紹如下：

1、首先以羅盤量出正確的坐向。

2、量出方位之後，以「坐山」右上角顯示的天干或地支，轉動對準【福德】位。

3、將羅盤轉成原來的「坐山」，就可知二十四山，各自代表的吉凶意涵。

4、二十四山神煞的吉凶標示：

吉方：福德、進財、官爵、官貴、旺莊、興福、旺產、進田、榮福、姻親、歡樂、旺財。

凶方：瘟疫、長病、訴訟、自吊、法場、顛狂、口舌、哭泣、孤寡、少亡、娼淫、敗絕。

5、二十四山星神運用的方法，在第十九層羅盤最外層，會有非常詳細的解說。

第伍層

一百二十分金（內盤分金）

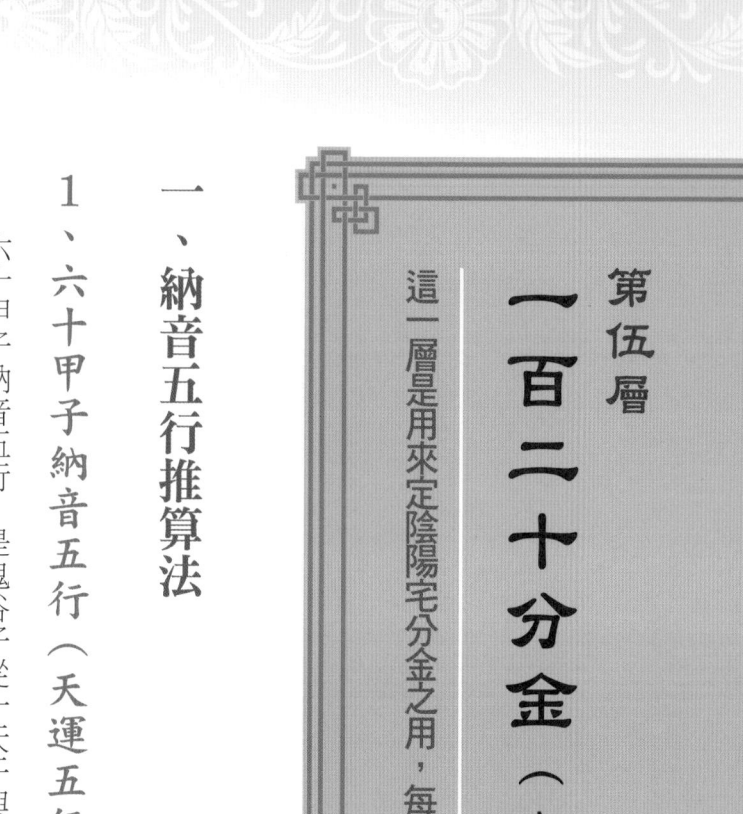

這一層是用來定陰陽宅分金之用，每山有五個分金，用對則富，用錯則貧。

一、納音五行推算法

1、六十甲子納音五行（天運五行）

六十甲子納音五行，是鬼谷子從十天干與十二地支之陰陽兩卦，相配而成的，且各自有其五行，與原來天干地支之五行並不相關。其天干地支配合後所屬之五行名曰：「納音」。納者，受也；音者，感物助聲也。

按納音五行於春秋、戰國時代，是為兵家研究作戰用。沿用至今始用於命理、占卜、地理，至為盛行，茲將口訣節錄於下：

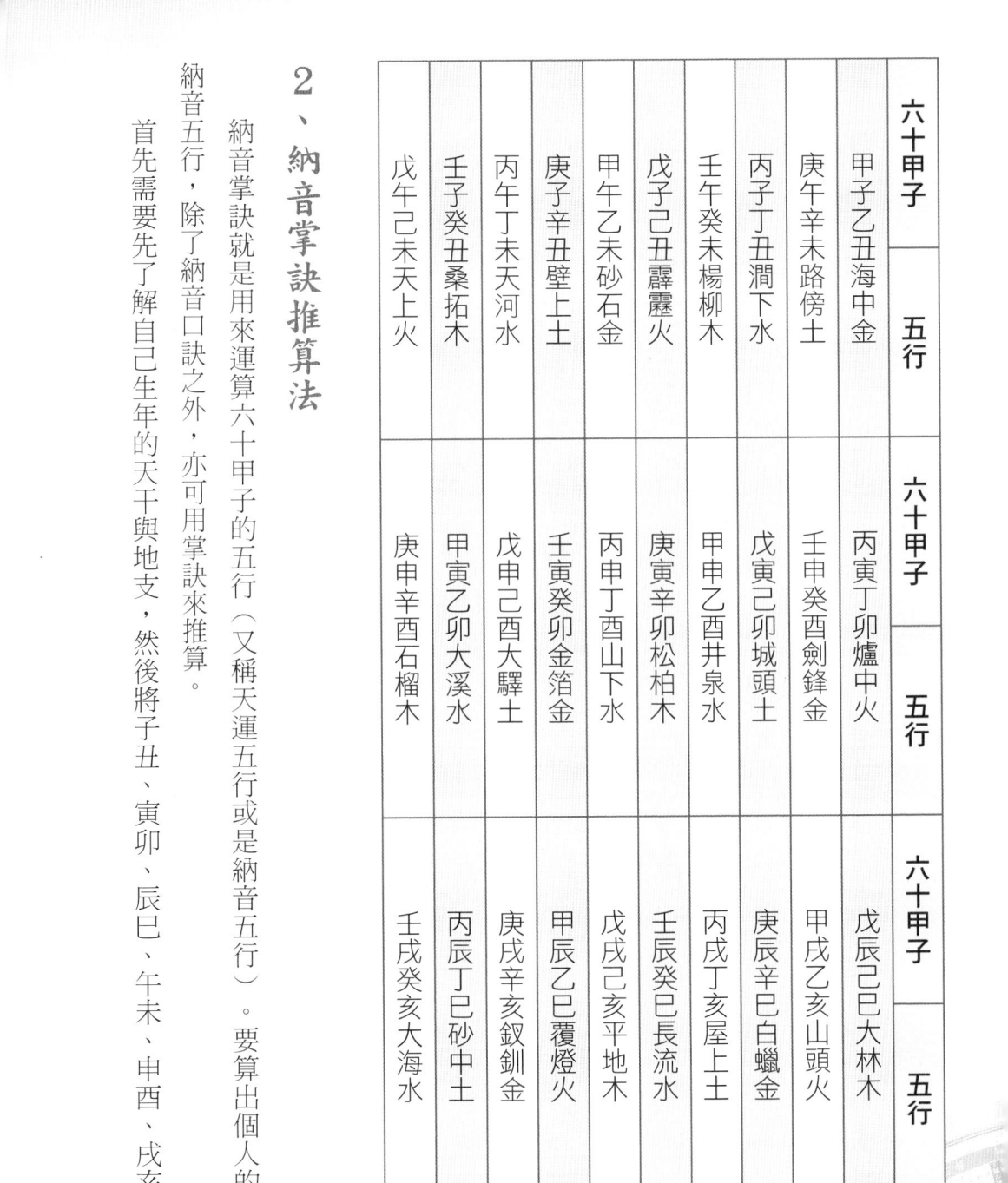

六十甲子	五行	六十甲子	五行	六十甲子	五行
甲子乙丑	海中金	丙寅丁卯	爐中火	戊辰己巳	大林木
庚午辛未	路傍土	壬申癸酉	劍鋒金	甲戌乙亥	山頭火
丙子丁丑	澗下水	戊寅己卯	城頭土	庚辰辛巳	白蠟金
壬午癸未	楊柳木	甲申乙酉	井泉水	丙戌丁亥	屋上土
戊子己丑	霹靂火	庚寅辛卯	松柏木	壬辰癸巳	長流水
甲午乙未	砂石金	丙申丁酉	山下水	戊戌己亥	平地木
庚子辛丑	壁上土	壬寅癸卯	金箔金	甲辰乙巳	覆燈火
丙午丁未	天河水	戊申己酉	大驛土	庚戌辛亥	釵釧金
壬子癸丑	桑拓木	甲寅乙卯	大溪水	丙辰丁巳	砂中土
戊午己未	天上火	庚申辛酉	石榴木	壬戌癸亥	大海水

2、納音掌訣推算法

納音掌訣就是用來運算六十甲子的五行（又稱天運五行或是納音五行）。要算出個人的納音五行，除了納音口訣之外，亦可用掌訣來推算。

首先需要先了解自己生年的天干與地支，然後將子丑、寅卯、辰巳、午未、申酉、戌亥兩字為一組套入圖中的年干位置。再以三組為一循環直接算至自己的年支，就是個人的納音五行。

例一：農曆46年次，天干地支為「丁酉」年，先將子丑兩字為一組，放入圖中的丙丁位（因為46年次天干為丁），然後以丙丁、戊己、庚辛為一循環算至地支酉位（因為46年次地支為酉），首先將子丑放丙丁、寅卯放戊己、辰巳放庚辛、午未放丙丁、申酉放戊己，最後「酉」落入戊己位置，據此得知「丁酉」年出生五行為「火」。

例二：農曆69年次，天干地支為「庚申」年，先將子丑兩字為一組，放入圖中的庚申位（因為69年次天干為庚），然後以庚辛、壬癸、甲乙為一循環算至地支申位（因為69年次地支為申），首先將子丑放庚申、寅卯放壬癸、辰巳放甲乙、午未放庚申，申酉放壬癸，最後「申」落入壬癸位置，據此得知「庚申」年出生五行為「木」。

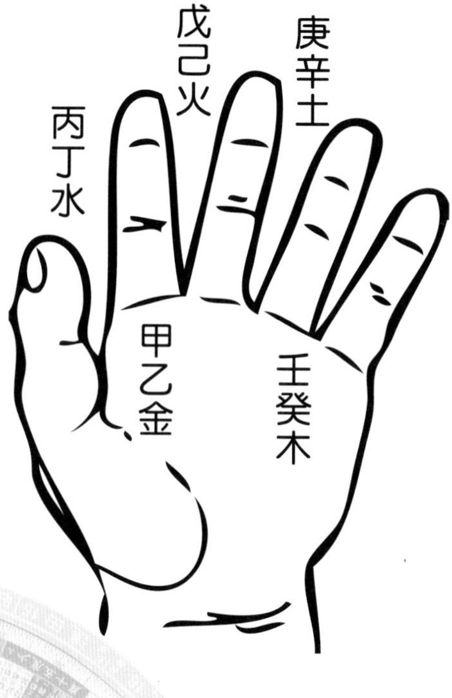

二、八卦二十四山一百二十分金論吉凶

1、120分金介紹

八卦二十四山，每山有五格分金（如圖檔所示），合計為120分金。如坎卦有壬山、子山、癸山。

「壬山」五分金為：乙亥火、丁亥土、己亥木、辛亥金、癸亥水。

「子山」五分金為：甲子金、丙子水、戊子火、庚子土、壬子木。

「癸山」五分金為：甲子金、丙子水、戊子火、庚子土、壬子木。

歌訣曰：

甲壬陽孤乙癸虛，龜甲空亡戊己推，丙丁庚辛雖旺相，刑沖兩害莫胡為。

意思是分金只取「丙丁」、「庚辛」旺相四十八局為用（紅色標示）。其餘七十二局，甲乙為孤、壬癸為虛、戊己為曜煞，棄之不用。

每山有五個分金，二十四山共一百二十分金，每山僅有2分金可用，其餘3分金就算相生，但畢竟位於孤虛龜甲空亡，其氣混濁不堪，故切勿用之。

空亡↓得丁不得財或得財不得丁或全無；孤虛↓損六親、感情。

120分金為取向之用，有屋向、門向、桌向、床向等，而向之取用，以分金五行「生我」、「同我」、「我剋」宅主或使用人之納音五行為主。

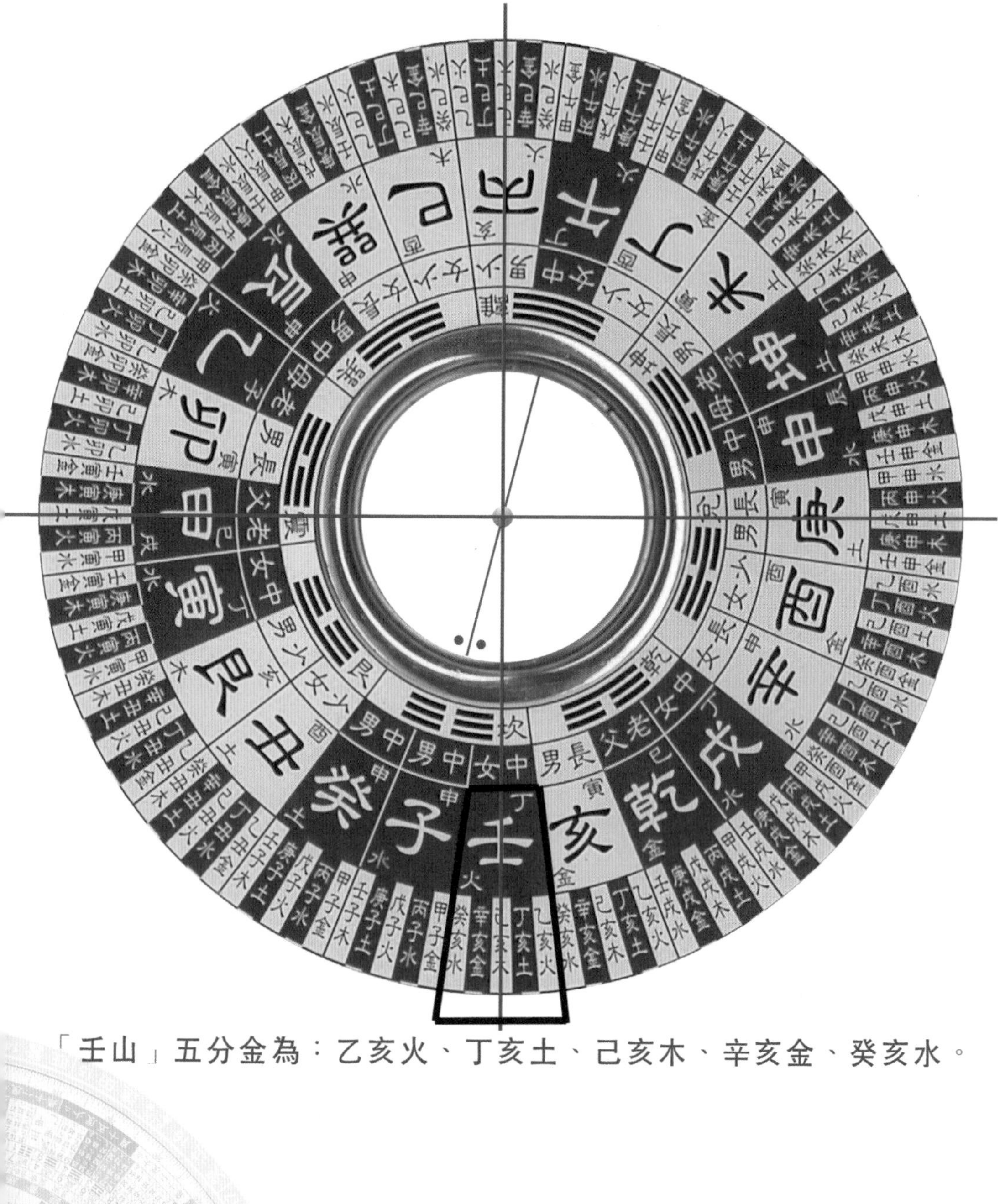

「壬山」五分金為：乙亥火、丁亥土、己亥木、辛亥金、癸亥水。

2、如何定分金

首先要了解本命所屬的納音五行，分金對我吉利線依序為「生我」、「同我」、「我剋」取之為用。

例一：農曆73年次，甲子年生，納音五行屬金（參閱六十甲子口訣或以掌訣推斷）。坐北朝南的地「子山」，可以使用的分金有丙子水、庚子土，配合本命納音五行屬金，則分金線定為「庚子土」為最佳，蓋因土能生金（生本命之意）。

例二：農曆59年次，庚戌年生，納音五行屬金。坐南朝北的地「午山」，可以使用的分金有丙午水、庚午土，配合本命納音五行屬金，則分金線定為「庚午土」為最佳，蓋因土能生金（生本命之意）。

例三：農曆32年次，癸未年生，納音五行屬木。坐東朝西的地「卯山」，可以使用的分金有丁卯火、辛卯木，配合本命納音五行屬木，則分金線定為「辛卯木」為最佳，蓋因木木比合（同本命之意）。

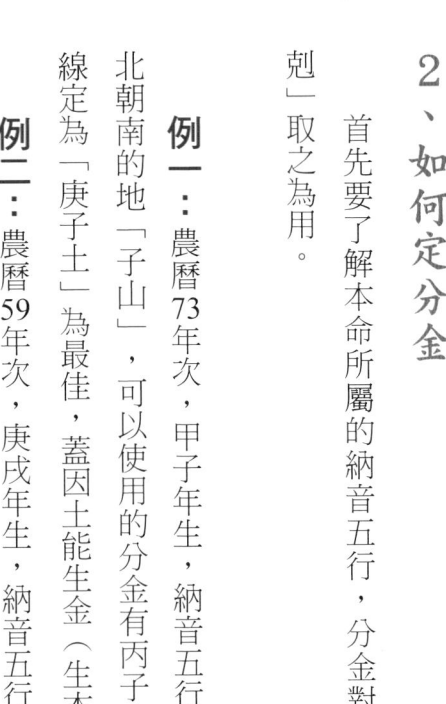

三、「出卦」分金詳論

「出卦」又名為孤虛，絕不可用矣！八卦孤虛「出卦」之位，配合第十八層，周天三百六十度（如圖檔所示），分述說明如下：

1、壬子癸為「坎卦」，丑艮寅為「艮卦」。即癸兼丑後三度；丑兼癸前三度，二格合計六度，不在於「丙、丁、庚、辛」分金旺相之內；亦即第十八層，周天三百六十度所標示，19度半～25度半之間，係為「出卦」。

2、丑艮寅為「艮卦」，甲卯乙為「震卦」。即寅兼甲後三度；甲兼寅前三度，二格合計六度，不在於「丙、丁、庚、辛」分金旺相之內；64度半～70度半之間，係為「出卦」。

3、甲卯乙為「震卦」，辰巽巳為「巽卦」。即乙兼辰後三度；辰兼乙前三度，二格合計六度，不在於「丙、丁、庚、辛」分金旺相之內；109度半～115度半之間，係為「出卦」。

4、辰巽巳為「巽卦」，丙午丁為「離卦」。即巳兼丙後三度；丙兼巳前三度，二格合計六度，不在於「丙、丁、庚、辛」分金旺相之內；154度半～160度半之間，係為「出卦」。

5、丙午丁為「離卦」，未坤申為「坤卦」。即丁兼未後三度；未兼丁前三度，二格合計

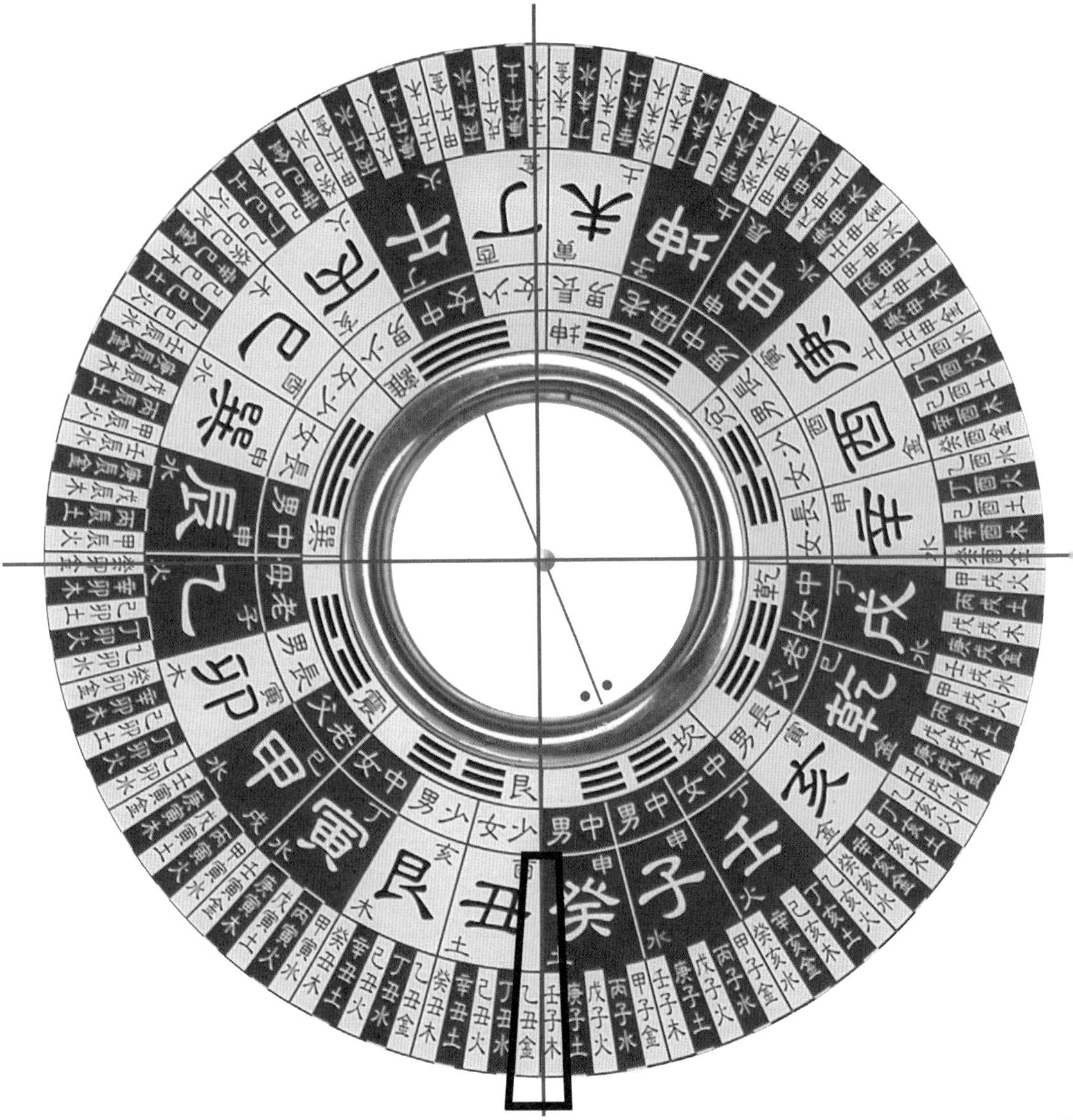

『出卦』又名為孤虛，绝不可用矣！八卦孤虛『出卦』之位

六度，不在於「丙、丁、庚、辛」分金旺相之內：199度半～205度半之間，係為「出卦」。

6、未坤申為「坤卦」，庚酉辛為「兌卦」。即申兼庚後三度：庚兼申前三度，二格合計六度，不在於「丙、丁、庚、辛」分金旺相之內：244度半～250度半之間，係為「出卦」。

7、庚酉辛為「兌卦」，戌乾亥為「乾卦」。即辛兼戌後三度：戌兼辛前三度，二格合計六度，不在於「丙、丁、庚、辛」分金旺相之內：289度半～295度半之間，係為「出卦」。

8、戌乾亥為「乾卦」，壬子癸為「坎卦」。即亥兼壬後三度：壬兼亥前三度，二格合計六度，不在於「丙、丁、庚、辛」分金旺相之內：334度半～340度半之間，係為「出卦」。

第陸層
二十四山立山兼向與八卦理氣

這一層可直接看出家中成員身體、財運、疾病、躁鬱、婚姻等等。

一、八卦納氣詳論

坎、艮、震、巽、離、坤、兌、乾，八卦方位合計為三百六十度，每卦各佔四十五度，每卦分為三山，每山各佔十五度。黃底部位為「正卦位」，有標示輔弼、武曲、破軍、廉貞、貪狼、巨門、祿存、文曲者即為兼向。

如圖檔第六層所示，黃色底為二十四山正向位（沒有文字標示），彩色底為兼向（標示有：輔弼、武曲、破軍、廉貞、貪狼、巨門、祿存、文曲），以向為用，取之門向、床向、桌向等，再對應第六層的八卦輔星理氣，即可得知取用此「向」對六親好壞的影響。

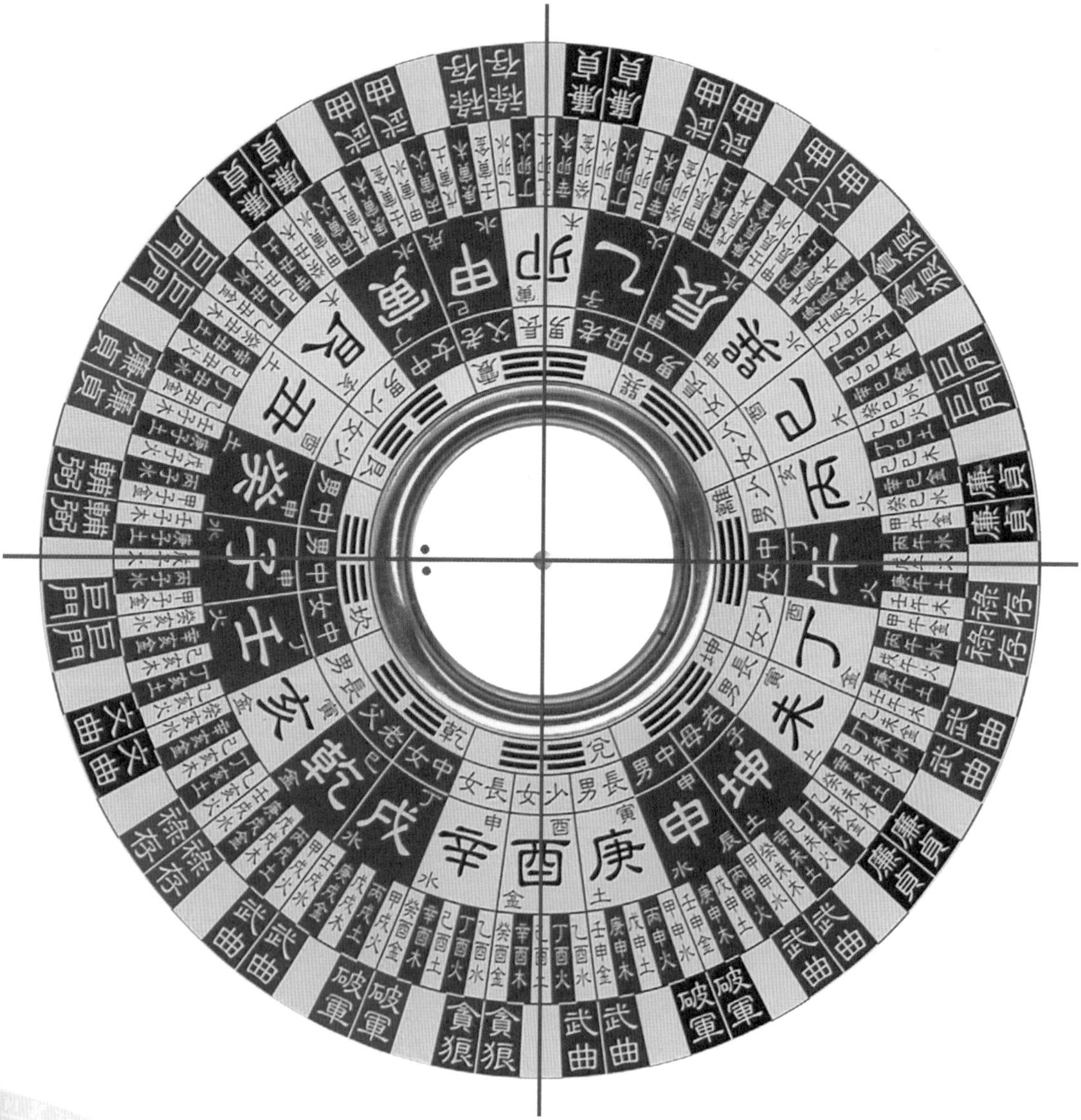

子 癸 丑 艮 寅 甲 卯 乙 辰 巽 巳 丙 午 丁 未 坤 申 庚 酉 辛 戌 乾 亥 壬
貪狼 巨門 祿存 文曲 廉貞 武曲 破軍 輔弼

「輔星水法」，這八種氣感，依納氣好壞依序如下：

巨門最佳、武曲次吉、輔弼、貪狼次之。

廉貞、文曲、祿存不佳、破軍最凶。

本中心設計此羅盤的特色，在於只要測量出「坐山立向」之後，直接對照第六層，就可以立判納氣的吉凶。故可以將不好的納氣口，改為巨門、武曲、輔弼、貪狼之氣。

二十四山分為八個卦位，共有八個煞，稱為「八煞」。八煞因為是屬於陽剋陽、陰剋陰，故最為無情，所以在立向納氣的時候，要盡量避免。

歌訣曰：

坎龍坤兔震山猴，巽雞乾馬兌蛇頭；艮虎離豬為曜煞，宅墓逢之立便休。

坎龍：「子癸兼向」，收輔弼氣，犯艮性八煞，尚可用之。

坤兔：「卯兼乙向」、「未兼坤向」，收廉貞氣，犯八煞。人緣桃花不錯，但稍嫌花心，故夫妻容易同床異夢，做事不認真，生意不佳，易破財。

震山猴：「庚申兼向」，收破軍氣，犯八煞最凶之氣。父子兄弟不合，家庭不和諧，夫妻反目，婚姻難續，犯小人，易中風，破財業敗。

巽雞：「巽兼巳向」、「酉兼辛向」，收貪狼氣，犯艮性八煞，尚可用之。

乾馬：「戌兼乾向」、「甲兼寅向」，收武曲氣，犯艮性八煞。但是武曲氣為陰陽之氣，家中人員平安，相處和睦融洽，子女賢孝，事成業就。

兌蛇頭：沒有兼向的問題，只有形煞的問題。如兌卦，逢巳方犯正曜煞；辰戌方為地曜煞；逢酉方犯天曜煞。曜煞位最忌門路沖射、屋角、屋脊、電線桿、水塔、高牆欄杆、大石土堆、煙囪、大樹、電塔、水路、尖角。應驗損丁、血光、破財、男女狂癲、吐血癆疾、無恥之徒、藥碗不斷等。犯一曜煞常常吃藥，犯二曜煞神經錯亂、躁鬱難安，犯三曜煞則出狂癲之人（請參閱第八層乾坤國寶龍門八大局，會有非常詳細的解說）。

艮虎：「丙兼午向」、「艮兼寅向」，收廉貞氣，犯八煞。夫妻容易同床異夢，意外事故多，尤其對幼兒最傷，犯小人，奴欺主之局，小心被異性騙財。

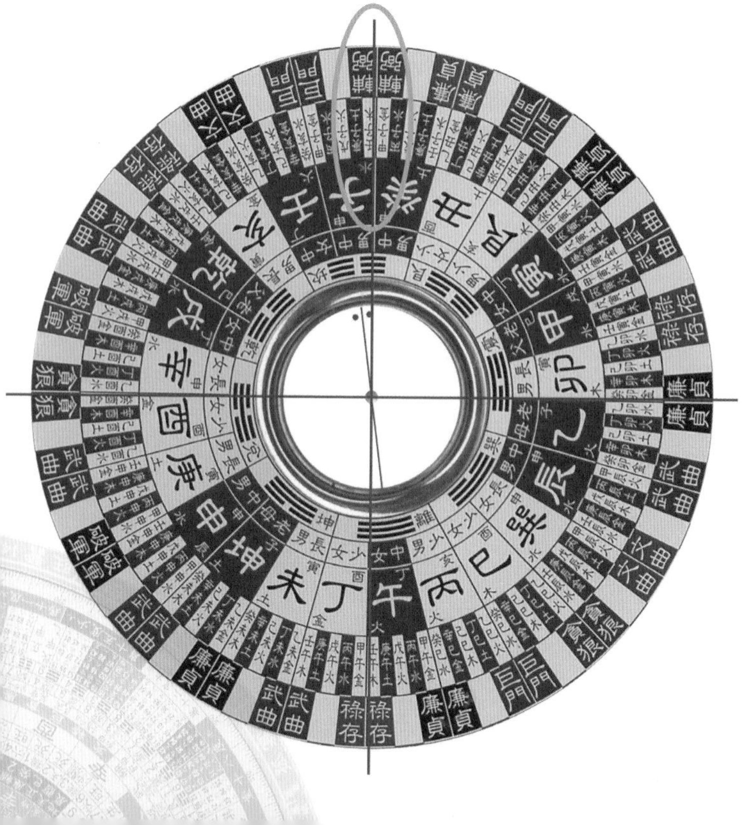

離豬：「亥兼壬向」，收文曲氣，犯八煞。婚姻容易因為外遇，而造成感情不佳，做事不切實際，好高騖遠，財進財出，入不敷出。

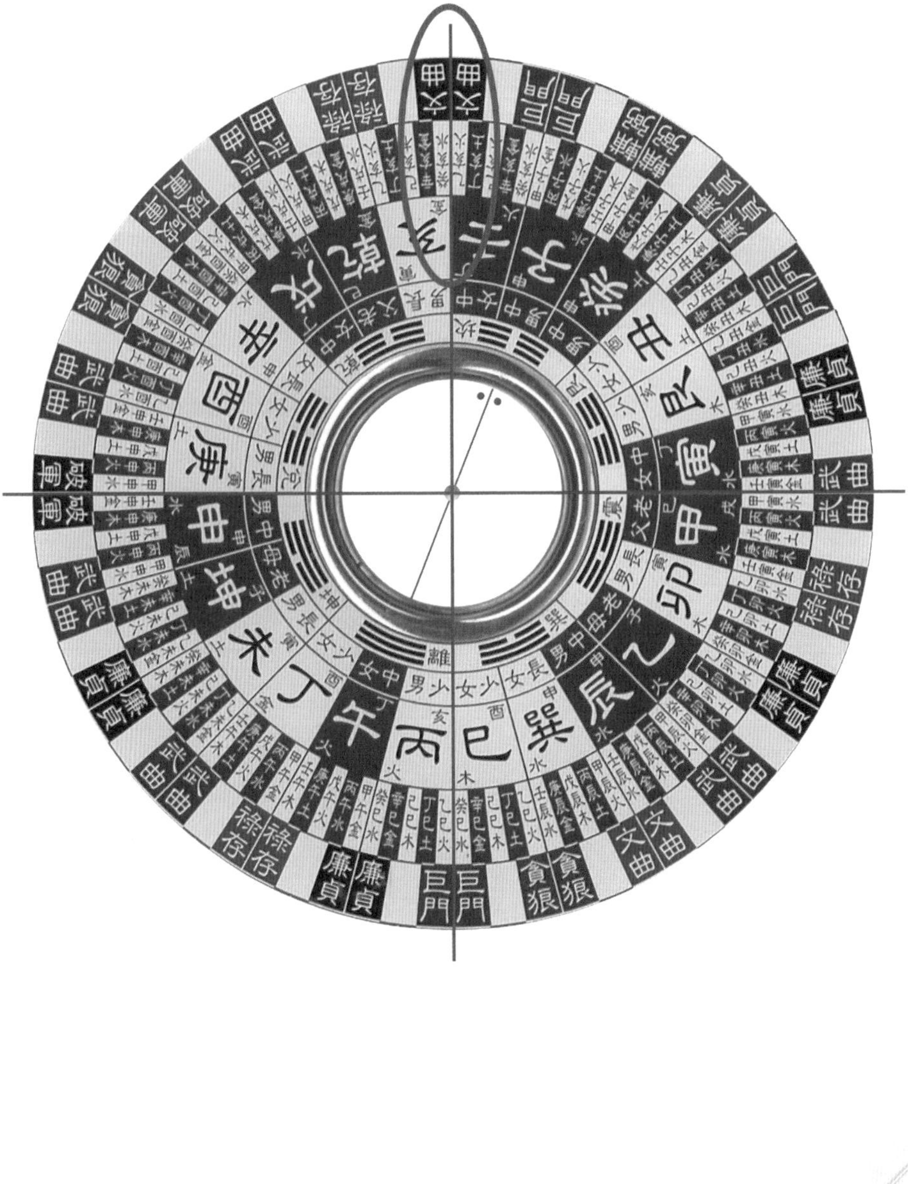

二、二十四山論兼向

「陰陽宅立向」是一門非常重要且艱深的學術，剛起造之時，可以很容易避開任何的形煞。只是假以時日，陰陽宅四周外在因為環境的變遷，無形之中就會造成或多或少的煞氣，也就是「明槍易躲，暗箭難防」的原因。是故「陰陽宅立向」可選用兩關吉穴向，卯正向、乙正向、巽正向、丁兼未向、坤兼申向、酉正向、辛正向、癸兼子向，共計八個面向。因為此八個面向「二十八星宿」為相生之局，如同八字本命有印與食傷護衛一般（第十七層二十八星宿宿主五行，會有更詳細的介紹）。或是擇其「巨門、武曲、貪狼、輔弼」八卦理氣純真，便能夠趨吉避凶，逢凶化吉。

卦位與卦位的交界線，稱之為「大空亡」線，住宅立此大空亡線，定主家中易鬧鬼，財丁難雙全，家中人員相處不和睦，絕子絕嗣，怪病叢生，怪事連連。二十四山與二十四山的交界線，稱之為「小空亡」線，住宅立此小空亡線，雖然不至於有大空亡線如此嚴重的現象，但還是主進退不安，錢財難聚，家中不寧。

1、巨門納氣（吉方）

「壬兼子向」的房子，收巨門氣，為最佳之氣，最完美的納氣方。

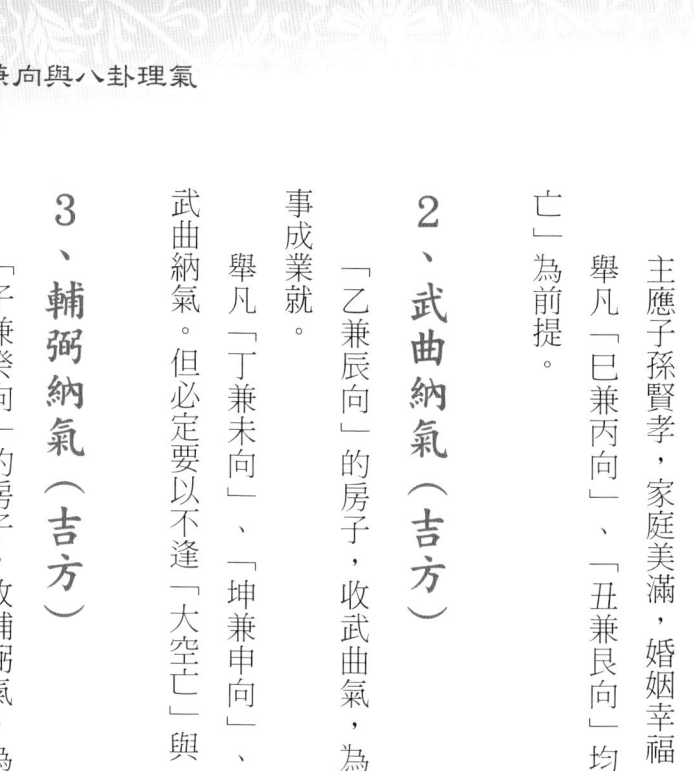

主應子孫賢孝，家庭美滿，婚姻幸福，生意興隆，人才輩出，事業順利，貴人多顯。

舉凡「巳兼丙向」、「丑兼艮向」均是巨門納氣。但必定要以不逢「大空亡」與「小空亡」為前提。

2、武曲納氣（吉方）

「乙兼辰向」的房子，收武曲氣，為次吉之氣。主應子女孝順，身心健康，婚姻美滿，事成業就。

舉凡「丁兼未向」、「坤兼申向」、「庚兼酉向」、「戌兼乾向」、「寅兼甲向」均是武曲納氣。但必定要以不逢「大空亡」與「小空亡」為前提。

3、輔弼納氣（吉方）

「子兼癸向」的房子，收輔弼氣，為尚吉之氣。主應同儕相助，腳踏實地，忠厚得益，家族興旺，事業平穩。但必定要以不逢「大空亡」與「小空亡」為前提。

4、貪狼納氣（吉方）

「巽兼巳向」的房子，收貪狼氣，為尚吉之氣，犯有「巽雞」之良性八煞。助益力平實，白手起家，胼手胝足，尚稱小康之家。

舉凡「酉兼辛向」也是貪狼納氣。但必定要以不逢「大空亡」與「小空亡」為前提。

5、廉貞納氣（凶方）

「癸兼丑向」的房子，收廉貞氣，為不佳之氣。主應異想天開，夫妻同床異夢，生意不佳，意外事故多，犯小人，奴欺主之局，小心被異性騙財。

舉凡「卯兼乙向」、「丙兼午向」、「未兼坤向」、「艮兼寅向」均是廉貞納氣。

改變氣口納「巨門」、「武曲」、「輔弼」、「貪狼」之氣為吉。

6、文曲納氣（凶方）

「辰兼巽向」的房子，收文曲氣，為不佳之氣。主應家庭不和睦，多事之秋，不切實際，好高騖遠，財來財去，事業多敗少成。舉凡「亥兼壬向」也是文曲納氣。

改變氣口納「巨門」、「武曲」、「輔弼」、「貪狼」之氣為吉。

7、祿存納氣（凶方）

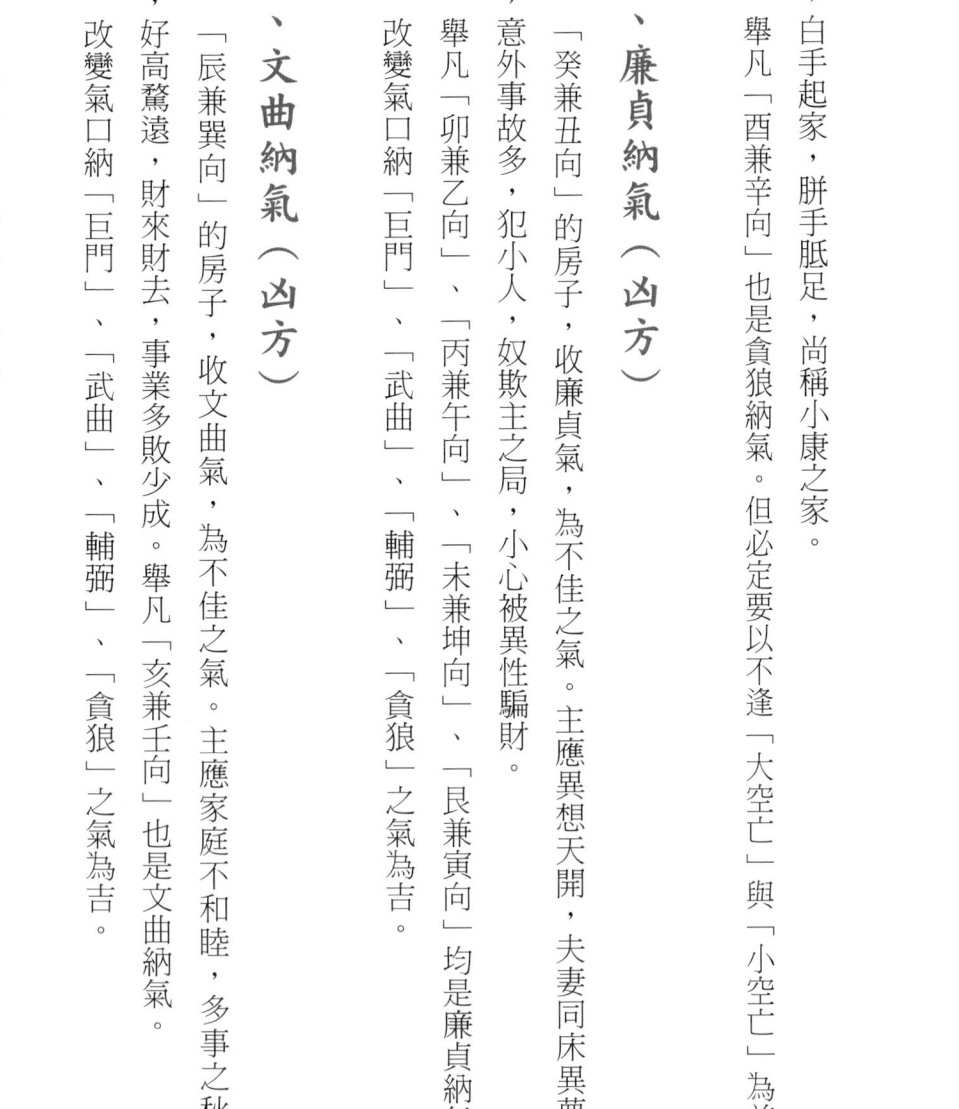

「甲兼卯向」的房子，收祿存氣，為不佳之氣。主應家庭不和睦，易起爭執，易犯慢性

病，生意不佳，人緣不好，事業難成。舉凡「午兼丁向」、「乾兼亥向」均是祿存納氣。改變氣口納「巨門」、「武曲」、「輔弼」、「貪狼」之氣為吉。

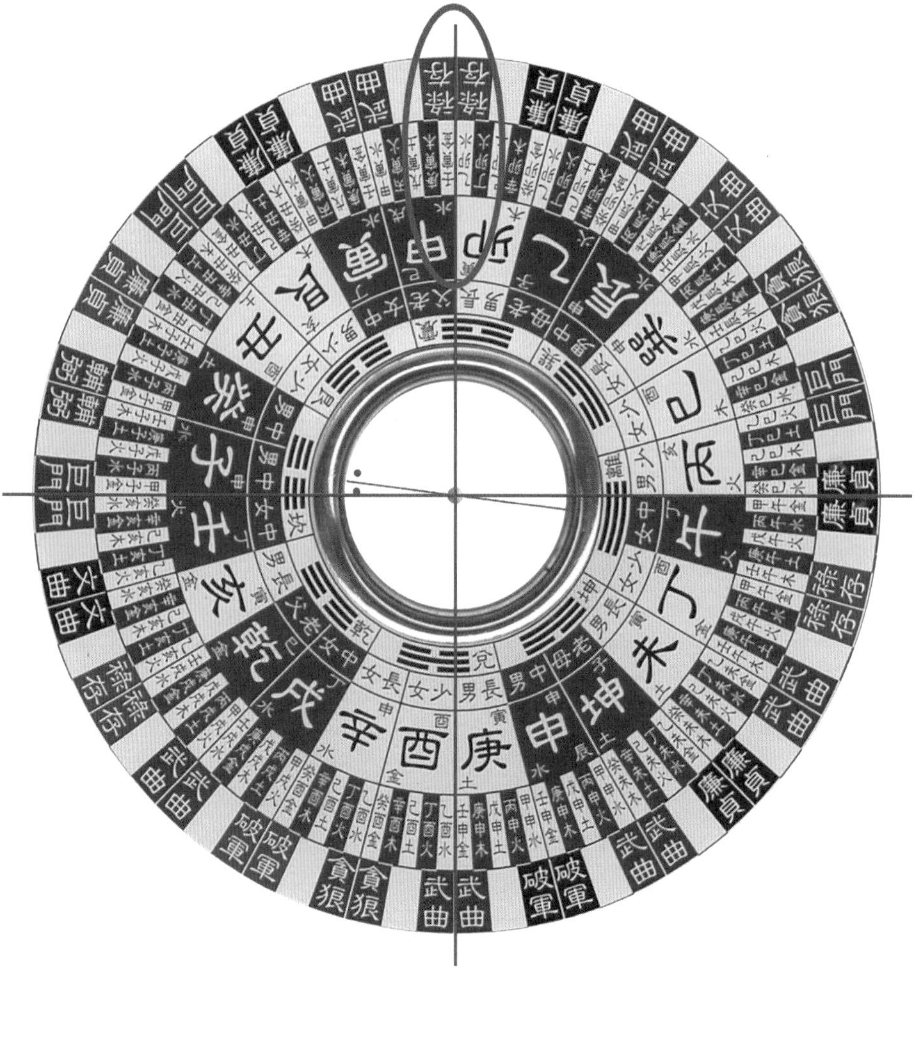

8、破軍納氣（凶方）

「申兼庚向」的房子，收破軍氣，為最凶之氣。主應兄弟不合，婚姻多變，易出逆兒，易中風與罹癌症，異想天開，難得善終。舉凡「辛兼戌向」也是破軍納氣。

改變氣口納「巨門」、「武曲」、「輔弼」、「貪狼」之氣為吉。

二十四山山爻法---陰陽宅立向應驗表

兼向	八卦理氣	卦象	應驗論斷
甲兼卯	祿存氣	大壯卦	父與長子溝通上有障礙，較不務實，易犯慢性病，店鋪生意不理想。陰宅若無明顯來路合訣者，兄弟易內鬥。
卯兼乙	廉貞氣	復卦	女子當權寵長子，易犯意外事故。又犯八煞（坤兔），異想天開或有用之材不得善終，店鋪生意不佳、無自尊、賺錢不平安。
乙兼辰	武曲氣	比卦	屬忠厚老實之家，夫婦相敬如賓。陽宅注意床位、祖先神位交氣。店鋪生意興隆，有自尊，合局為子孫賢孝之家庭。
辰兼巽	文曲氣	渙卦	藝術之家，陰陽駁雜，為多事之家庭，夫妻感情不佳，有離異之象。店鋪生意不佳、無自尊。
巽兼巳	貪狼氣	大過卦	陰陽為良性八煞（巽雞）兩女相爭，店鋪生意興隆，但有用之材不得善終，無自尊之局。
巳兼丙	巨門氣	損卦	子孫賢孝、腳踏實地、人才輩出。店鋪生意興隆、有自尊，若來氣不佳則屬慢性格局。

丙兼午	廉貞氣	旅卦	犯八煞（艮虎）之局，意外事故多，尤其對幼兒殺傷力更甚。店舖生意衰退，奴欺主，賺錢不平安，最後落得有用之材不得善終。
午兼丁	祿存氣	革卦	女主人當家，婆媳不合；女主人操勞，男主人安樂。店舖生意不佳，男人無自尊，易犯慢性病，屬後繼無力型之家庭。
丁兼未	武曲氣	歸妹卦	平穩忠厚老實之家，來路交氣有巽卦為妙。店舖生意興隆，自尊心稍弱些，陽宅注意床位方向與來路氣。
未兼坤	廉貞氣	復卦	女子當權寵長子，易犯意外事故。又犯八煞（坤兔），異想天開或有用之材不得善終，店舖生意不佳、無自尊、賺錢不平安。
坤兼申	武曲氣	比卦	屬忠厚老實之家，夫婦相敬如賓。陽宅注意床位、祖先神位交氣。店舖生意興隆，有自尊，合局為子孫賢孝之家庭。
申兼庚	破軍氣	解卦	犯八煞黃泉（震山猴），父子兄弟不合，各行其是。店舖生意不佳，無自尊，異想天開，有用之材不得善終。
庚兼酉	武曲氣	隨卦	屬忠厚老實之家，夫婦相敬如賓。陽宅注意床位、祖先神位交氣。店舖生意興隆，有自尊，合局為子孫賢孝之家庭。
酉兼辛	貪狼氣	中孚卦	陰陽為良性八煞（巽雞）兩女相爭，店舖生意興隆，但有用之材不得善終，無自尊之局。
辛兼戌	破軍氣	鼎卦	女人當家壓力大，婆媳不合，易犯慢性病。店舖生意不，無自尊，有用之材不得善終。
戌兼乾	武曲氣	同人卦	犯八煞乾馬，家中無財得平安，財多煩事到（如討小老婆）。店舖生意興隆，但自尊心較弱，有用之材不得善終。

乾兼亥	祿存氣	大壯卦	父與長子溝通上有障礙，較不務實，易犯慢性病，店鋪生意不理想。陰宅若無明顯來路合訣者，兄弟易內鬥。
亥兼壬	文曲氣	噬嗑卦	犯八煞黃泉（離豬），夫妻感情不佳，恐有離異之象。店鋪生意衰退、無自尊、異想天開，有用之材不得善終。
壬兼子	巨門氣	既濟卦	忠厚老實，家庭美滿，子孫賢孝，腳踏實地，人才輩出。店鋪生意興隆，有自尊，注意居家床位方向與來路氣。
子兼癸	輔弼氣	坎卦	犯艮性八煞（坎龍），應注意來路局，若來路局壬兼子，定主子孫賢孝，腳踏實地，人才輩出。店鋪生意興隆，有自尊，注意居家床位方向與來路氣。
癸兼丑	廉貞氣	困卦	女主人有心無力，男人專權，夫妻感情不佳，易有異想天開子弟，店鋪生意不佳、無自尊。
丑兼艮	巨門氣	損卦	子孫賢孝、腳踏實地、人才輩出。店鋪生意興隆、有自尊，若來氣不佳則屬慢性格局。
艮兼寅	廉貞氣	旅卦	犯八煞（艮虎）之局，意外事故多，尤其對幼兒殺傷力更甚。店鋪生意衰退，奴欺主，賺錢不平安，最後落得有用之材不得善終。
寅兼甲	武曲氣	同人卦	犯八煞乾馬，家中無財得平安，財多煩事到（如討小老婆）。店鋪生意興隆，但自尊心較弱，有用之材不得善終。

PS：若房子處於不好的座向角度，若沒有改變納氣吉方，必須要有制化的佈局，居住其間才能平安得利。可以在客廳面向外面明堂的牆壁，掛上一個具有磁場靈動的開運制煞羅盤來鎮宅及化煞。

第柒層

人盤中針（撥砂之用）

這一層可直接看出廟宇、大樓、煙囪、高塔、尖射物等對房子好壞。

一、撥砂種類及要訣

所謂「砂」，泛指高大的物體或是建築物，如大樹、電線桿、煙囪、山脈、大樓、廟宇、高尖物等高大物體。以形態的美惡及方位五行生剋的現象而產生吉凶，乃為此層撥砂的主要目的與要訣。

賴布衣撥砂法是以人盤中針，又稱賴公撥砂盤。以坐山五行為主體、砂為客體（五行標示在第七層各坐山的右下方），產生生剋的現象（生、旺、財、煞、洩），來斷定砂對坐山主體之吉凶。

有詩云：

子午卯酉太陽火（火砂），
甲丙庚壬太陰火（火砂），
乾坤艮巽本屬木（木砂），
乙丁辛癸便屬土（土砂），
辰戌丑未即是金（金砂），
寅申巳亥皆屬水（水砂）。

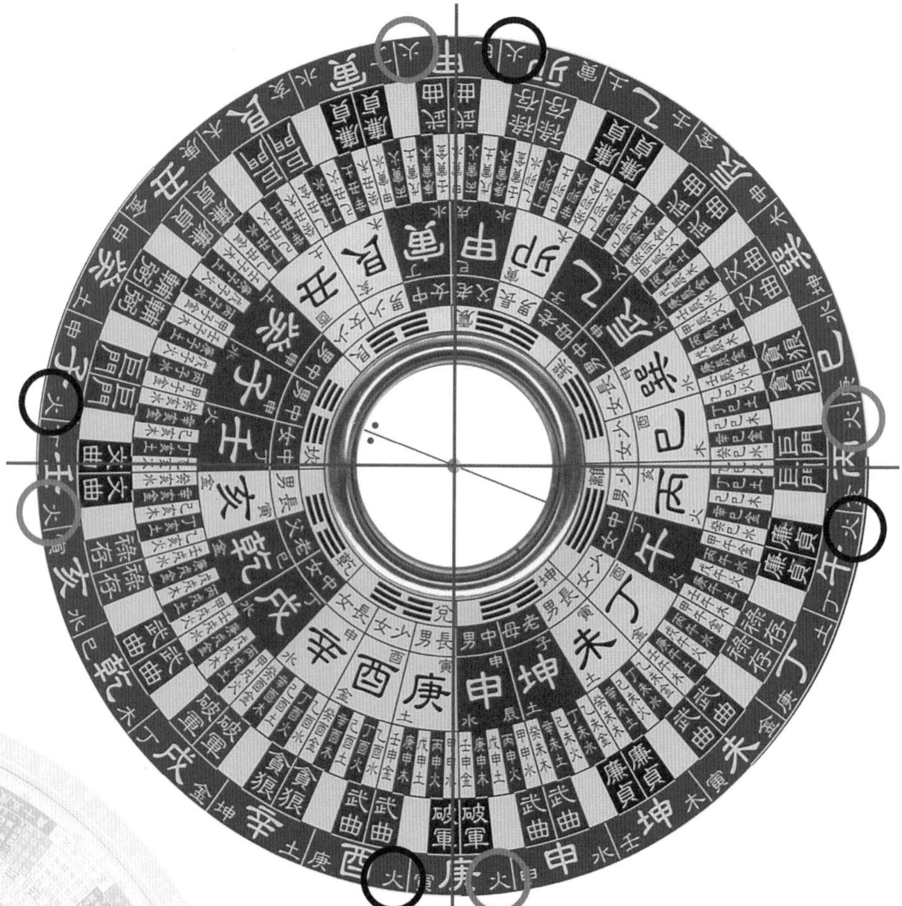

二、撥砂及實際應用之法

人盤中針以坐山為我，砂為賓客，其生剋所產生的生、旺、財、煞、洩的現象，如下所述：

砂五行生主體坐山五行為「生砂」；砂五行與主體坐山五行相同為「旺砂」；主體坐山五行剋砂五行為「財砂」；砂五行剋主體坐山五行為「煞砂」；主體坐山五行洩砂五行為「洩砂」。

生砂：砂來生我，主功名、進財。

旺砂：與砂同五行，主發科甲、旺財丁。

財砂：我剋砂（又稱奴砂），居官得祿，主富，只是勞碌生財。

洩砂：我去生砂，為盜氣，六神必失，飄盪不安。

煞砂：砂來剋我，主災禍、疾病。

撥砂歌訣曰：剋我煞見則禍災，我生洩氣漸飄零。
我剋奴砂為財帛，比和為旺丁財足。
生我之星號食神，食神毓秀誕科甲。

例一：主體坐甲山，五行屬火（五行標示在第七層各坐山的右下方）。

丁山：雹桿為土砂，火山生土砂，屬於洩砂，我去生砂，為盜氣，六神必失，飄盪不安。

坤山：廟宇為木砂，木砂生火山，屬於生砂，砂來生我，主功名、進財。

庚山：大樓為火砂，火山同火砂，屬於旺砂，與砂同五行，主發科甲、旺財丁。

戌山：大樹為金砂，火山剋金砂，屬於財砂，我剋砂（又稱奴砂），居官得祿，主富，只是勞碌生財。

亥山：煙囪為水砂，水砂剋火山，屬於煞砂，砂來剋我，主災禍、疾病。

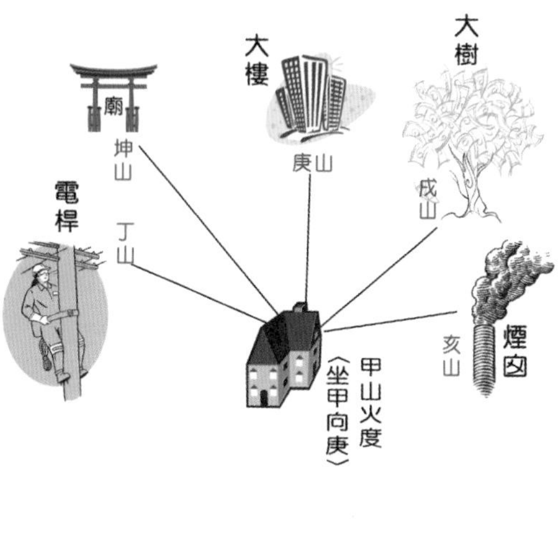

例二：主體坐丁山，五行屬土。

戌山：電桿為金砂，土山生金砂，屬於洩砂，我去生砂，為盜氣，六神必失，飄盪不安。

亥山：廟宇為水砂，土山剋水砂，屬於財砂，我剋砂（又稱奴砂），居官得祿，主富，只是勞碌生財。

癸山：大樓為土砂，土山同土砂，屬於旺砂，與砂同五行，主發科甲、旺財丁。

甲山：大樹為火砂，火砂生土山，屬於生砂，砂來生我，

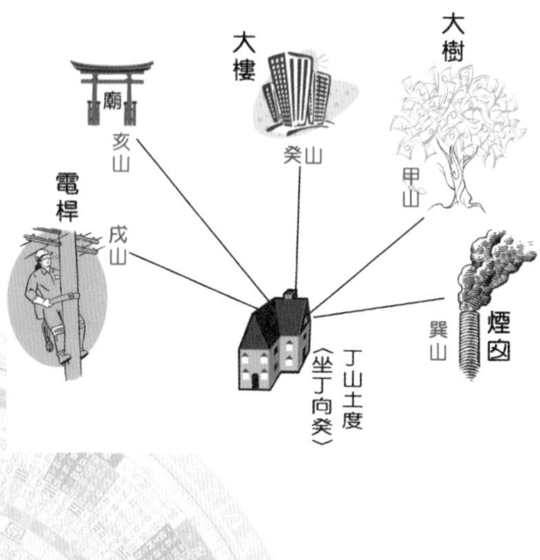

主功名、進財。

巽山：煙囪為木砂，木砂剋土山，屬於煞砂，砂來剋我，主災禍、疾病。

例三：主體坐寅山，五行屬水。

丙山：電桿為火砂，水山剋火砂，屬於財砂，我剋砂（又稱奴砂），居官得祿，主富，只是勞碌生財。

未山：廟宇為金砂，金砂生水山，屬於生砂，砂來生我，主功名、進財。

申山：大樓為水砂，水山同水砂，屬於旺砂，與砂同五行，主發科甲、旺財丁。

辛山：大樹為土砂，土砂剋水山，屬於煞砂，砂來剋我，主災禍、疾病。

乾山：煙囪為木砂，水山生木砂，屬於洩砂，我去生砂，為盜氣，六神必失，飄盪不安。

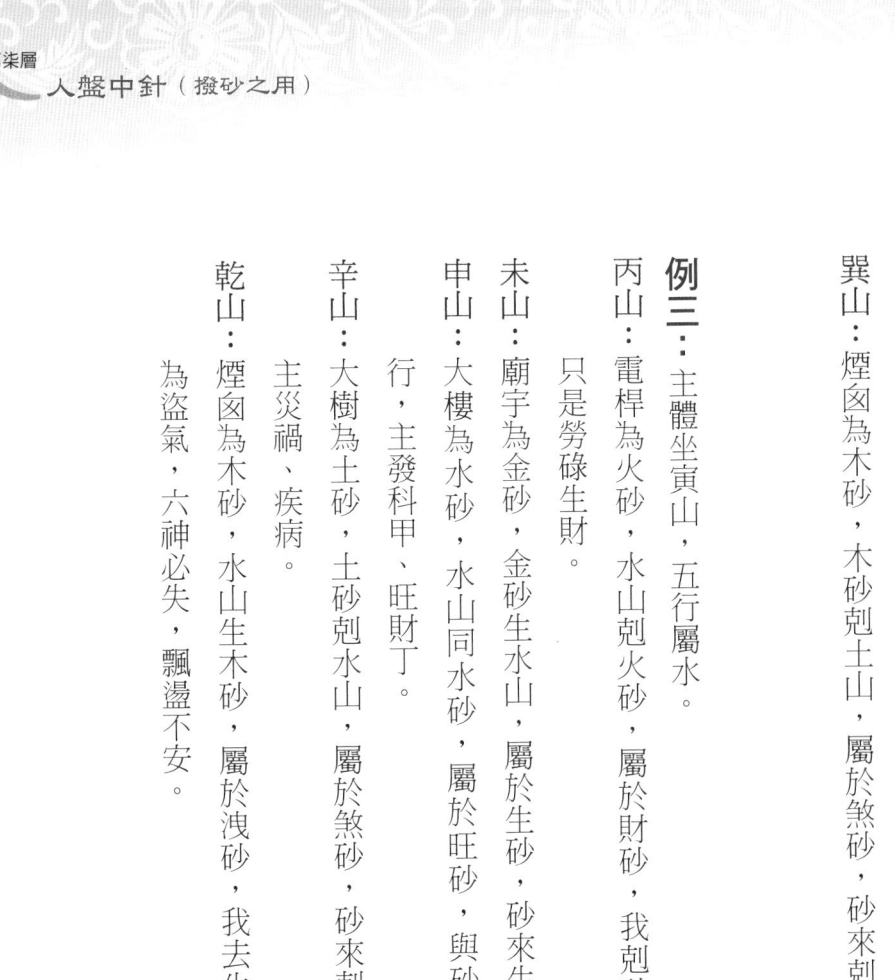

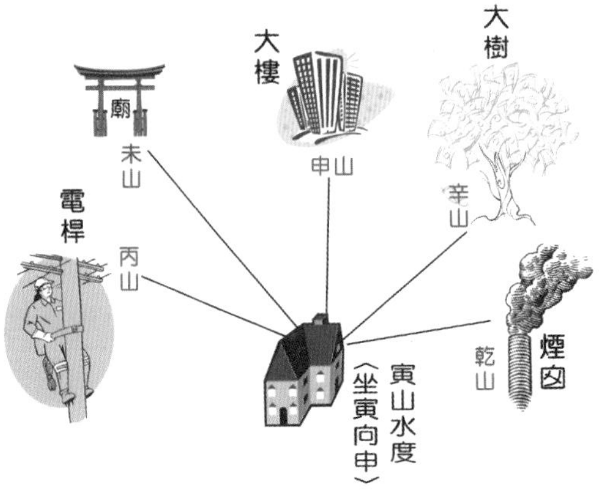

第捌層

乾坤國寶龍門八大局

這一層可直接看出屋宅前後、左右的水路及形煞對宅體好壞。

一、龍門八大局局位介紹

三元地理根據記載乃九天玄女傳予白鶴神仙，到了唐代傳予邱延翰、楊益（救貧）等，至今已經一千兩百多年，其中至為珍貴的祕寶是三元水法，也就是乾坤國寶龍門八大局。

風水學在中國的文化淵源歷史悠久，堪輿學派眾多，大致可分為形家陽宅、八宅明鏡、紫白飛星、三元玄空、乾坤國寶、三合、九星等。原先蓋以「三合」為主流，因為目前研究「三元乾坤國寶」者眾，便漸漸成為風水師藉以堪輿的一大重要門派。

三元乾坤國寶龍門八大局水法又稱為「三天水法」或是「三朋法」。也就是先天水應人丁，後天水應妻財，中天水應貴格，亦即取財丁兩全，富貴綿延之意。避其天劫地刑與曜

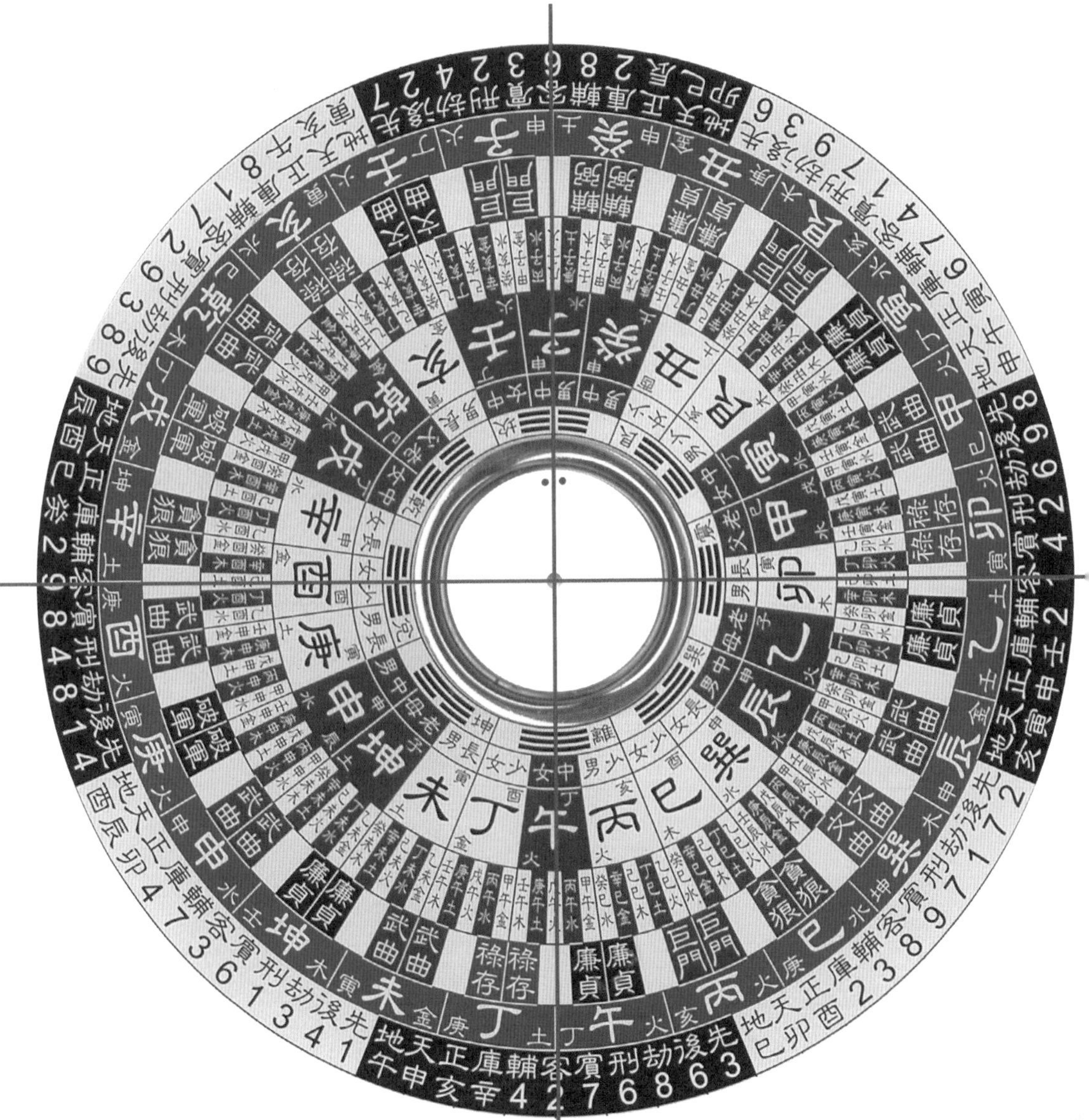

煞，取其輔卦庫池位，賓客水局變通運用，其陰陽宅風水感應之效力十分明顯。

龍門水法，每一卦局除了坐山卦位之外，都有先天位、後天位、地刑位、天劫位、賓位、客位、輔卦位、案劫位等八個遁局位，另有正曜煞（坐山八煞）、天曜煞（先天八煞）、地曜煞（後天八煞）、庫池位，以及讓水放流出的正竅位。

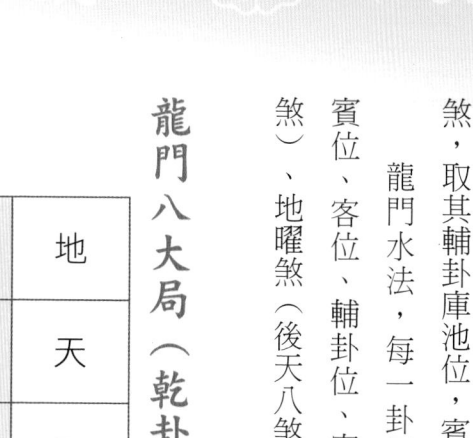

龍門八大局（乾卦）：

地	天	正	庫	輔	客	賓	刑	劫	後	先
寅	亥	午	8	1	7	2	9	3	8	9

以乾卦為例，各方位之水法簡介：

數字：1—坎（北方）、2—坤（西南方）、3—震（東方）、4—巽（東南方）、6—乾（西北方）、7—兌（西方）、8—艮（東北方）、9—離（南方）。

先：丙午丁（9離方—南方）。

後：丑艮寅（8艮方—東北方）。
劫：甲卯乙（3震方—東方）。
刑：丙午丁（9離方—南方）。
賓：未坤申（2坤方—西南方）。
客：庚酉辛（7兌方—西方）。
輔：壬子癸（1坎方—北方）。
庫：丑艮寅（8艮方—東北方）。
正：午方。
天：亥方。
地：寅方。
正竅：巽方。

1、坐山

龍門水法的理論是以坐山為主，看二十四山之坐向是屬於何卦，即以此坐卦稱謂該卦局，其八卦二十四山歸屬如下（如圖檔所示）。

壬山丙向、子山午向、癸山丁向是屬於坎卦，因此名之為「坎卦局」。

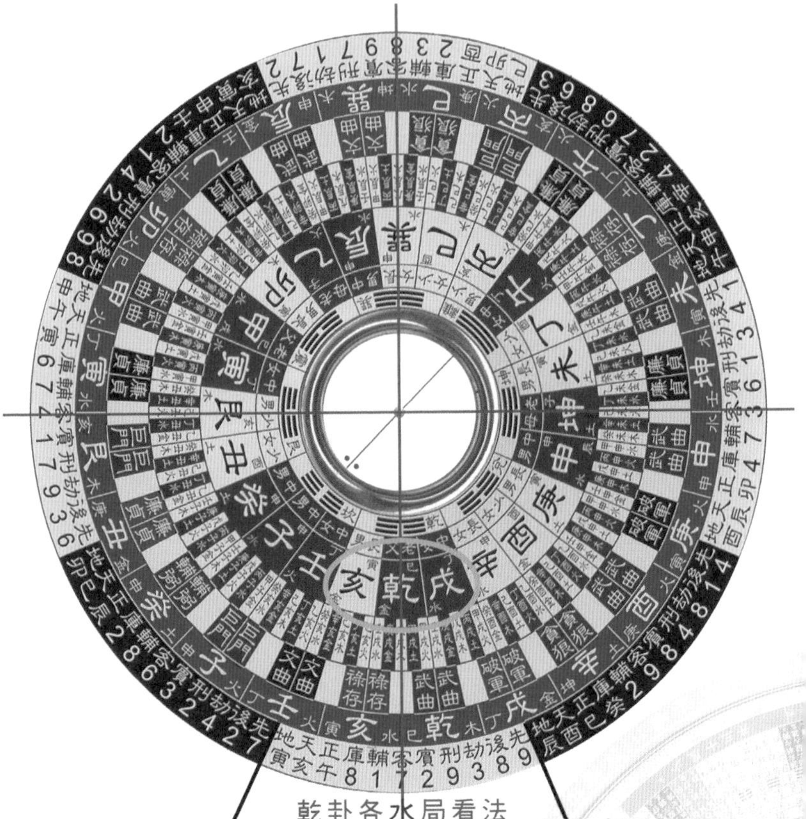

乾卦各水局看法

丑山未向、艮山坤向、寅山申向是屬於艮卦，因此名之為「艮卦局」。

甲山庚向、卯山酉向、乙山辛向是屬於震卦，因此名之為「震卦局」。

辰山戌向、巽山乾向、巳山亥向是屬於巽卦，因此名之為「巽卦局」。

丙山壬向、午山子向、丁山癸向是屬於離卦，因此名之為「離卦局」。

未山丑向、坤山艮向、申山寅向是屬於坤卦，因此名之為「坤卦局」。

庚山甲向、酉山卯向、辛山乙向是屬於兌卦，因此名之為「兌卦局」。

戌山辰向、乾山巽向、亥山巳向是屬於乾卦，因此名之為「乾卦局」。

2、先天位（第八層標示：先）

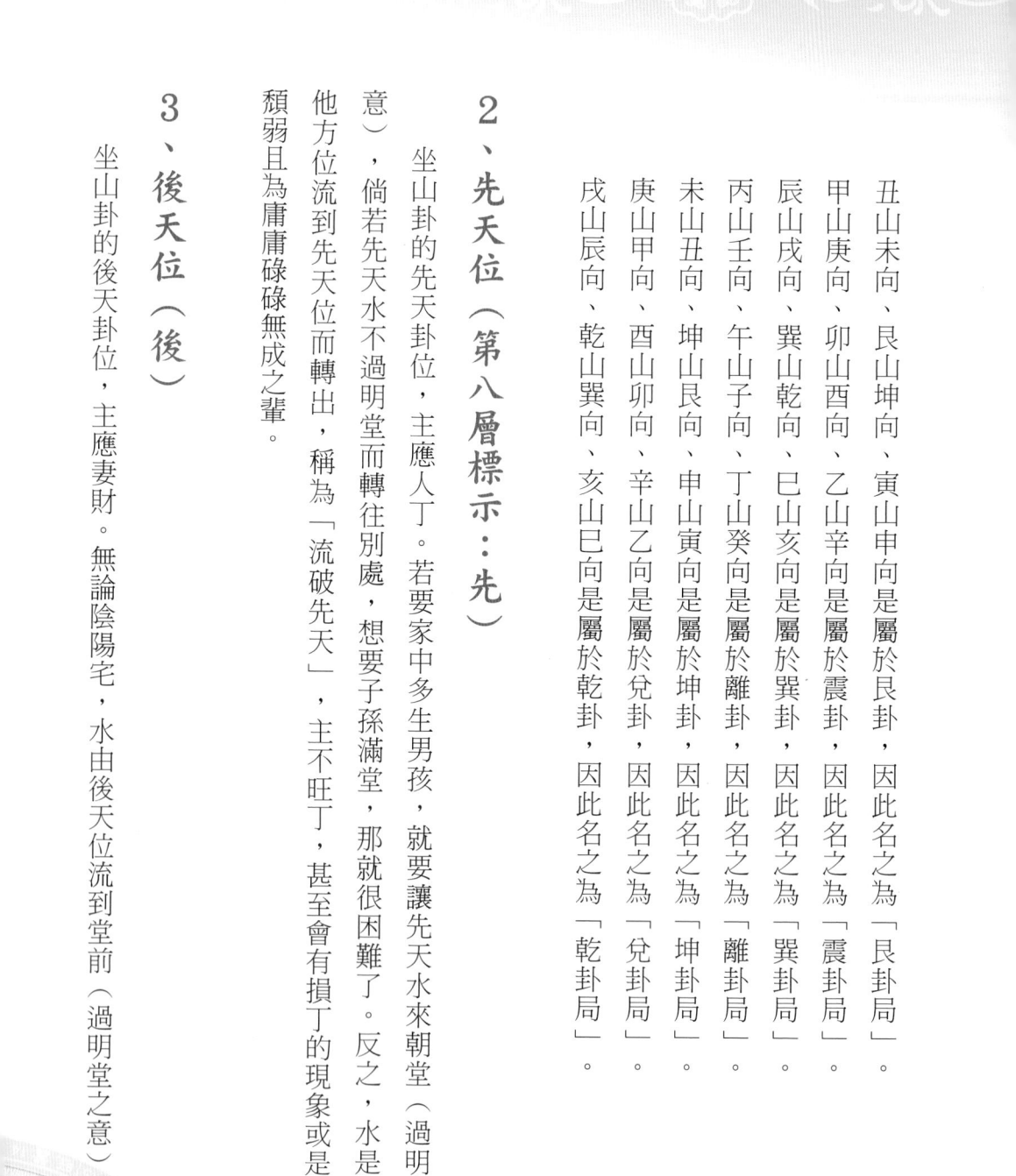

坐山卦的先天卦位，主應人丁。若要家中多生男孩，就要讓先天水來朝堂（過明堂之意），倘若先天水不過明堂而轉往別處，想要子孫滿堂，那就很困難了。反之，水是由其他方位流到先天位而轉出，稱為「流破先天」，主不旺丁，甚至會有損丁的現象或是人丁頽弱且為庸庸碌碌無成之輩。

3、後天位（後）

坐山卦的後天卦位，主應妻財。無論陰陽宅，水由後天位流到堂前（過明堂之意），則主應妻子身體健康，家中財源廣進。坐山立向的時候能收到後天水朝堂，是最基本的要求，方能宅內平安如意，亦可因妻而致富；反之，水由後天位而流出，稱為「流破後天」，不僅難以聚財，亦稱為破財屋。

4、案劫（無標示）、天劫、地刑（劫、刑）

以宅「向」論案劫。明堂前最適宜寬闊明亮，忌堂前高壓逼迫，破碎不堪，來路或尖物沖射、煙囪、廟堂、電塔、大樹等，主應宅內不安，意外血光，損丁破財之象。

天劫位在案劫的左方或右方，是最凶的卦位。切忌有水衝射而來（去水為吉）或是任何的形煞（寬闊平坦為宜）。

地刑位在案劫的左方或右方，有些卦位會與先天位或後天位或輔卦位在同一卦位，所以基本上不喜水流出。如若有水流出，則會應驗同位置之流破先天損丁或流破後天損妻財。

5、賓客位（賓、客）

向首卦的先天卦位就是「賓位」。賓位來水過堂，主應旺女兒女婿，外姓子孫，去水則無妨。

向首卦的後天卦位就是「客位」。客位來水過堂，主應旺女兒女婿，適合作外地生意，去水亦無妨。

6、輔卦位（輔）

輔卦位是除了坐山位、向首位、先後天位、賓客位、三刀案位全除掉外，所餘的卦位就是輔卦位，若八卦全有，則與地刑同卦。輔卦水以輔佐先後天水為主，宜來不宜去，來者旺人丁，去水則凶，穴前最喜有低窪聚池深且廣者，主富貴綿長。

7、庫池位（庫）

庫池位就是財庫位，論財富之多寡，收放財銀之位，如此處為游泳池、景觀池、魚池、噴水池、低窪深處之位，最適宜清澈靠近。

8、曜煞位（正、天、地）

曜煞是坐山八卦五行，受到地支同陰陽之剋，為坐山之曜煞，其歌訣曰：

坎龍坤兔震山猴，巽雞乾馬兌蛇頭；艮虎離豬為曜煞，宅墓逢之立便休。

曜煞方所佔的區域方位以地支為主（十五度一個座山），所以範圍較小。曜煞位最忌門路沖射、屋角、屋脊、電線桿、水塔、高牆欄杆、大石土堆、煙囪、大樹、水路、電塔、尖角，應驗損丁、血光、破財、男女狂癲、吐血癆疾、無恥之徒、藥碗不斷等等。

若犯一曜煞則常常吃藥，犯二曜煞則神經錯亂、躁鬱難安，犯三曜煞則出狂癲之人，若同時又犯三刀案，則會更加嚴重，除損丁耗財之外，甚至有絕嗣之慮。

9、正竅位（標示在第十六層三元玄空盤）

中天水謂之出水口，亦即正竅位。得中天出水者主貴，出水口以乾、坤、艮、巽和天干為主，不可以地支當出水口，否則流破中天主大凶。

真正的中天水為正竅位，中天水又稱「案劫水」，宜出不宜入。故三元水法最重視的就是收先天水與後天水，出中天水口。

二、龍門八大局坐、向陽宅實務吉凶

本單元就是依目前的宅向來分析各方位之吉凶現象，在各方位如有吉的解說，請加強佈局，如果是凶的解說，請加強防範，並且移除或制化不利的形煞物。

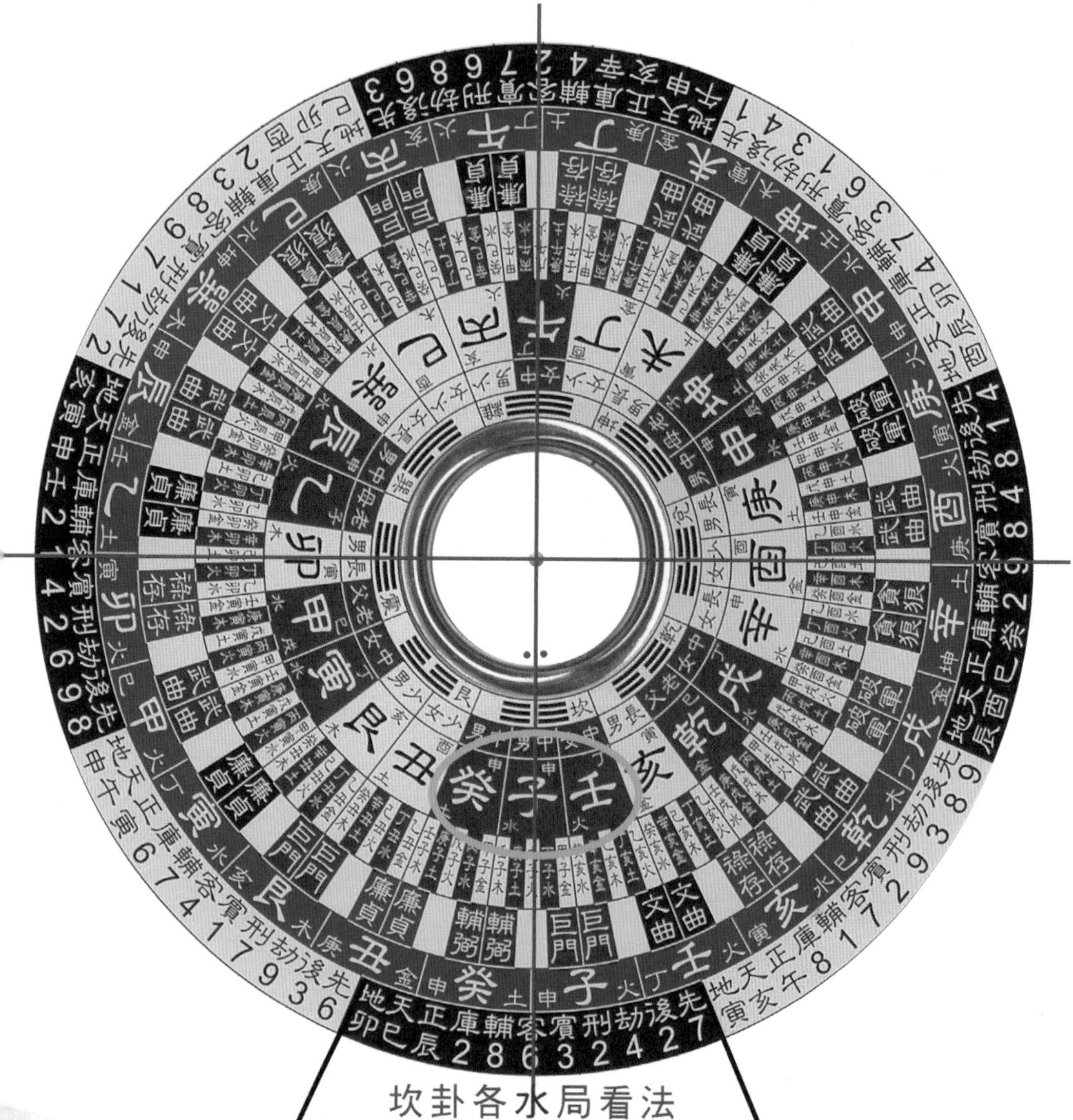

坎卦各水局看法

1、坎卦局：壬山丙向、子山午向、癸山丁向。

各卦位吉凶解說：

坐山：（坎卦—北方）

坐山忌古木、大樹、電線桿、古井、大石、凹風低陷、高山壓迫、路沖，剋應以大房位為主，對女人身體不利，住家不安寧。

輔卦位：（【8】艮卦—東北方）

動土主破財，有聚池者愈旺，最好是澄清近穴。

賓位：（【3】震卦—東方）

來水發女口，蔭外家，本姓退敗。

天劫位：（【4】巽卦—東南方）

天劫位是最凶的卦位，水宜出不宜來，有古松，主家患陰症。

曜煞位：（辰、戌、巳、卯方）

辰、戌、巳方有枯木主出狂人。

巽、巳方有水朝來，主花街柳巷之兆應。

曜煞位最忌門路沖射、屋角、屋脊、電線桿、水塔、高牆欄杆、大石土堆、煙囪、大樹、水路、電塔、尖角，應驗損丁、血光、破財、男女狂癲、吐血癆疾、無恥之徒、藥碗不斷等等。

若犯一曜煞則常常吃藥，犯二曜煞則神經錯亂、躁鬱難安，犯三曜煞則出狂癲之人，若同時又犯三刀案，則會更加嚴重，除損丁耗財之外，甚至有絕嗣之慮（其他卦局曜煞方的剋應現象亦同論）。

案劫位：（【9】離卦—南方）

案逼或雜亂，主大小不安、為人無情意、易生怪病、敗財。

丙位有路沖破，主出鬼怪。

午方午水朝來，男主車禍、意外、血光、爛桃花，女主貪淫。

午水來入兌方，桃花殺、女人叛離。

午辰方有路沖，主牢獄、意外、血光。

後天位、地刑位、庫池位：（【2】坤卦—西南方）

收巽水（天劫水）出坤水（後天水），主大敗、損丁、消亡敗絕。

內局射破，主婦人虛損病症。

外局流破，主婦人見血光、產厄。

收來水過堂則財旺，去水流破必有損財之應。

庫池位聚水越深，財庫越旺，最適宜澄清近穴。

先天位：（【7】兌卦—西方）

出水主損丁、破財。

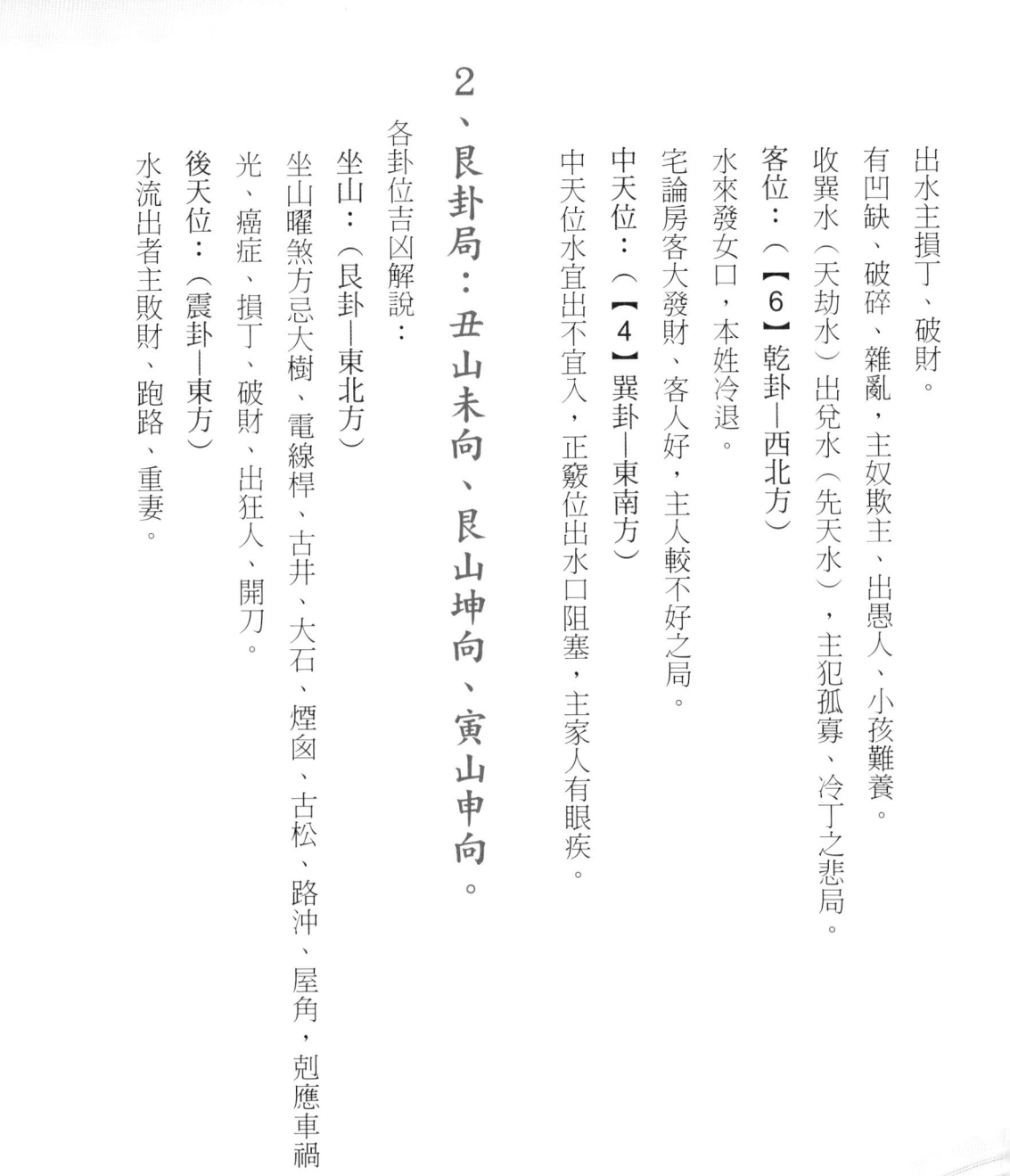

有凹缺、破碎、雜亂，主奴欺主、出愚人、小孩難養。

收巽水（天劫水）出兌水（先天水），主犯孤寡、冷丁之悲局。

客位：（【6】乾卦—西北方）

水來發女口，本姓冷退。

宅論房客大發財、客人好，主人較不好之局。

中天位：（【4】巽卦—東南方）

中天位水宜出不宜入，正竅位出水口阻塞，主家人有眼疾。

2、艮卦局：丑山未向、艮山坤向、寅山申向。

各卦位吉凶解說：

坐山：（艮卦—東北方）

坐山曜煞方忌大樹、電線桿、古井、大石、煙囪、古松、路沖、屋角，剋應車禍、血光、癌症、損丁、破財、出狂人、開刀。

後天位：（震卦—東方）

水流出者主敗財、跑路、重妻。

水由離卦流向卯，乃是消亡敗絕水。

客位：（巽卦—東南方）

水來發女口，本姓冷退。

宅論房客大發財、客人好，主人較不好之局。

天劫位：（離卦—南方）

水來主頭痛，多病不安（藥碗水）。

水來流入震方，主絕嗣。

水來流入乾方，主婦人淫亂、叛離、男貪淫。

丙午方水朝來，主意外血光。

案劫位、中天位：（坤卦—西南方）

水聚天心主大發。

正竅位出水口阻塞主家人有眼疾。

有大石、古井、屋角、石堆，主意外血光、損人丁；輕者多病之應。

地刑位、輔卦位：（兌卦—西方）

水聚天心主大發。

有屋角、電柱、水塔、凶物逼近沖射，太歲吊沖、填實，必應官非訴訟、財敗。重者主應心亂如麻、居家不安。

先天位、庫池位：（乾卦—西北方）

有聚水越深，財庫越旺，要澄清近穴。

出水主損丁、破財。

賓位：（坎卦—北方）

來水發女口、蔭外家，本枝姓冷退敗。

曜煞位：（寅、午、申方）

曜煞位最忌門路沖射、屋角、屋脊、電線桿、水塔、高牆欄杆、大石土堆、煙囪、大樹、水路、電塔、尖角，應驗損丁、血光、破財、男女狂癲、吐血癆疾、無恥之徒、藥碗不斷等等。

3、震卦局：甲山庚向、卯山酉向、乙山辛向。

各卦位吉凶解說：

坐山：（震卦—東方）

坐山忌水沖、路沖、尖逼、屋角、牆角、石堆，主應車禍、血光、損丁、破財、吐血、出狂人。

賓位：（巽卦—東南方）

來水發女口、蔭外家，本枝姓冷退敗。

後天位：（離卦－南方）

水流出者主敗財、跑路、重妻。

地刑位、輔卦位：（坤卦－西南方）

有屋角、牆角、電柱、水塔、煙囪、石井、欄杆、出水，主應車禍、血光、官訟、損丁、損財。

申方為正曜，有形煞主應車禍、血光；有枯樹主應生怪病。

申方有水來主應出狂人，男犯桃花。

案劫位：（兌卦－西方）

左右方有古松樹，主應犯怪病、陰症、多病之慮。

有電柱、屋角、牆角，運到主損丁。

酉方有水來，主見血光，女淫亂叛離。

天劫位、中天位：（乾卦－西北方）

天劫水來破後天，主冷丁、散財、消亡敗絕。

有古松主得陰症，樹木高大茂盛主多病。

戌方有來水或路沖，主男人血光、意外。

中天位水宜出不宜入，正竅位出水口阻塞，主家人有眼疾。

庫池位：（壬方）

有聚水越深，財庫越旺，要澄清近穴。

客位：（坎卦—北方）

水來發女口，本姓冷退。

宅論房客大發財、客人好，主人較不好之局。

先天位：（艮卦—東北方）

出水主損丁、破財。

曜煞位：（申、寅、亥方）

曜煞位最忌門路沖射、屋角、屋脊、電線桿、水塔、高牆欄杆、大石土堆、煙囪、大樹、水路、電塔、尖角，應驗損丁、血光、破財、男女狂癲、吐血癆疾、無恥之徒、藥碗不斷等等。

4、巽卦局：辰山戌向、巽山乾向、巳山亥向。

各卦位吉凶解說：

坐山：（巽卦—東南方）

有電柱、高山壓迫、路沖、凹陷，主家中不安寧，小心女人身體。

巳方地曜有大樹，主出狂人。
內局水流庚酉，主婦人經血之病。

賓位：（離卦—南方）

來水發女口、蔭外家，本枝姓冷退敗。
地物不可太逼，主應傷主人，居家不安寧。

先天位、庫池位：（坤卦—西南方）

流破先天主損丁、破財。
坤方山宜豐滿潤秀，破碎剝離主敗絕、冷退。

後天位、地刑位：（兌卦—西方）

流破後天、太歲刑沖，主損妻、損財，輕者婦女病、藥碗不斷。
不可有屋角直射或電柱、水塔、大石等凶物逼近。
陽宅不可開在此卦，主應不聚財。
酉方正曜有大樹，主出狂人。

案劫位：（乾卦—西北方）

明堂附近有屋角、樹木高壓主多病；忌大石、牆角、地運到來主意外之災。
地物不可太逼，主應傷主人，居家不安寧。
戌方有來水或路沖，主應意外之災。

天劫位：（坎卦—北方）

收天劫而流破先天（坤方）或後天（兌方），主應消亡敗絕、孤寡冷丁之悲局。

水來主藥碗水；癸水、丑水為毒藥水，主吸毒、自殺。

有古松、樹木，主犯陰症、暗疾。

屋角、牆角沖射，電柱、橋箭、尖角煞氣沖入，年運到會有車禍、血光。

客位、中天位：（艮卦—東北方）

艮方有水上堂，主多生女。

來水由兌方後天位出水，主重妻損人口。

中天位水宜出不宜入，正竅位出水口阻塞，主家人有眼疾。

輔卦位：（震卦—東方）

卯方天曜有大樹，主出狂人。

曜煞位：（酉、卯、巳方）

曜煞位最忌門路沖射、屋角、屋脊、電線桿、水塔、高牆欄杆、大石土堆、煙囪、大樹、水路、電塔、尖角，應驗損丁、血光、破財、男女狂癲、吐血癆疾、無恥之徒、藥碗不斷等等。

5、離卦局：丙山壬向、午山子向、丁山癸向。

各卦位吉凶解說：

坐山：（離卦—南方）

有枯木，主傷筋骨。

有凹陷，對女人不利（婦女病）。

客位：（坤卦—西南方）

水來發女口，本姓冷退。

宅論房客大發財、客人好，主人較不好之局。

賓位：（兌卦—西方）

來水發女口、蔭外家，本枝姓冷退敗。

地物不可太逼，主應傷主人，居家不安寧。

後天位、地刑位：（乾卦—西北方）

亥方有水路沖，有牆角、電柱、煙囪、填實吊沖，主車禍血光、官訟、損丁。

收來水流入潭池、大湖，主財源滾滾。

水流出，主敗財、居家不安、損妻，輕者婦女經血病不斷。

案劫位：（坎卦—北方）

明堂前雜亂，主易生怪病，大小不安寧，為人無情無義。

癸方來水，人事不和、財敗、毒藥致死。

子方來水，主桃花。

天劫位：（艮卦—東北方）

屋角、牆角、電柱、煙囪、水塔、尖物侵射，主車禍、血光、損丁、破財。

有古松樹林，主吃藥不停、頭痛失眠、小病不斷、暗疾。

丑方來水為毒藥水。

艮方有深坑，主眼疾、破財立見。

先天位：（震卦—東方）

流破先天水，主消亡敗絕、損丁、孤寡、冷丁之悲局。

輔卦位：（巽卦—東南方）

有聚潭池，主大發。

中天位：（正辛）

中天位水宜出不宜入，正竅位出水口阻塞，主家人有眼疾。

曜煞位：（亥、申、午方）

曜煞位最忌門路沖射、屋角、屋脊、電線桿、水塔、高牆欄杆、大石土堆、煙囪、大樹、水路、電塔、尖角，應驗損丁、血光、破財、男女狂癲、吐血癆疾、無恥之徒、藥碗不斷等等。

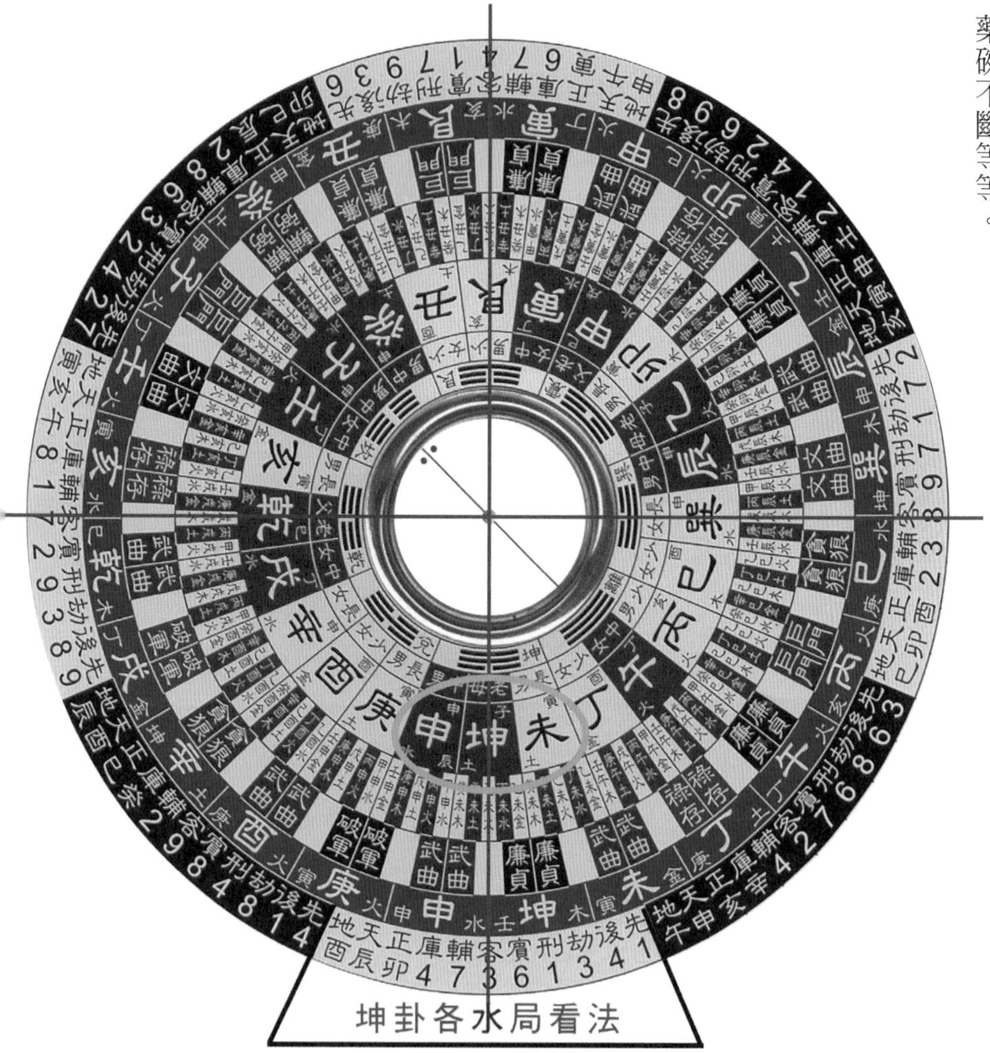

坤卦各水局看法

6、坤卦局：未山丑向、坤山艮向、申山寅向。

各卦位吉凶解說：

坐山：（坤卦—西南方）

不可有凹陷、水井、古木、大石，主應子孫不安寧、對女人身體不利。

輔卦位：（兌卦—西方）

有聚潭池主大發。

西方地曜有水路、屋角、大石、電柱、煙囪、古井、古松、井欄，侵射重者，主應車禍血光、癌病損丁；輕者破財、出狂人、見病就要開刀。

賓位：（乾卦—西北方）

乾方、亥方水來，主駝背殘疾。

來水發女口、蔭外家，本枝姓冷退敗。

地物不可太逼，主應傷主人，居家不安寧。

先天位、地刑位：（坎卦—北方）

沖此局主傷婦女身、官訟是非。

來水朝堂旺人丁，去水流破則損丁。

案劫位：（艮卦—東北方）

丑方來水為毒藥水。

艮方有深坑，主眼疾、破財立見。

艮方水沖堂前，主意外之災，重者男女少年亡。

天劫位、客位（震卦—東方）

收天劫水，必犯孤寡、冷丁之悲局。

甲水正竅位宜出水，來水主應捧藥碗。

卯方正曜來水或有古樹，主出狂人、藥碗水。

水來發女口，本姓冷退。

宅論房客大發財、客人好，主人較不好之局。

後天位、庫池位：（巽卦—東南方）

收來水過堂則財旺，去水流破必有損財之應。

庫池位聚水越深，財庫越旺，最適宜澄清近穴。

中天位：（正甲）

中天位水宜出不宜入，正竅位出水口阻塞，主家人有眼疾。

曜煞位：（卯、辰、戌、酉方）

曜煞位最忌門路沖射、屋角、屋脊、電線桿、水塔、高牆欄杆、大石土堆、煙囪、大樹、水路、電塔、尖角，應驗損丁、血光、破財、男女狂癲、吐血癆疾、無恥之徒、藥碗不斷等等。

7、兌卦局：庚山甲向、酉山卯向、辛山乙向。

各卦位吉凶解說：

坐山：（兌卦—西方）

不可有凹陷，主應子孫不安寧、對女人身體不利。

後天位：（坎卦—北方）

水流入子方，主婦人經血不順。

收來水過堂則財旺，去水流破必有損財之應。

天劫位、賓位：（艮卦—東北方）

丑方來水為毒藥水，此方水宜出不宜來。

艮方有深坑，主眼疾、破財立見。

有枯木、枯樹，主生怪病。

有屋角、電柱、煙囪、水塔、尖物侵射，主車禍、血光、死亡、損丁，輕者頭痛、心神不定。

案劫位：（震卦—東方）

有水聚天心者，主富貴雙全、科甲聯登。

卯方來水，男主夭壽見血光，女主淫亂。

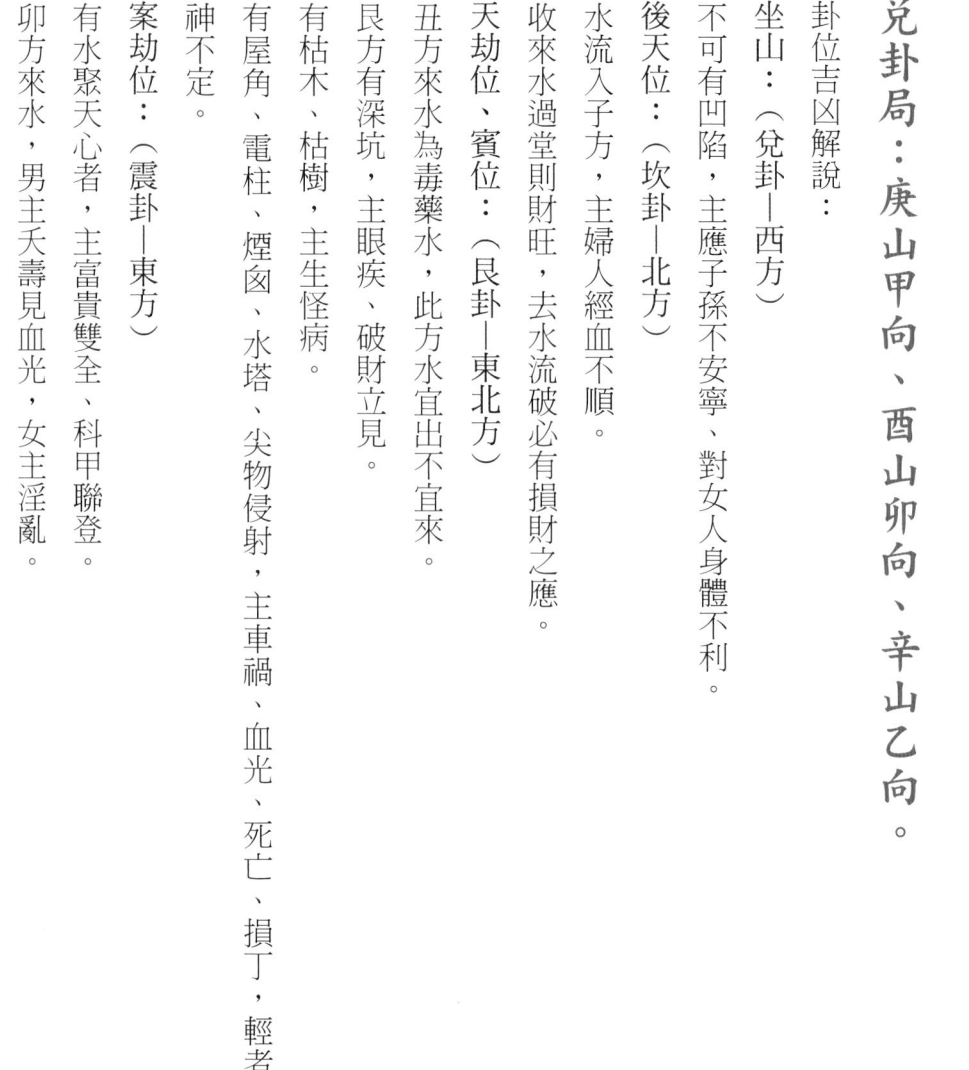

卯方水流入子方，女人淫亂、叛離。

先天位、地刑位：（巽卦—東南方）

流破先天損人丁。

有潭池流入主吉。

水流出巽位，損幼丁、長女大凶。

辰方地曜、巳方正曜有水來或路沖，易有意外之災。

客位：（離卦—南方）

出離水賓客水宜出不宜來，來者旺女口，蔭外家姓子孫及租屋之賓客。

輔卦位：（坤卦—西南方）

有聚潭池主大發。

中天位：（正甲）

中天位水宜出不宜入，正竅位出水口阻塞，主家人有眼疾。

曜煞位：（巳、酉、辰、戌方）

曜煞位最忌門路沖射、屋角、屋脊、電線桿、水塔、高牆欄杆、大石土堆、煙囪、大樹、水路、電塔、尖角，應驗損丁、血光、破財、男女狂癲、吐血癆疾、無恥之徒、藥碗不斷等等。

8、乾卦局：戌山辰向、乾山巽向、亥山巳向。

各卦位吉凶解說：

坐山：（乾卦—西北方）

忌古木、水井、大石、凹陷，主應居家不安寧。

輔卦位：（坎卦—北方）

宜聚埤、池水。

後天位、庫池位：（艮卦—東北方）

有聚水越深，財庫越旺，要澄清近穴。

收來水過堂則財旺，去水流破必有損財之應。

天劫位：（震卦—東方）

收天劫水（藥碗水），主家中常有臥病之人。

屋角、電柱、大樹、水塔、橋箭沖射，地運來必見血光，主應車禍、夭折、退敗。

案劫位、中天位：（巽卦—東南方）

屋角、大石、古井、枯木、古松侵射，主損幼丁、車禍、血光、意外、敗絕。中天位水宜出不宜入，正竅位出水口阻塞，主家人有眼疾。

先天位、地刑位：（離卦—南方）

不可有電柱、水塔、屋角等沖射。

流破先天水，主損丁。

地運來應主官訟、生病。

賓位：（坤卦—西南方）

水來發女口、本姓冷退。

收艮方來水流向坤方，主旺丁旺財。

客位：（兌卦—西方）

水來發女口、蔭外家子孫、本姓易退敗。

曜煞位：（午、亥、寅方）

曜煞位最忌門路沖射、屋角、屋脊、電線桿、水塔、高牆欄杆、大石土堆、煙囪、大樹、水路、電塔、尖角，應驗損丁、血光、破財、男女狂癲、吐血癆疾、無恥之徒、藥碗不斷等等。

PS：如果要盡速學會乾坤國寶及大陸最好用的陽宅診斷法〔金鎖玉關〕，請購買知青出版社出版的一本《學會乾坤國寶這本最容易》，同本書作者。

第玖層

八宅明鏡（宅卦、人命卦）

這一層可看出門、臥房、書房、神明廳、廚房、廁所與人命配卦的吉凶。

一、東西四宅換算運用法

八卦所屬的五行，會產生相生相剋的現象，因此很自然的分成兩組相生的體系，一組是「坎離震巽」，一組是「乾坤艮兌」，也就是所謂的「東四宅」與「西四宅」。

坎卦屬水，震、巽兩卦屬木，離卦屬火，形成水生木，木生火，連環相生，其中震、巽兩卦位居東邊，因此統稱為「東四宅」。

乾、兌兩卦屬金，坤、艮兩卦屬土，金與金，土與土是相互比助的，土與金則是相生。因此乾、兌、坤、艮四卦都是相生相助的，其中乾、兌、坤三卦位居西邊，因此統稱為「西四宅」。

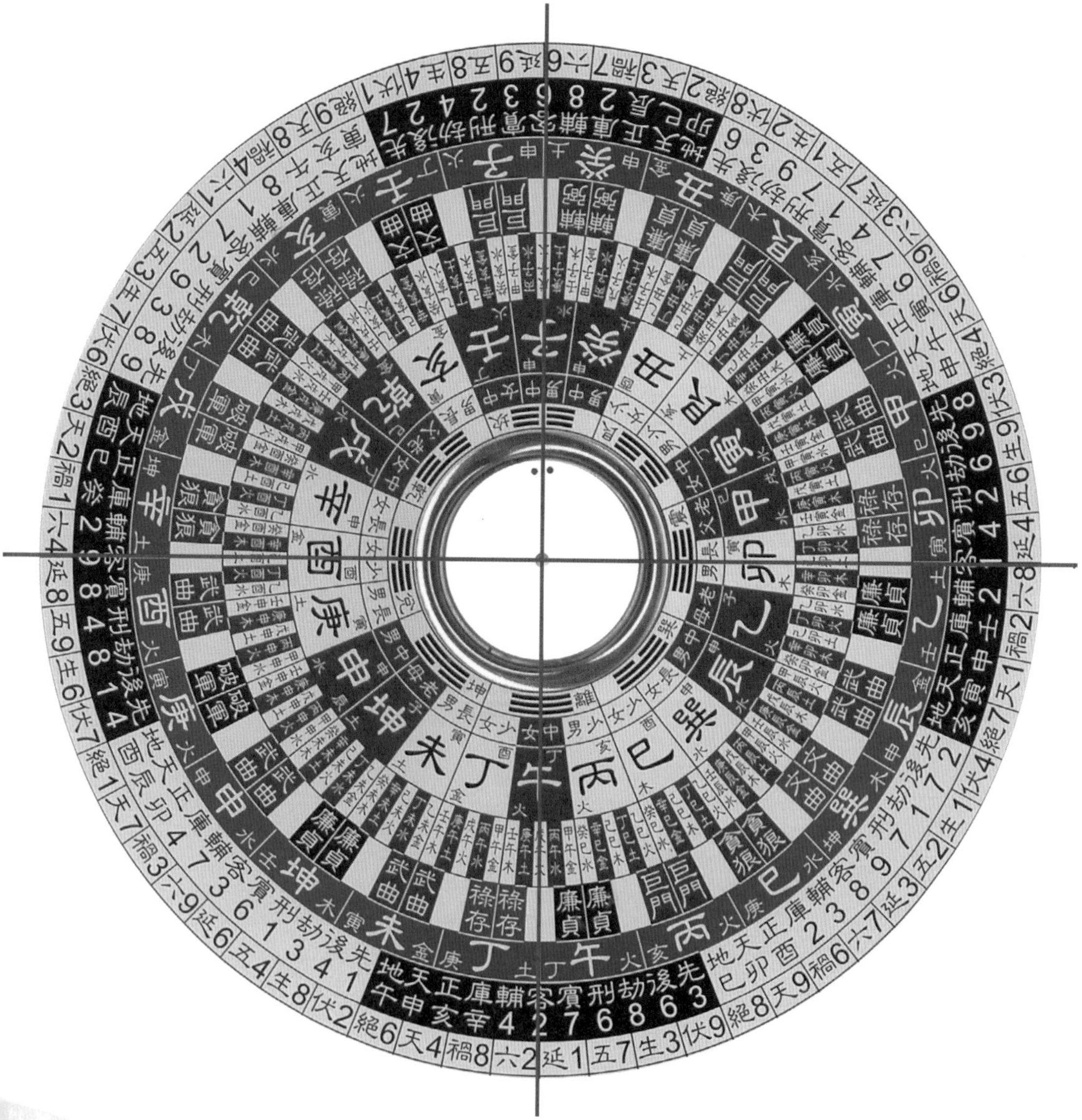

八宅方位（後天八卦位）

1坎：壬子癸（北方）、2坤：未坤申（西南方）、3震：甲卯乙（東方）、

4巽：辰巽巳（東南方）、6乾：戌乾亥（西北方）、7兌：庚酉辛（西方）、

8艮：丑艮寅（東北方）、9離：丙午丁（南方）。

東四宅（本派以門向為用）

東四宅歌訣：震巽坎離是一家，西四宅爻莫犯他；

若還一氣修成象，子孫興旺定榮華。

坎宅：坐南朝北。

離宅：坐北朝南。

震宅：坐西朝東。

巽宅：坐西北朝東南。

西四宅（本派以門向為用）

西四宅歌訣：乾坤艮兌四宅同，東四卦爻不可逢；

誤將他象混一屋，人口傷亡禍必重。

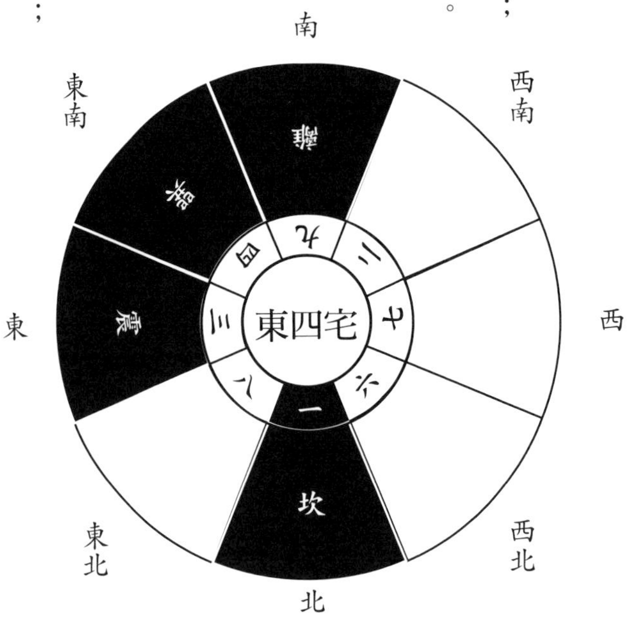

乾宅：坐東南朝西北。
艮宅：坐西南朝東北。
坤宅：坐東北朝西南。
兌宅：坐東朝西。

八宅明鏡派的四吉方與四凶方

四吉位：生氣、延年、天醫、伏位。
四凶位：五鬼、六煞、禍害、絕命。

東四宅：宅卦與門搭配相宜

宅與門搭配都是同樣東四卦，就是最佳配置。
東四宅之一：坎宅開離門，堆金並積玉，進出於震巽，子貴孫亦賢。
東四宅之二：震宅開巽門，添丁出豪翁，開門在坎離，六畜人口旺。
東四宅之三：離宅開坎門，金玉滿廳堂，出入在震巽，子孝孫亦賢。
東四宅之四：巽宅開震門，家出賢才郎，開門在南北，必主有瑞祥。

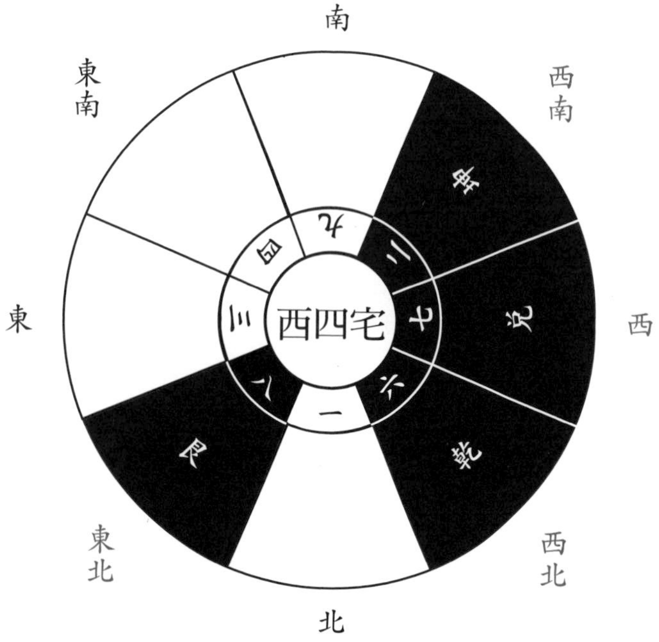

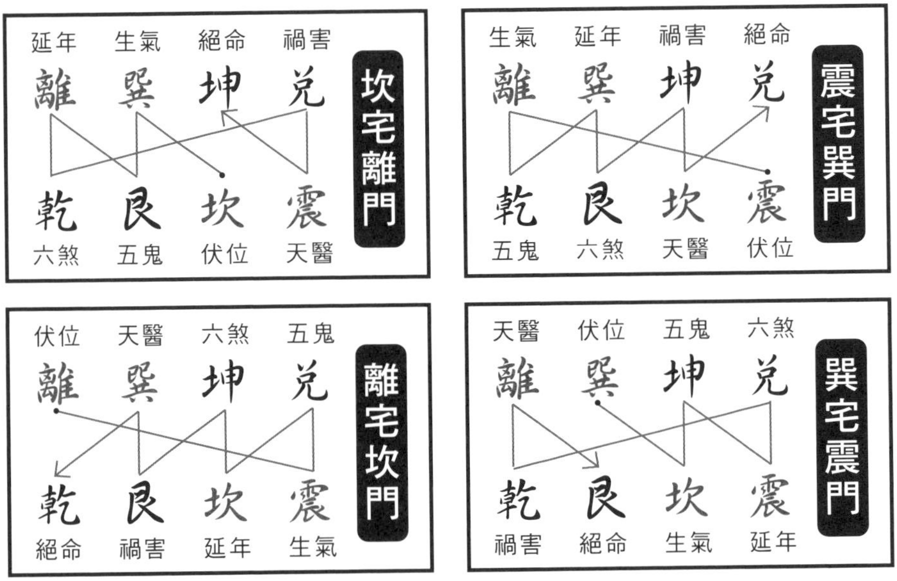

▲東四宅：宅卦與門搭配相宜

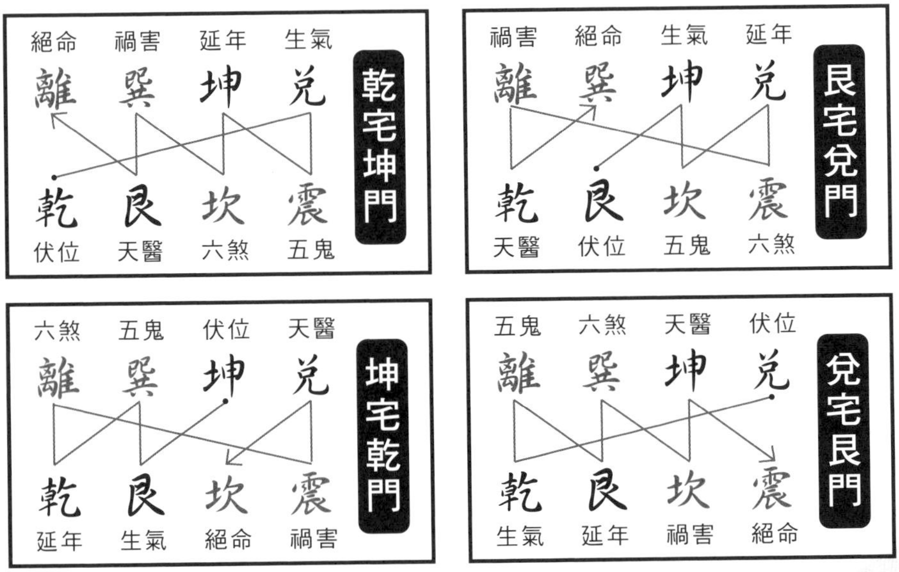

▲西四宅：宅卦與門搭配相宜

西四宅：宅卦與門搭配相宜

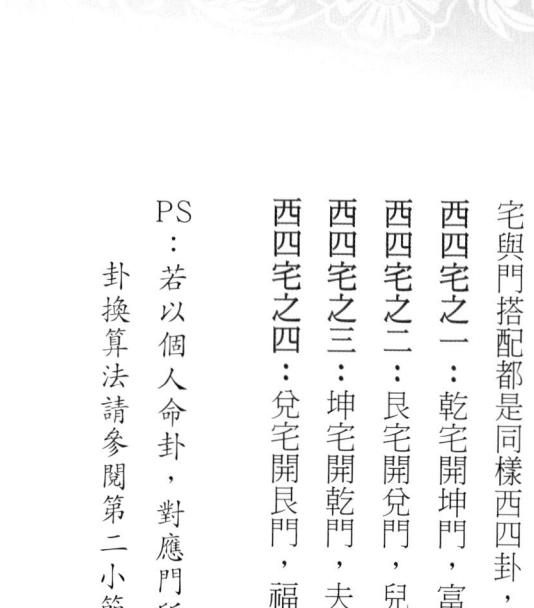

宅與門搭配都是同樣西四卦，就是最佳配置。

西四宅之一：乾宅開坤門，富而且貴長，門開在兌艮，代代顯榮宗。

西四宅之二：艮宅開兌門，兒孫即滿堂，門開在乾坤，家和敬尊長。

西四宅之三：坤宅開乾門，夫婦心相連，若開艮兌門，子孫世代昌。

西四宅之四：兌宅開艮門，福祿定榮昌，門開在乾坤，祖業定豐榮。

PS：若以個人命卦，對應門所產生的對應是以上八種組合，就是很好的組合，個人命卦換算法請參閱第二小節個人命卦與方位吉凶換算運用法。

二、個人命卦與方位吉凶換算運用法

1、如何算出您的個人命卦

男女手掌命卦法

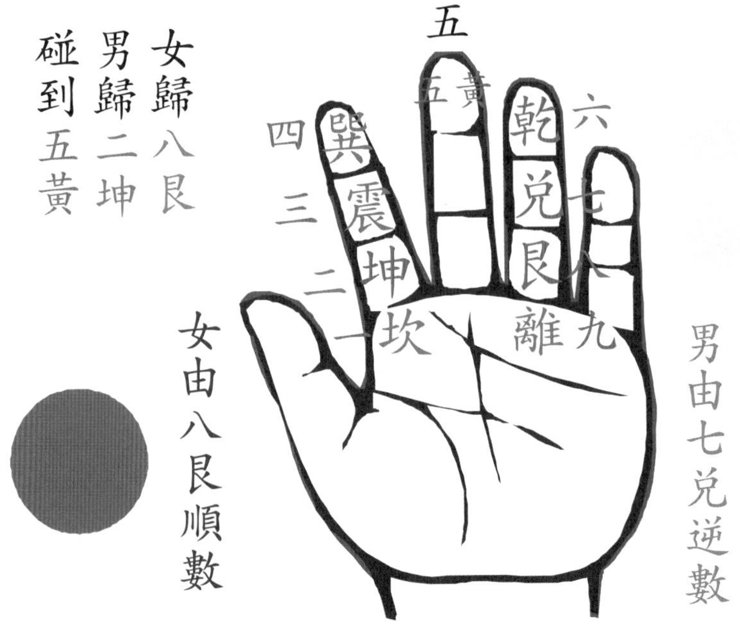

命卦求法

以民國出生年男命為例：1965年=1965-1911=（54年次）數字相加為5＋4＝9，男命由七兌逆數九格，得結果是八艮，所以此人即為八艮西四命卦。

以民國出生年女命為例：2009年=2009-1911=（98年次）數字相加為9＋8＝17，由於超過兩位數，是故要再相加一次得出1＋7＝8，女命由八艮順數到八，得結果是六乾，所以此人即為六乾西四命卦。

以民國出生年男命為例：1968年=1968-1911=（57年次）數字相加為5＋7＝12，由於超過兩位數，是故要再相加一次得出1＋2＝3，男命由七兌逆數三格，得結果是五黃，所以此人即為二坤西四命卦。

以民國出生年女命為例：2008年=2008-1911=（97年次）數字相加為9＋7＝16，由於超過兩位數，是故要再相加一次得出1＋6＝7，女命由八艮順數到七，得結果是五黃，所以此人即為八艮西四命卦。

PS：男女手相命卦法，男命數到五黃歸二坤西四命卦、女命數到五黃歸八艮西四命卦。

男女命卦速求表：年份須以【立春】交界為論

西元	年次	男生命卦	女生命卦	西元	年次	男生命卦	女生命卦	西元	年次	男生命卦	女生命卦
1931	20	六乾	九離	1969	58	四巽	二坤	2007	96	二坤	四巽
1932	21	二坤	一坎	1970	59	三震	三震	2008	97	一坎	八艮
1933	22	四巽	二坤	1971	60	二坤	四巽	2009	98	九離	六乾
1934	23	三震	三震	1972	61	一坎	八艮	2010	99	八艮	七兌
1935	24	二坤	四巽	1973	62	九離	六乾	2011	100	七兌	八艮
1936	25	一坎	八艮	1974	63	八艮	七兌	2012	101	六乾	九離
1937	26	九離	六乾	1975	64	七兌	八艮	2013	102	二坤	一坎
1938	27	八艮	七兌	1976	65	六乾	九離	2014	103	四巽	二坤
1939	28	七兌	八艮	1977	66	二坤	一坎	2015	104	三震	三震
1940	29	六乾	九離	1978	67	四巽	二坤	2016	105	二坤	四巽
1941	30	二坤	一坎	1979	68	三震	三震	2017	106	一坎	八艮
1942	31	四巽	二坤	1980	69	二坤	四巽	2018	107	九離	六乾
1943	32	三震	三震	1981	70	一坎	八艮	2019	108	八艮	七兌
1944	33	二坤	四巽	1982	71	九離	六乾	2020	109	七兌	八艮
1945	34	一坎	八艮	1983	72	八艮	七兌	2021	110	六乾	九離
1946	35	九離	六乾	1984	73	七兌	八艮	2022	111	二坤	一坎

1947	36	八艮	七兌	1985	74	六乾	九離	2023	112	四巽	二坤
1948	37	七兌	八艮	1986	75	二坤	一坎	2024	113	三震	三震
1949	38	六乾	九離	1987	76	四巽	二坤	2025	114	二坤	四巽
1950	39	二坤	一坎	1988	77	三震	三震	2026	115	一坎	八艮
1951	40	四巽	二坤	1989	78	二坤	四巽	2027	116	九離	六乾
1952	41	三震	三震	1990	79	一坎	八艮	2028	117	八艮	七兌
1953	42	二坤	四巽	1991	80	九離	六乾	2029	118	七兌	八艮
1954	43	一坎	八艮	1992	81	八艮	七兌	2030	119	六乾	九離
1955	44	九離	六乾	1993	82	七兌	八艮	2031	120	二坤	一坎
1956	45	八艮	七兌	1994	83	六乾	九離	2032	121	四巽	二坤
1957	46	七兌	八艮	1995	84	二坤	一坎	2033	122	三震	三震
1958	47	六乾	九離	1996	85	四巽	二坤	2034	123	二坤	四巽
1959	48	二坤	一坎	1997	86	三震	三震	2035	124	一坎	八艮
1960	49	四巽	二坤	1998	87	二坤	四巽	2036	125	九離	六乾
1961	50	三震	三震	1999	88	一坎	八艮	2037	126	八艮	七兌
1962	51	二坤	四巽	2000	89	九離	六乾	2038	127	七兌	八艮
1963	52	一坎	八艮	2001	90	八艮	七兌	2039	128	六乾	九離
1964	53	九離	六乾	2002	91	七兌	八艮	2040	129	二坤	一坎
1965	54	八艮	七兌	2003	92	六乾	九離	2041	130	四巽	二坤

1966	55	七兌	八艮	2004	93	二坤	一坎	2042	131	三震	三震
1967	56	六乾	九離	2005	94	四巽	二坤	2043	132	二坤	四巽
1968	57	二坤	一坎	2006	95	三震	三震	2044	133	一坎	八艮

2、命卦與方位神煞運用法

簡易算出各種命卦所對應各方位神煞的方式，只要您跟著圖中的線從頭起卦，延著線的方向劃到箭頭結束之後，便能夠知悉八個方位的神煞位置。

圖中數字12346789與羅盤相對應，是後天八卦所代表的「數字與方位」。

東四命的排法

坎命：依序為1伏、4生、8五、9延、6六、7禍、3天、2絕。

坎命卦各方位神煞：

1伏位（北方）、2絕命（西南）、3天醫（東方）、4生氣（東南）、

6六煞（西北）、7禍害（西方）、8五鬼（東北）、9延年（南方）。

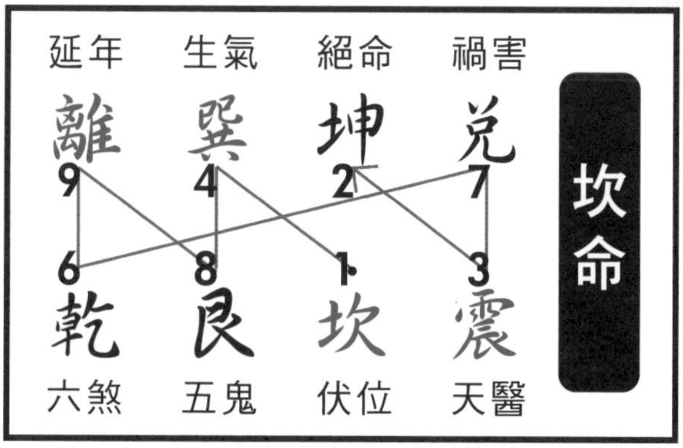

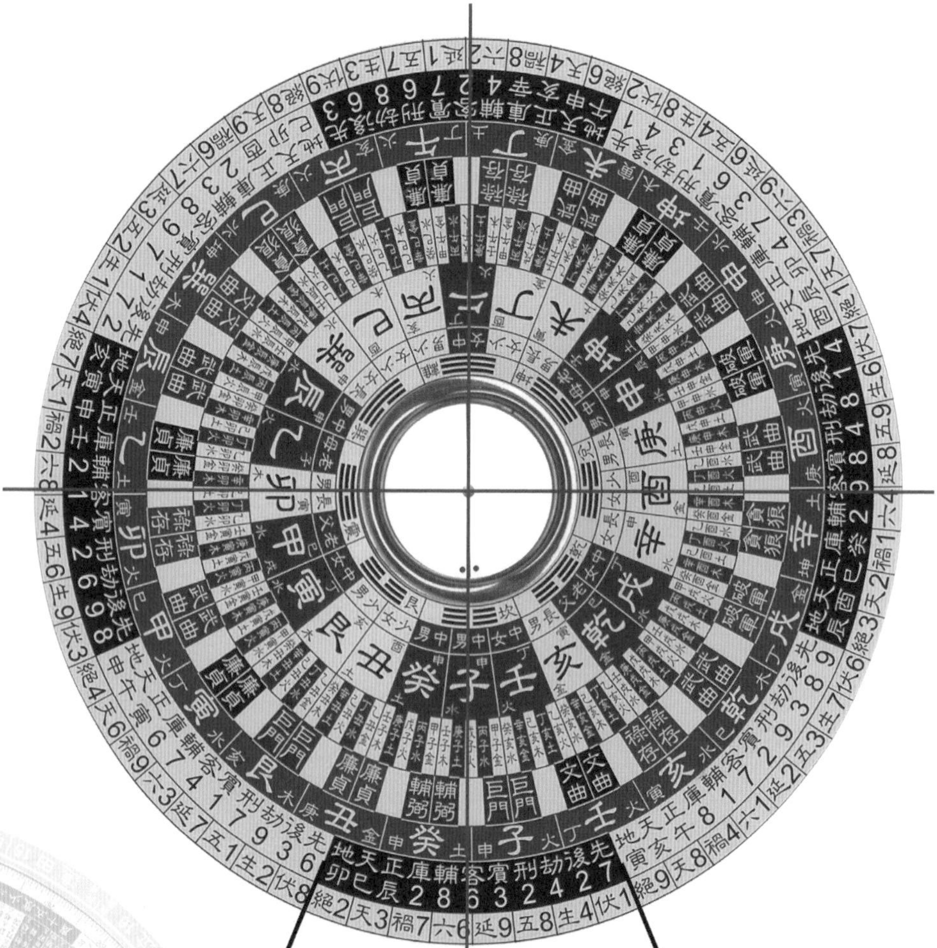

坎卦各方位看法

巽命：依序為4伏、1生、2五、3延、7六、6禍、9天、8絕。

巽命卦各方位神煞：

1生氣（北方）、2五鬼（西南）、3延年（東方）、4伏位（東南）、6禍害（西北）、7六煞（西方）、8絕命（東北）、9天醫（南方）。

震命：依序為3伏、9生、6五、4延、8六、2禍、1天、7絕。

震命卦各方位神煞：

1天醫（北方）、2禍害（西南）、3伏位（東方）、4延年（東南）、6五鬼（西北）、7絕命（西方）、8六煞（東北）、9生氣（南方）。

離命：依序為9伏、3生、7五、1延、2六、8禍、4天、6絕。

離命卦各方位神煞：

1延年（北方）、2六煞（西南）、3生氣（東方）、4天醫（東南）、6絕命（西北）、7五鬼（西方）、8禍害（東北）、9伏位（南方）。

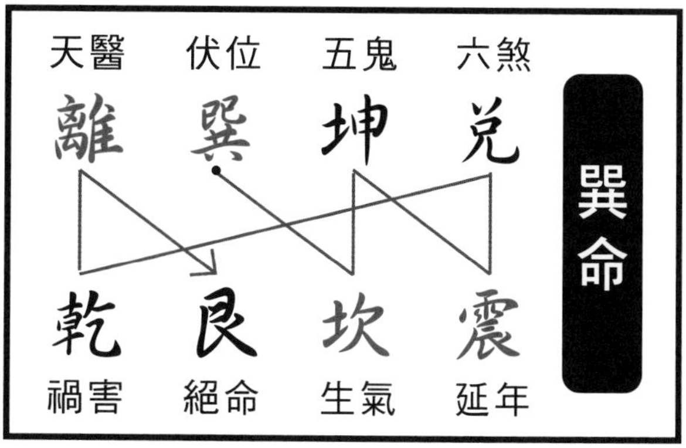

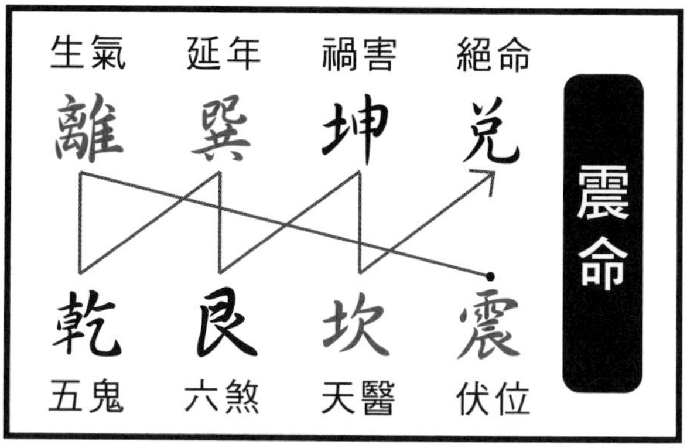

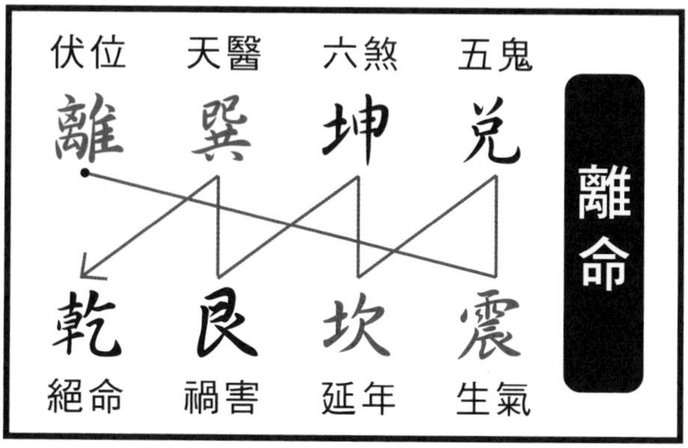

西四命的排法

乾命：依序為6伏、7生、3五、2延、1六、4禍、8天、9絕。

乾命卦各方位神煞：

1六煞（北方）、2延年（西南）、3五鬼（東方）、4禍害（東南）、6伏位（西北）、7生氣（西方）、8天醫（東北）、9絕命（南方）。

南　東南　西南　西

乾命			
絕命	禍害	延年	生氣
離	巽	坤	兌
9	4	2	7
6	8	1	3
乾	艮	坎	震
伏位	天醫	六煞	五鬼

西北　東北　北　東

乾卦各方位看法

艮命：依序為生氣8伏、2生、1五、7延、3六、9禍、6天、4絕。

艮命卦各方位神煞：

1五鬼（北方）、2生氣（西南）、3六煞（東方）、4絕命（東南）、6天醫（西北）、7延年（西方）、8伏位（東北）、9禍害（南方）。

兌命：依序為生氣7伏、6生、9五、8延、4六、1禍、2天、3絕。

兌命卦各方位神煞：

1禍害（北方）、2天醫（西南）、3絕命（東方）、4六煞（東南）、6生氣（西北）、7伏位（西方）、8延年（東北）、9五鬼（南方）。

坤命：依序為生氣2伏、8生、4五、6延、9六、3禍、7天、1絕。

坤命卦各方位神煞：

1絕命（北方）、2伏位（西南）、3禍害（東方）、4五鬼（東南）、6延年（西北）、7天醫（西方）、8生氣（東北）、9六煞（南方）。

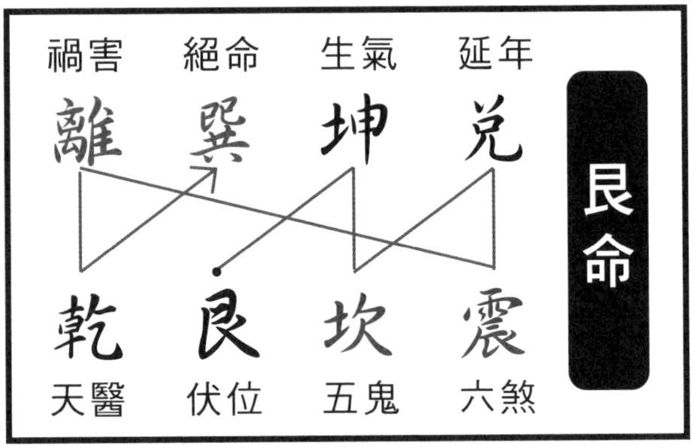
艮命
禍害 絕命 生氣 延年
離 巽 坤 兑
乾 艮 坎 震
天醫 伏位 五鬼 六煞

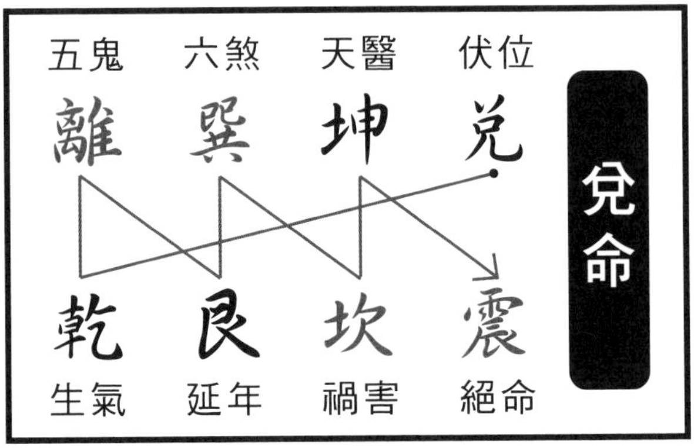
兌命
五鬼 六煞 天醫 伏位
離 巽 坤 兑
乾 艮 坎 震
生氣 延年 禍害 絕命

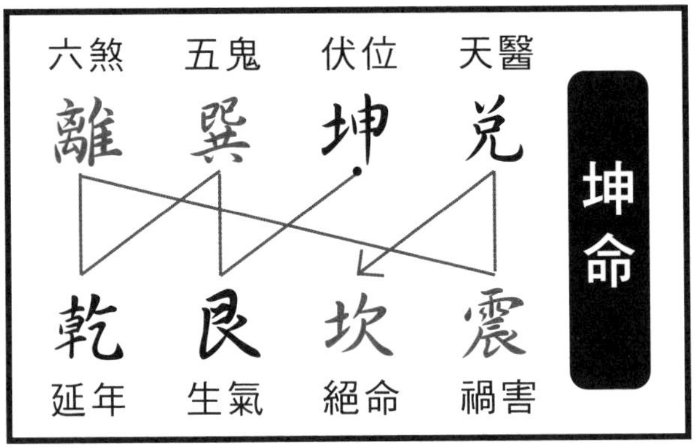
坤命
六煞 五鬼 伏位 天醫
離 巽 坤 兑
乾 艮 坎 震
延年 生氣 絕命 禍害

神煞運用法

舉凡東四命卦居東四宅，西四命卦居西四宅，又如東四命卦居西四命者為凶，西四命卦居東四命卦者為凶。

是故八宅明鏡就是以人命為主，配合八卦吉方（伏位、生氣、延年、天醫），以門、床、樓梯、辦公桌、沙發、灶向等等方位來做規劃，合者為吉、不合者為凶。但若是家中有卦位不同者，當然要以主掌經濟者為主。

PS：如果要盡速學會八宅明鏡的陽宅診斷法，請購買知青出版社出版的一本《學會八宅明鏡這本最簡單》，同本書作者。

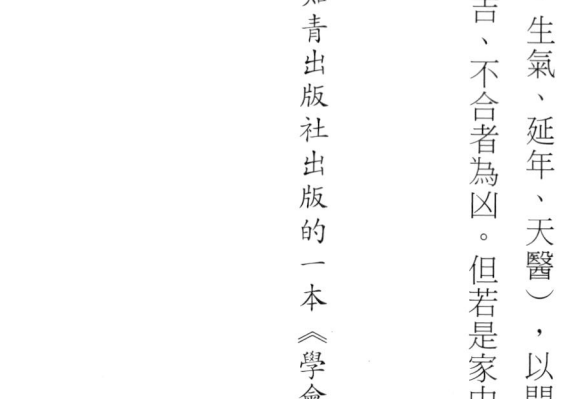

第拾層

紫白飛星（九星）生剋關係

這一層可直接看出床、神位、門、臥房、商店大門、收銀機位置的好壞。

一、紫白九星特性介紹

1、元運九星

三元九運乃是由洛書演繹而來，據說大禹治水時，洛水出現神龜，而神龜背部的龜甲裂痕成紋，類似圖案般而稱之為洛書。

三元分為上元、中元、下元，每一元為六十年，稱為大運。三元共為一百八十年，在每元的六十年當中，每元又分為三運，所以總共是九運，每運二十年，稱為小運。而每運二十年期間，佐以北斗七星之輪值，形成九宮星運。茲將三元九運之輪值星宿、方位列表如下：

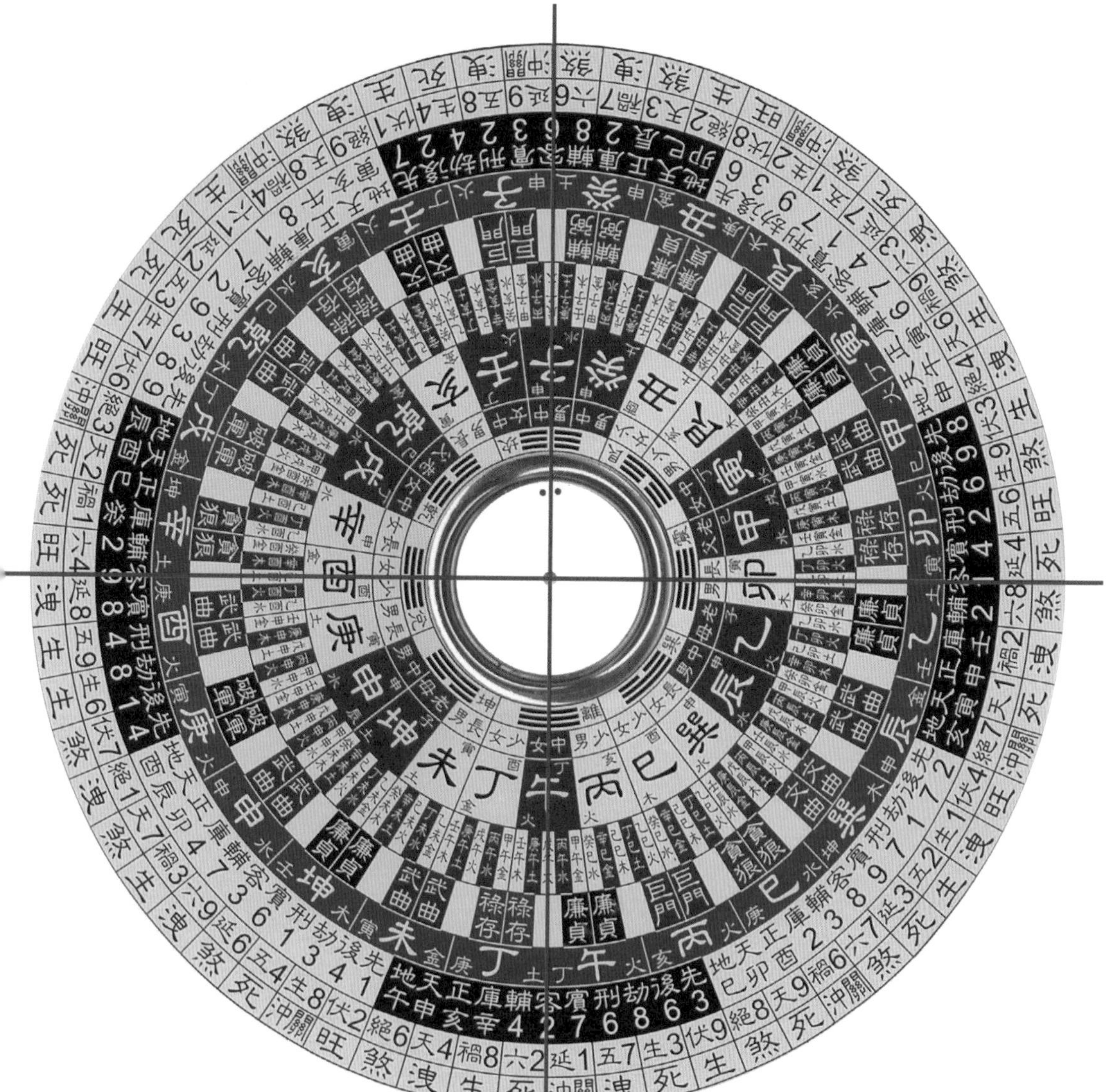

三元九運九星輪值表

三元	天干地支	年代	九運	輪值星	九宮	五行	方位	24山
上元60年	甲子—癸未 甲申—癸卯 甲辰—癸亥	同治03年—光緒09年 光緒10年—光緒29年 光緒30年—民國12年	一運 二運 三運	貪狼星 巨門星 祿存星	一白 二黑 三碧	坎水 坤土 震木	北方 西南 東方	壬子癸 未坤申 甲卯乙
中元60年	甲子—癸未 甲申—癸卯 甲辰—癸亥	民國13年—民國32年 民國33年—民國52年 民國53年—民國72年	四運 五運 六運	文曲星 廉貞星 武曲星	四綠 五黃 六白	巽木 中土 乾金	東南 中央 西北	辰巽巳 中央 戌乾亥
下元60年	甲子—癸未 甲申—癸卯 甲辰—癸亥	民國73年—民國92年 民國93年—民國112年 民國113年—民國132年	七運 八運 九運	破軍星 左輔星 右弼星	七赤 八白 九紫	兌金 艮土 離火	西方 東北 南方	庚酉辛 丑艮寅 丙午丁

2、紫白九星特性

九星中以一白、六白、八白最為吉利，九紫次之，五黃最凶、二黑次凶。

如圖檔所示：九紫居上，一白、六白、八白居下，而以吉星命名故曰「紫白飛星」、又曰「飛白九星」、「元運九星」、「玄空挨星」，星術家簡稱「飛星」。

一白貪狼：文曲星，主官祿，為吉星。

二黑巨門：病符星，主破財、病痛，為凶星。
三碧祿存：蚩尤星，主口舌官刑，為凶星。
四綠文曲：文昌星，主科甲富貴，為吉星。
五黃廉貞：正關煞，主傷亡病耗，為凶星。
六白武曲：武曲星，主武貴進財、聚財方位，為吉星。
七赤破軍：破軍星，主官訟肅殺，為凶星。
八白左輔：財帛星，主功名進財、添丁旺子、催財方位，為吉星。
九紫右弼：右弼星，主驅煞催貴、人緣桃花，又掌火劫敗財，為吉凶參半星。

南

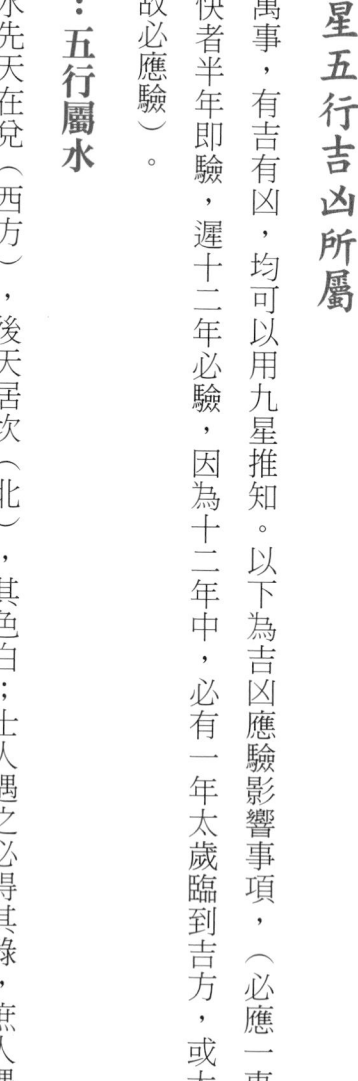

4綠 文曲木	9紫 右弼火	2黑 巨門土
3碧 祿存木	5黃 廉貞土	7赤 破軍金
8白 左輔土	1白 貪狼水	6白 武曲金

北

3、九星五行吉凶所屬

人間萬事，有吉有凶，均可以用九星推知。以下為吉凶應驗影響事項，（必應一事，或應數事，快者半年即驗，遲十二年必驗，因為十二年中，必有一年太歲臨到吉方，或太歲臨到凶方，故必應驗）。

一白：五行屬水

一白水先天在兌（西方），後天居坎（北），其色白；士人遇之必得其祿，庶人遇之定進財喜。

一白水，為中男，為魁星，主文學藝術，聰明靈秀，少年科甲，主聲名顯達，名播四海，紫白訣云：「一白為官星之應，主宰文章。」

二黑：五行屬土

二黑土先天在坎（北方），後天居坤（西南），其色黑；主憂愁抑鬱有所不免；為剋煞時，主孕婦有坐草之慮，或涉婦人而興訟，或因女子以招非，大抵此方不宜修動，犯者陰人不行，患病必久。

三碧：五行屬木

三碧木先天在艮（東北），後天居震（東方），其色碧綠；三碧是賊星，主官非盜劫。若遇剋煞則官災訟非立見，殘病刑妻遭其凶，犯之者膿血之災，觸之者足疾大禍。

四綠：五行屬木

四綠木先天在坤（西南），後天居巽（東南），其色青綠；當其旺主登科甲第、君子加官、小人進產；紫白訣云：「蓋四綠為文昌之神，職司祿位。」

五黃：五行屬土

五黃土位鎮中央，威揚八面，應廉貞之宿，號為（正關煞），其色黃；宜靜不宜動，動則終凶；宜化不宜剋，剋之則禍疊；戊己大煞，災害並至，會太歲、歲破、禍患頻生。

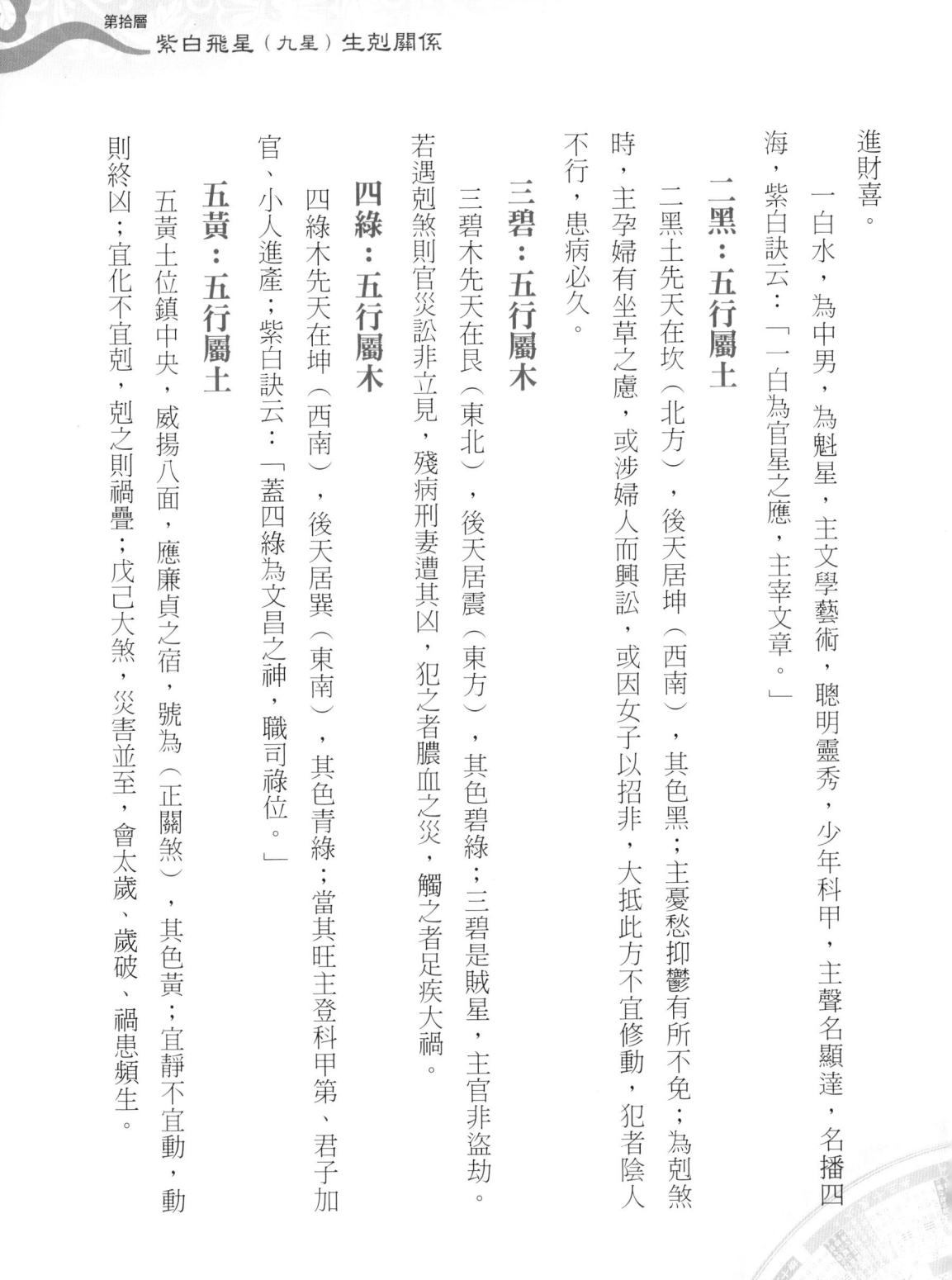

六白：五行屬金

六白金先天在離（南方），後天居乾（西北），號為（官貴），其色白，性尚剛；當其旺，主登科甲第、威權震世、巨富多丁、君子加官、小人進產。」

七赤：五行屬金

七赤金先天在巽（東南），後天居兌（正西），其色赤紅，有小人之狀，為盜賊之精；若為剋煞，定主官非口舌。

八白：五行屬土

八白土先天在乾（西北），後天居艮（東北），其色杏白；值生旺則富貴功名，旺田宅發丁財，出忠臣孝子富貴壽考。

九紫：五行屬火

九紫火先天在震（正東），後天居離（正南），其色紫紅，性最燥，吉者遇之立刻發福，凶者值之勃然大禍，故術數家稱為趕煞催貴之神，但火性剛不能容邪，宜吉不宜凶。

4、九星佈局法

一白：官祿方位，可擺設催官意圖相、形之物。如駿馬圖（馬頭必須向外）、馬上封侯的雕像、鯉躍龍門圖、銅鹿（表示祿）、銅馬（以一、六馬為宜，一表示一馬當先、六表示祿馬交馳），忌諱五匹馬表示五馬分屍之意。

四綠：文昌方位，可擺設文昌塔、文昌筆（共四支表示狀元、探花、榜眼、進士）、文房四寶（筆、墨、硯、紙）、文鎮。若文昌位在廁所，可用小羅盤、五帝錢、布簾、黃金葛、粗鹽加以化解。

六白：武貴進財，可擺設聚寶盆、流水局（水流往內）、引財龍銀、三角蟾蜍等等招財吉祥物。

八白：功名進財、添丁旺子，可擺設百子圖或送子觀音像（請勿開光）、芙蓉（台語扶陽之意）、蓮蕉（台語有男性器官之意），而植物種在室內，必須以紅絲帶圍住（轉陰為陽之意）。求財求貴人可擺設如意、麒麟、開運龍、貔貅、發財樹、開運竹、萬年青等等開運吉祥物品。

九紫：人緣桃花，可放置花瓶（必須是真花），水要保持清澈，不能讓其凋謝。

二黑、三碧、五黃、七赤，凶星之方位，避免擺設尖銳之物，此處宜靜不宜動。

5、紫白飛星生剋關係

以「中宮（坐山之星）為我」，與其他八宮飛臨之星的五行論生剋關係。

生我者—生氣（羅盤以「生」為簡稱）。

同我者—旺氣（羅盤以「旺」為簡稱）。

我生者—洩氣（羅盤以「洩」為簡稱）。

我剋者—死氣（羅盤以「死」為簡稱）。

剋我者—煞氣（羅盤以「煞」為簡稱）。

五黃方—關煞（羅盤以「沖關」為簡稱）。

PS：生剋關係以生氣、旺氣為最吉，洩氣與死氣居吉凶之間，煞氣最凶，而五黃位（沖關）不論生剋關係皆以凶論之，若是煞氣又與五黃位相臨，遇動必有大災禍。

二、八卦方位吉凶詳述

1、【坎宅】生、旺、洩、死、煞、沖關，氣場分佈情況。

東南	南	西南
9死 火	5沖關 土	7生 金
8煞 土	1 水（我）	3洩 木
4洩 木	6生 金	2煞 土
東北	北	西北

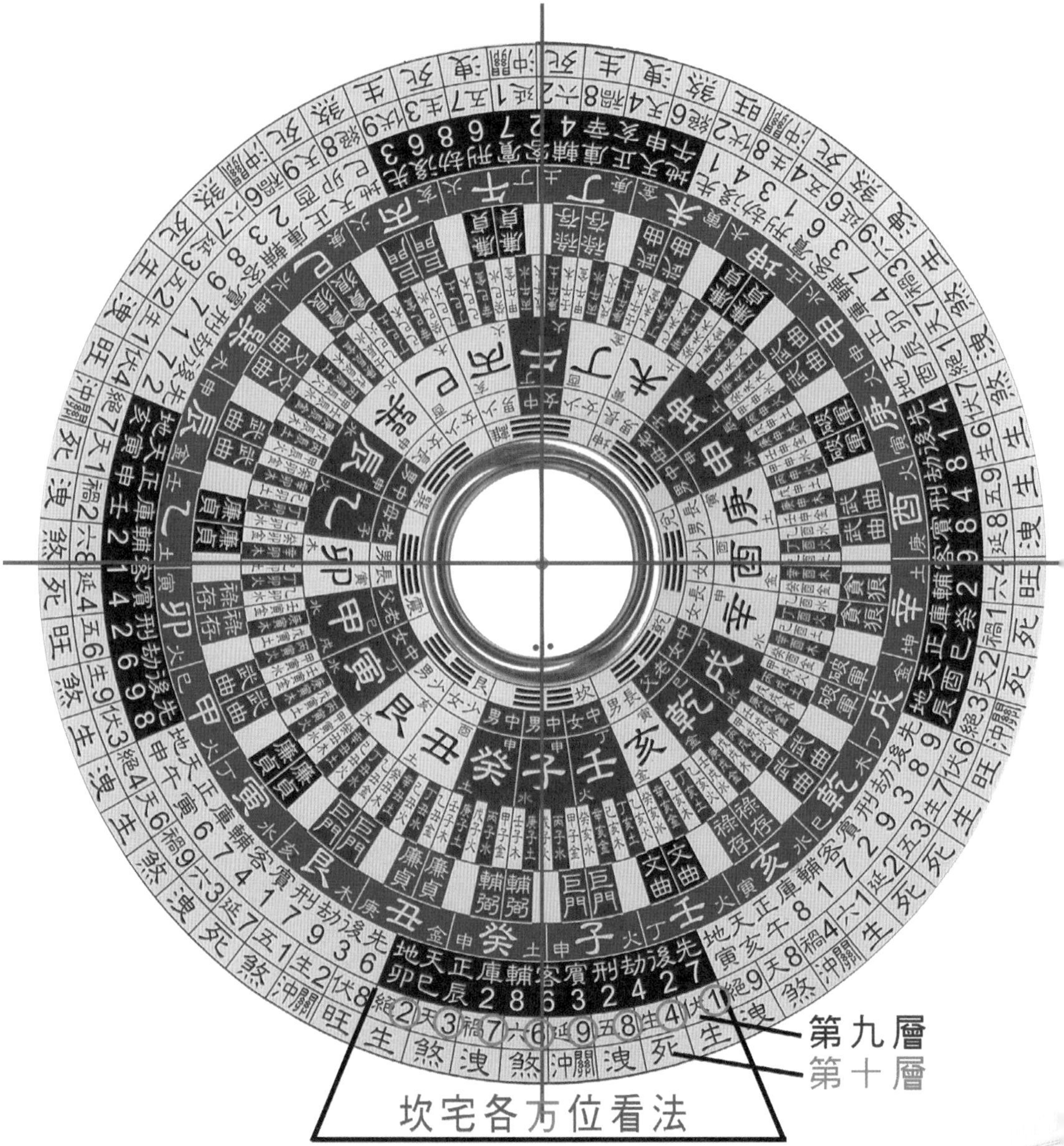
第九層
第十層
坎宅各方位看法

坎宅（坐北朝南）第九層與第十層相對應關係

第九層	絕2	天3	禍7	六6	延9	五8	生4	伏1
第十層	生	煞	洩	煞	沖關	洩	死	生

第九層數字各代表：

「1」北方、「2」西南方、「3」東方、4「東南方」、「6」西北方、「7」西方、「8」東北方、「9」南方。

第十層生、旺、洩、死、煞、沖關，氣場分佈情況：

「1」北方、生氣方。「2」西南方、生氣方。「3」東方、煞氣方。

「4」東南方、死氣方。「6」西北方、煞氣方。「7」西方、洩氣方。

「8」東北方、洩氣方。「9」南方、沖關方。

在房子的東方是屬於「八白」的氣，為財帛星。

在房子的西方是屬於「三碧」的氣，為蚩尤星。

在房子的南方是屬於「五黃」的氣，為正關煞。

在房子的北方是屬於「六白」的氣，為武曲星。

在房子的東北是屬於「四綠」的氣，為文昌星。
在房子的東南是屬於「九紫」的氣，為右弼星。
在房子的西北是屬於「二黑」的氣，為病符星。
在房子的西南是屬於「七赤」的氣，為破軍星。

PS：生、旺、洩、死、煞、沖關，內局規劃佈局介紹。

生氣方：可安床、神位、門、臥房、商店大門、收銀機。
旺氣方：可安床、神位、商店大門、收銀機。
煞氣方：煞氣方、五黃方可開門出煞。
洩氣方：可安廁所、電器、冰箱、重機器、儲藏室、客房、和室、閒間。
死氣方：同洩氣方論，但人丁不旺。

PS：生、旺、洩、死、煞、沖關，外局規劃佈局介紹。

屋外生氣、旺氣方，最宜高起，隆起，有較高建物，一白、四綠方亦宜高。
屋外死氣、煞氣、洩氣方，最宜低伏，但一白、四綠之方位逢之，且為失運之屋宅，亦主貧病。
其餘各宅亦同論。

2、【坤宅】生、旺、洩、死、煞、沖關，氣場分佈情況。

東南	南	西南
1死 水	6洩 金	8旺 土
9生 火	2 土（我）	4煞 木
5沖關 土	7洩 金	3煞 木
東北	北	西北

坤宅（坐西南朝東北）第九層與第十層相對應關係

第九層	第十層
絕1	洩
天7	煞
禍3	生
六9	洩
延6	煞
五4	死
生8	沖關
伏2	旺

第九層數字各代表：

「1」北方、「2」西南方、「3」東方、4「東南方」、「6」西北方、「7」西方、「8」東北方、「9」南方。

第十層生、旺、洩、死、煞、沖關，氣場分佈情況：

「1」北方、洩氣方。　「2」西南方、旺氣方。　「3」東方、生氣方。

「4」東南方、死氣方。　「6」西北方、煞氣方。　「7」西方、煞氣方。

「8」東北方、沖關方。　「9」南方、洩氣方。

在房子的東方是屬於「九紫」的氣，為右弼星。

在房子的西方是屬於「四綠」的氣，為文昌星。

在房子的南方是屬於「六白」的氣，為武曲星。

在房子的北方是屬於「七赤」的氣，為破軍星。

在房子的東北是屬於「五黃」的氣，為正關煞。

在房子的東南是屬於「一白」的氣，為文曲星。

在房子的西北是屬於「三碧」的氣，為蚩尤星。

在房子的西南是屬於「八白」的氣，為財帛星。

3、【震宅】生、旺、洩、死、煞、沖關，氣場分佈情況。

東南	南	西南
2死 土	7煞 金	9洩 火
1生 水	3 木（我）	5沖關 土
6煞 金	8死 土	4旺 木
東北	北	西北

震宅（坐東朝西）第九層與第十層相對應關係

第九層	第十層
絕7	沖關
天1	死
禍2	洩
六8	煞
延4	死
五6	旺
生9	煞
伏3	生

第九層數字各代表：

「1」北方、「2」西南方、「3」東方、4「東南方」、「6」西北方、「7」西方、「8」東北方、「9」南方。

第十層生、旺、洩、死、煞、沖關，氣場分佈情況：

「1」北方、死氣方。「2」西南方、洩氣方。「3」東方、生氣方。

「4」東南方、死氣方。「6」西北方、旺氣方。「7」西方、沖關方。

「8」東北方、煞氣方。「9」南方、煞氣方。

在房子的東方是屬於「一白」的氣，為文曲星。

在房子的西方是屬於「五黃」的氣，為正關煞。

在房子的南方是屬於「七赤」的氣，為破軍星。

在房子的北方是屬於「八白」的氣，為財帛星。

在房子的東北是屬於「六白」的氣，為武曲星。

在房子的東南是屬於「二黑」的氣，為病符星。

在房子的西北是屬於「四綠」的氣，為文昌星。

在房子的西南是屬於「九紫」的氣，為右弼星。

4、【巽宅】生、旺、洩、死、煞、沖關，氣場分佈情況。

東南	南	西南
3旺 木	8死 土	1生 水
2死 土	4 木（我）	6煞 金
7煞 金	9洩 火	5沖關 土
東北	北	西北

巽宅（坐東南朝西北）第九層與第十層相對應關係

第九層	絕8	天9	禍6	六7	延3	五2	生1	伏4
第十層	煞	死	沖關	煞	死	生	洩	旺

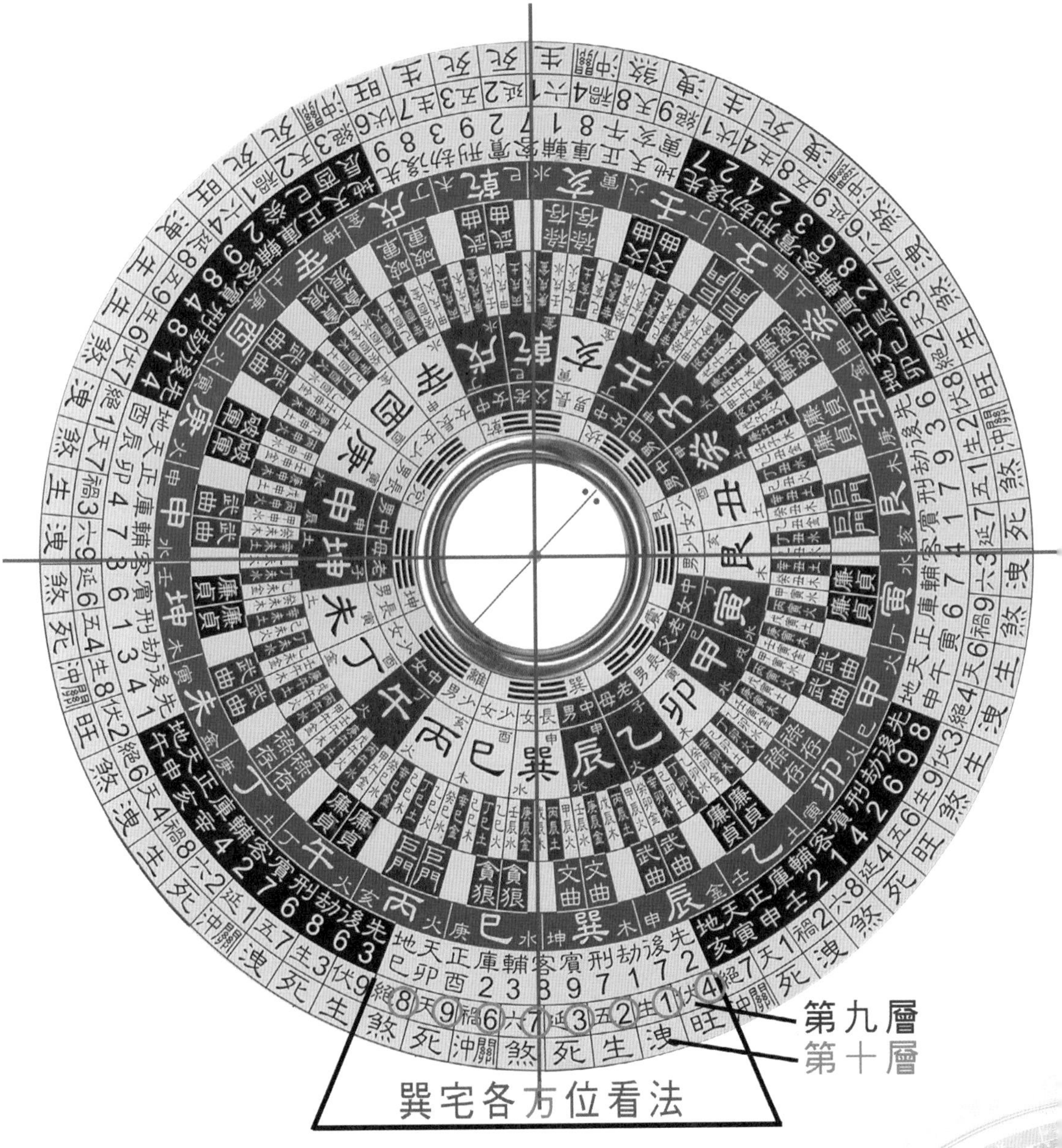
第九層
第十層
巽宅各方位看法

第九層數字各代表：

「1」北方、「2」西南方、「3」東方、4「東南方」、「6」西北方、「7」西方、「8」東北方、「9」南方。

第十層生、旺、洩、死、煞、沖關，氣場分佈情況：

「1」北方、洩氣方。「2」西南方、生氣方。「3」東方、死氣方。

「4」東南方、旺氣方。「6」西北方、沖關方。「7」西方、煞氣方。

「8」東北方、煞氣方。「9」南方、死氣方。

在房子的東方是屬於「二黑」的氣，為病符星。

在房子的西方是屬於「六白」的氣，為武曲星。

在房子的南方是屬於「八白」的氣，為財帛星。

在房子的北方是屬於「九紫」的氣，為右弼星。

在房子的東北是屬於「七赤」的氣，為破軍星。

在房子的東南是屬於「三碧」的氣，為蚩尤星。

在房子的西北是屬於「五黃」的氣，為正關煞。

在房子的西南是屬於「一白」的氣，為文曲星。

5、【乾宅】生、旺、洩、死、煞、沖關，氣場分佈情況。

東南	南	西南
5沖關 土	1洩 水	3死 木
4死 木	6 金（我）	8生 土
9煞 火	2生 土	7旺 金
東北	北	西北

乾宅（坐西北朝東南）第九層與第十層相對應關係

第九層	第十層
絕9	洩
天8	煞
禍4	沖關
六1	生
延2	死
五3	死
生7	生
伏6	旺

第九層數字各代表：

「1」北方、「2」西南方、「3」東方、4「東南方」、「6」西北方、「7」西方、「8」東北方、「9」南方。

第十層生、旺、洩、死、煞、沖關，氣場分佈情況：

「1」北方、生氣方。「2」西南方、死氣方。「3」東方、死氣方。

「4」東南方、沖關方。「6」西北方、旺氣方。「7」西方、生氣方。

「8」東北方、煞氣方。「9」南方、洩氣方。

在房子的東方是屬於「四綠」的氣，為文昌星。

在房子的西方是屬於「八白」的氣，為財帛星。

在房子的南方是屬於「一白」的氣，為文曲星。

在房子的北方是屬於「二黑」的氣，為病符星。

在房子的東北是屬於「九紫」的氣，為右弼星。

在房子的東南是屬於「五黃」的氣，為正關煞。

在房子的西北是屬於「七赤」的氣，為破軍星。

在房子的西南是屬於「三碧」的氣，為蚩尤星。

6、【兌宅】生、旺、洩、死、煞、沖關，氣場分佈情況。

東南	南	西南
6旺 金	2生 土	4死 木
5沖關 土	7 金（我）	9煞 火
1洩 水	3死 木	8生 土
東北	北	西北

兌宅（坐西朝東）第九層與第十層相對應關係

第九層	絕3	天2	禍1	六4	延8	五9	生6	伏7
第十層	沖關	死	死	旺	洩	生	生	煞

第九層數字各代表：

「1」北方、「2」西南方、「3」東方、4「東南方」、「6」西北方、「7」西方、「8」東北方、「9」南方。

第十層生、旺、洩、死、煞、沖關，氣場分佈情況：

「1」北方、死氣方。「2」西南方、死氣方。「3」東方、沖關方。

「4」東南方、旺氣方。「6」西北方、生氣方。「7」西方、煞氣方。

「8」東北方、洩氣方。「9」南方、生氣方。

在房子的東方是屬於「五黃」的氣，為正關煞。

在房子的西方是屬於「九紫」的氣，為右弼星。

在房子的南方是屬於「二黑」的氣，為病符星。

在房子的北方是屬於「三碧」的氣，為蚩尤星。

在房子的東北是屬於「一白」的氣，為文曲星。

在房子的東南是屬於「六白」的氣，為武曲星。

在房子的西北是屬於「八白」的氣，為財帛星。

在房子的西南是屬於「四綠」的氣，為文昌星。

7、【艮宅】生、旺、洩、死、煞、沖關，氣場分佈情況。

東南	南	西南
7洩 金	3煞 木	5沖關 土
6洩 金	8 土（我）	1死 水
2旺 土	4煞 木	9生 火
東北	北	西北

艮宅（坐東北朝西南）第九層與第十層相對應關係

第九層	第十層
絕4	洩
天6	生
禍9	煞
六3	洩
延7	死
五1	煞
生2	沖關
伏8	旺

第九層數字各代表：

「1」北方、「2」西南方、「3」東方、4「東南方」、「6」西北方、「7」西方、「8」東北方、「9」南方。

第十層生、旺、洩、死、煞、沖關，氣場分佈情況：

「1」北方、煞氣方。「2」西南方、沖關方。「3」東方、洩氣方。

「4」東南方、洩氣方。「6」西北方、生氣方。「7」西方、死氣方。

「8」東北方、旺氣方。「9」南方、煞氣方。

在房子的東方是屬於「六白」的氣，為武曲星。

在房子的西方是屬於「一白」的氣，為文曲星。

在房子的南方是屬於「三碧」的氣，為蚩尤星。

在房子的北方是屬於「四綠」的氣，為文昌星。

在房子的東北是屬於「二黑」的氣，為病符星。

在房子的東南是屬於「七赤」的氣，為破軍星。

在房子的西北是屬於「九紫」的氣，為右弼星。

在房子的西南是屬於「五黃」的氣，為正關煞。

8、【離宅】生、旺、洩、死、煞、沖關，氣場分佈情況。

東南	南	西南
8洩 土	4生 木	6死 金
7死 金	9 火（我）	2洩 土
3生 木	5沖關 土	1煞 水
東北	北	西北

離宅（坐南朝北）第九層與第十層相對應關係

第九層	絕6	天4	禍8	六2	延1	五7	生3	伏9
第十層	煞	洩	生	死	沖關	洩	死	生

第九層數字各代表：

「1」北方、「2」西南方、「3」東方、4「東南方」、「6」西北方、「7」西方、「8」東北方、「9」南方。

第十層生、旺、洩、死、煞、沖關，氣場分佈情況：

「1」北方、沖關方。「2」西南方、死氣方。「3」東方、死氣方。

「4」東南方、洩氣方。「6」西北方、煞氣方。「7」西方、洩氣方。

「8」東北方、生氣方。「9」南方、生氣方。

在房子的東方是屬於「七赤」的氣，為破軍星。

在房子的西方是屬於「二黑」的氣，為病符星。

在房子的南方是屬於「四綠」的氣，為文昌星。

在房子的北方是屬於「五黃」的氣，為正關煞。

在房子的東北是屬於「三碧」的氣，為蚩尤星。

在房子的東南是屬於「八白」的氣，為財帛星。

在房子的西北是屬於「一白」的氣，為文曲星。

在房子的西南是屬於「六白」的氣，為武曲星。

PS：如果要盡速學會紫白飛星的陽宅論斷法，請購買知青出版社出版的一本《學會紫白飛星這本最好學》，同本書作者。

第拾壹層 天盤縫針（納水之用）

這一層可直接看出門或大樓或辦公桌位置對我是吉是凶可直接看出。

一、天盤縫針介紹

1、羅經三盤

地盤正針（第四層）、人盤中針（第七層）、天盤縫針（第十一層）。

內層：地盤正針（第四層），行龍定向之用。

中層：人盤中針（第七層），乃是地盤「子午」定位，人盤逢「子癸」、「午丁」之空亡線而稱為「中針」，為撥砂之用。

外層：天盤縫針（第十一層），乃是地盤「子午」定位，天盤「壬子」、「丙午」界縫針之中，故名為「縫針」，為納水之用。

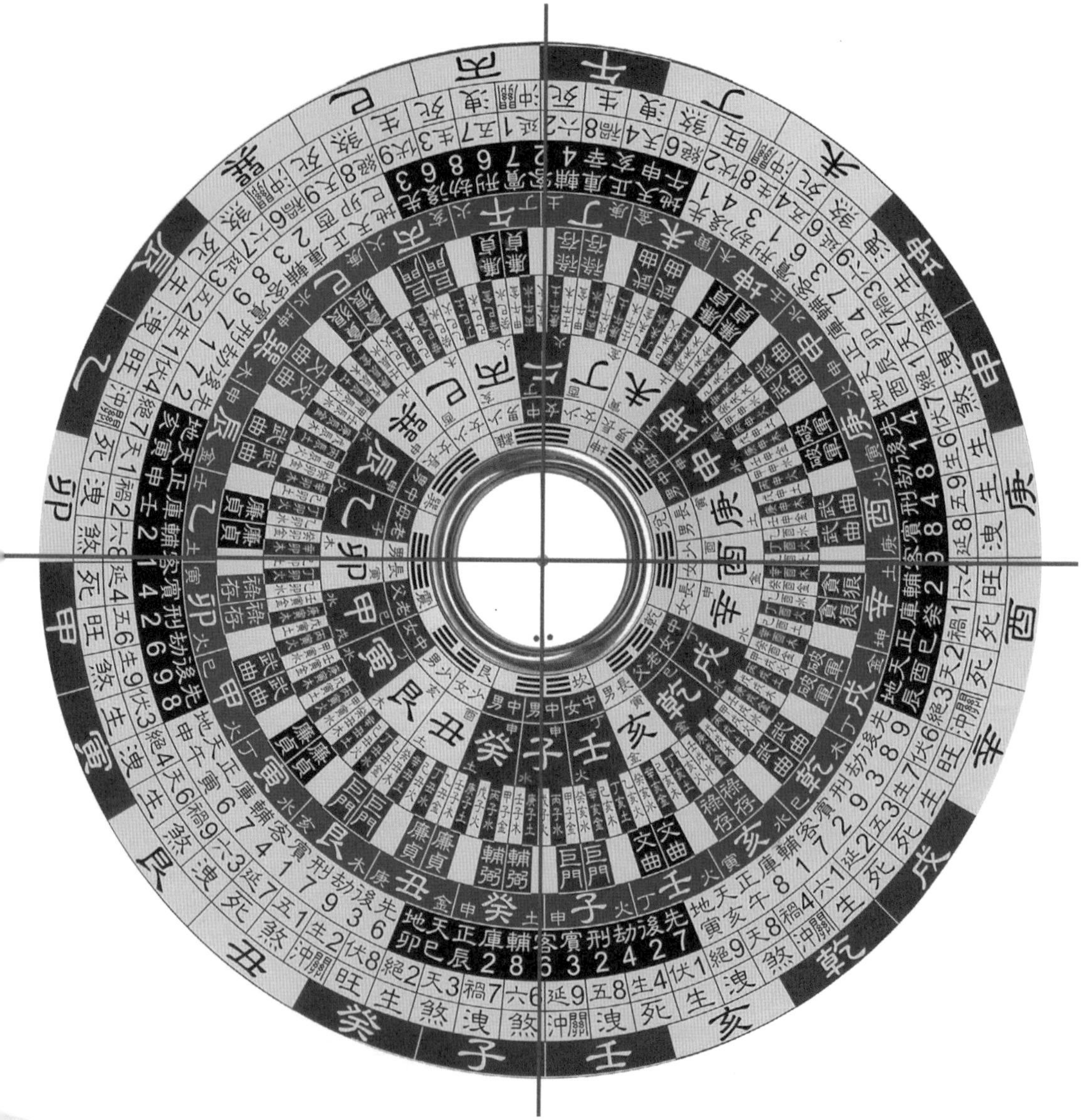

2、天盤逢針納水

天盤縫針為地盤正針順旋半卦山7.5度，主要以乾坤國寶龍門八大局、三合派及九星派之水法，納水、出水為用，也就是要「收好水出壞水」。

此水法創自於晚唐時期楊筠松，人稱楊救貧，名益、字叔茂、號筠松，唐代竇州人，為著名的風水宗師，故又名楊公縫針，在風水術中，地理風水師皆以納水為用。

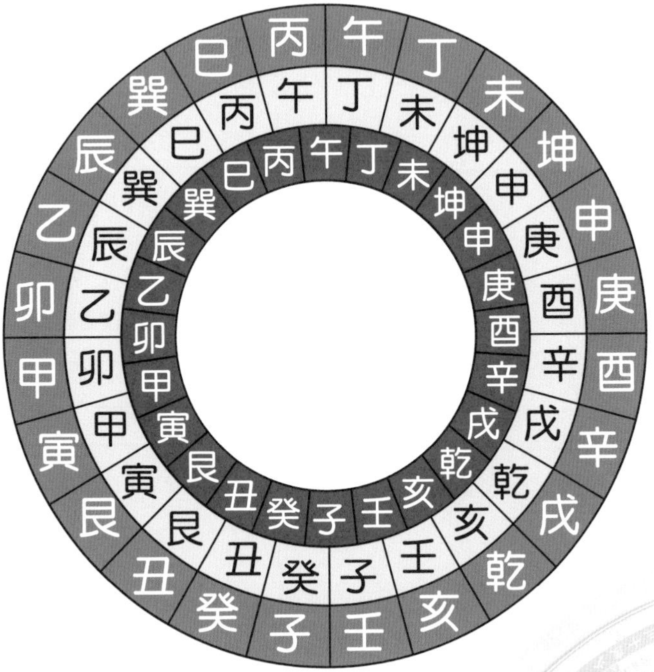

二、九星派水法運用

洛書蓋取龜象，故其數易曰：「載九履一，左三右七，二四為肩，六八為足。」此為先天配洛書之數。洛書之數以九一、三七為奇數，為陽；以六四、八二為偶數，為陰。九一乾坤為「天地定位」；三七離坎為「水火不相射」；六四艮兌為「山澤通氣」；八二震巽為

「雷風相薄」。

二十四山中，陰陽分明，羅盤之中，地盤正針標示紅色者為陽，其他為陰。故乾、甲、坤、乙、子、癸、申、辰、午、壬、寅、戌為陽；艮、丙、巽、辛、庚、亥、卯、未、丁、巳、酉、丑為陰。九星水法以立向為用，採淨陰淨陽法，即陽配陽，陰配陰；地盤定向為陽，則天盤納水宜為陽，反之亦然。

歌訣曰：「陽山水流陽，宅下進田庄；陰山水流陰，富貴百年春。
陽山水流陰，家中大不興；陰山水流陽，疾病不離床。」

例一：圖檔羅盤所示為「巽向」屬陰

1、若收天盤「巳」水，為陰向配陰水，巽向收巳水為貪狼氣，故以吉論，出水則凶。

收貪狼水：又名「生氣」，主人丁大旺、聰明孝友、財帛旺盛、福澤綿延、家庭迪吉、富貴雙全、先勞後發。三六九房發，甲乙亥卯未年應。

出貪狼水：車禍血光、子孫叛逆、財產敗盡、好酒貪淫。

2、若收天盤「乙」水，為陰向配陽水，巽收乙水為祿存氣，故以凶論，出水則吉。

收祿存水：又名「禍害」，主愚頑狂妄、四處流離、淫亂敗財、離婚孤寡、身體殘缺、車禍血光、孤寡聾啞、財運退敗。三六九房應，戊己辰戌丑未年應。

出祿存水：財源廣進、節儉守財、家庭和樂、子孫順利。

天盤縫針（納水之用）

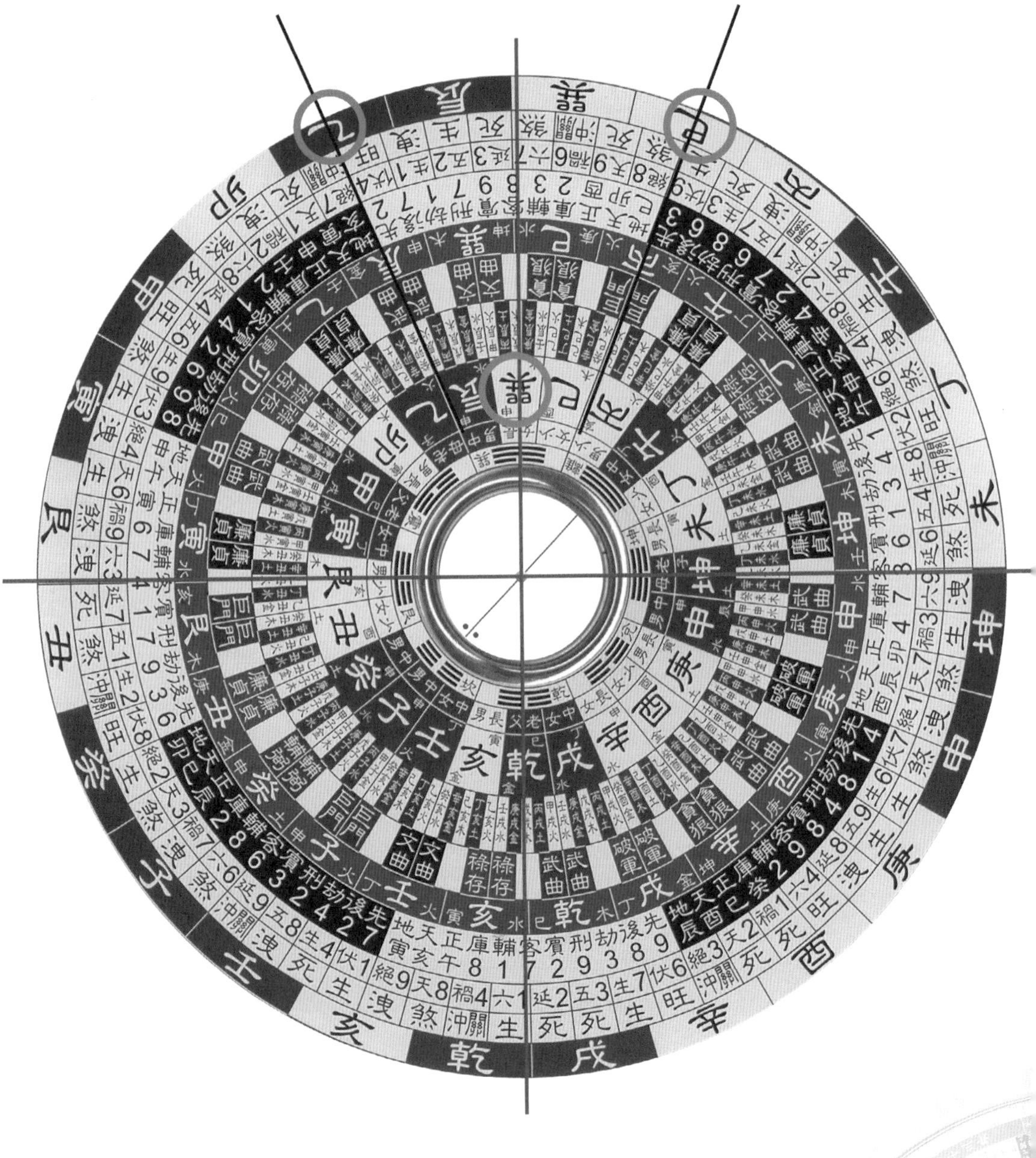

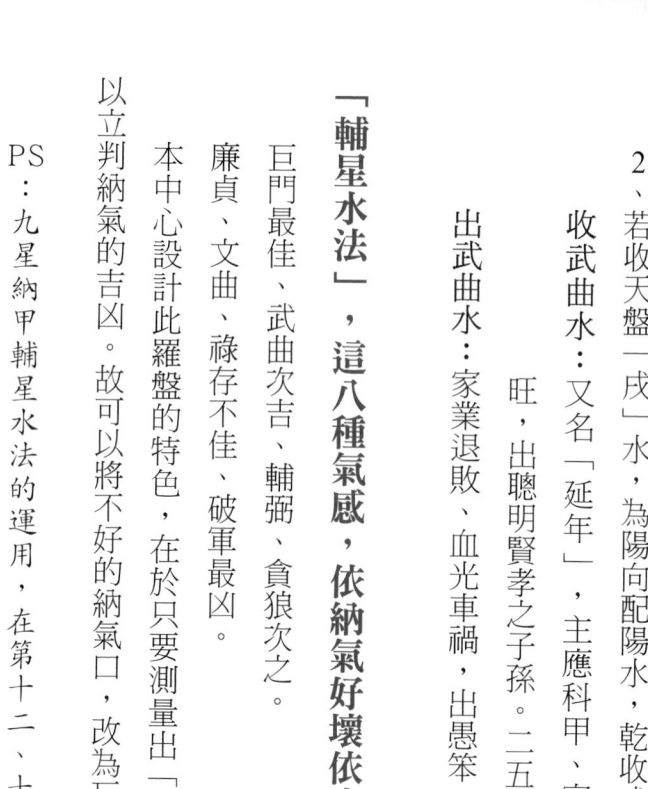

例二：圖檔羅盤所示為「乾向」屬陽

1、若收天盤「亥」水，為陽向配陰水，乾向收亥水為祿存氣，故以凶論，出水則吉。

收祿存水：又名「禍害」，主愚頑狂妄、四處流離、淫亂敗財、離婚孤寡、身體殘缺、車禍血光、孤寡聾啞、財運退敗。三六九房應，戊己辰戌丑未年應。

出祿存水：財源廣進、節儉守財、家庭和樂、子孫順利。

2、若收天盤「戌」水，為陽向配陽水，乾收戌水為武曲氣，故以吉論，出水則凶。

收武曲水：又名「延年」，主應科甲、富貴雙全、延年益壽、武貴科名、財丁兩旺，出聰明賢孝之子孫。二五八房發，庚辛巳酉丑年應。

出武曲水：家業退敗、血光車禍，出愚笨、頑劣之子孫。

「輔星水法」，這八種氣感，依納氣好壞依序如下：

巨門最佳、武曲次吉、輔弼、貪狼次之。

廉貞、文曲、祿存不佳、破軍最凶。

本中心設計此羅盤的特色，在於只要測量出「坐山立向」之後，直接對照第六層，就可以立判納氣的吉凶。故可以將不好的納氣口，改為巨門、武曲、輔弼、貪狼之氣。

PS：九星納甲輔星水法的運用，在第十二、十三層，會有詳細的專論介紹。

天盤縫針（納水之用）

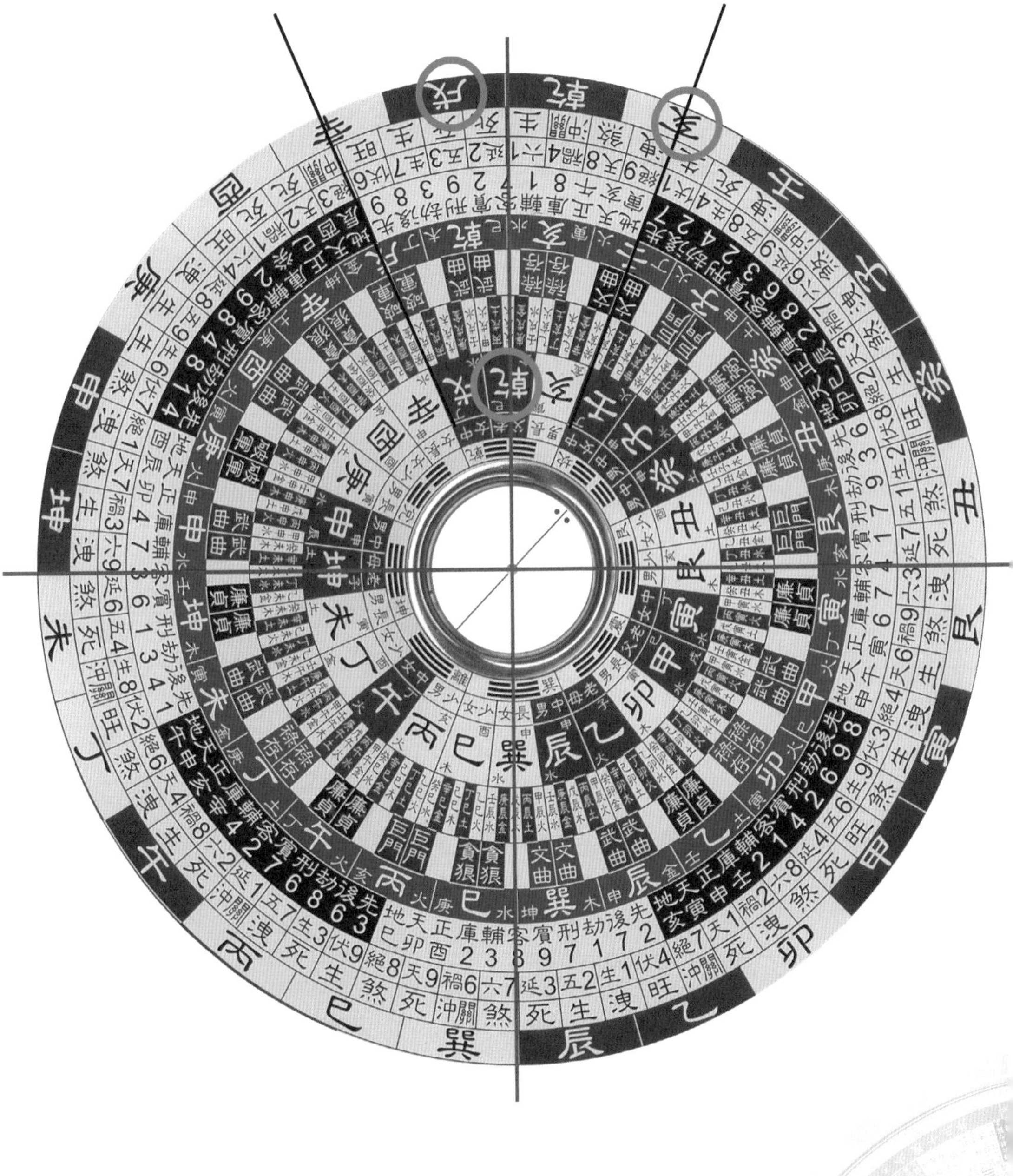

第拾貳層

九星納甲水法（輔星水法）

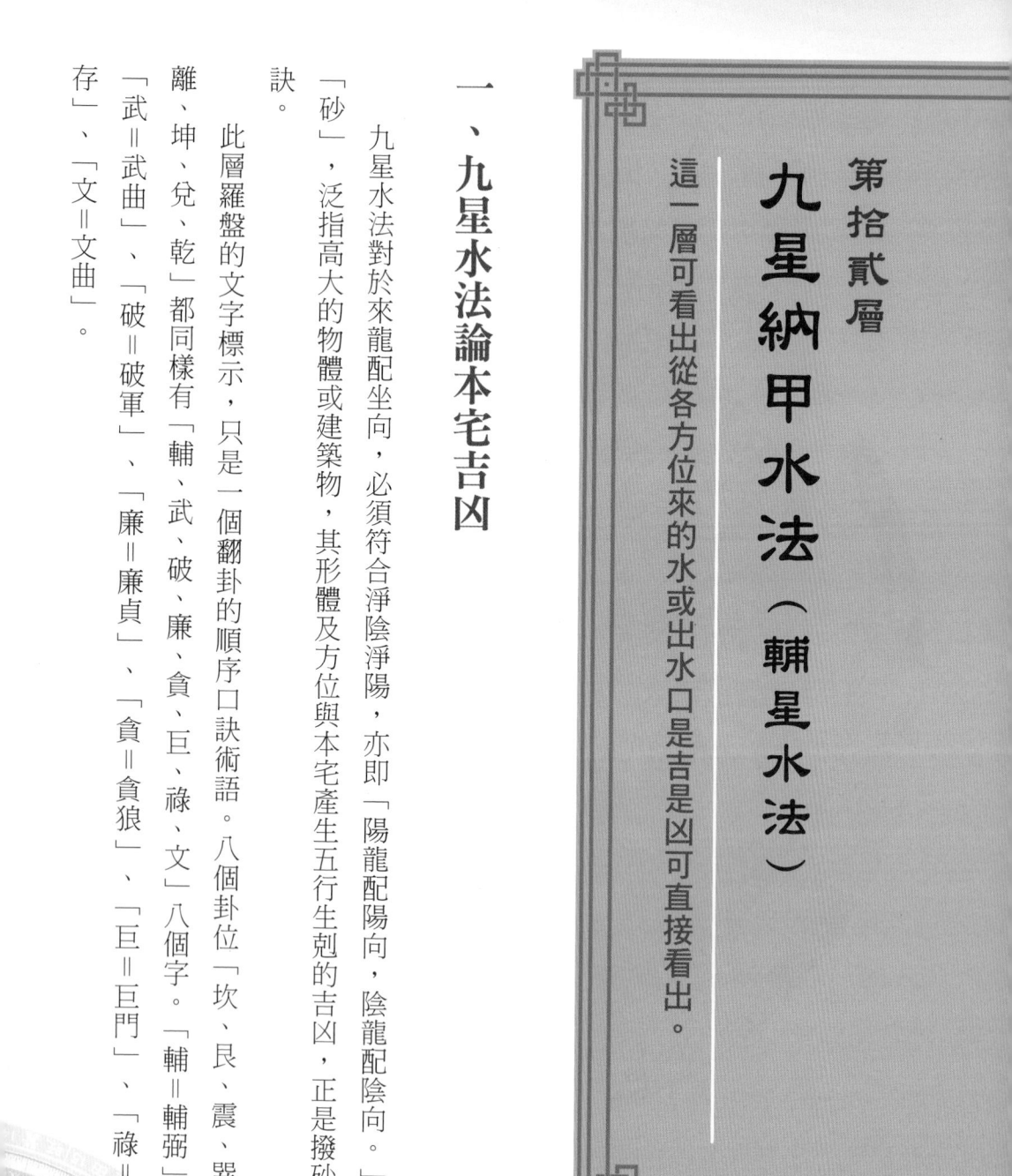

這一層可看出從各方位來的水或出水口是吉是凶可直接看出。

一、九星水法論本宅吉凶

九星水法對於來龍配坐向，必須符合淨陰淨陽，亦即「陽龍配陽向，陰龍配陰向。」而「砂」，泛指高大的物體或建築物，其形體及方位與本宅產生五行生剋的吉凶，正是撥砂要訣。

此層羅盤的文字標示，只是一個翻卦的順序口訣術語。八個卦位「坎、艮、震、巽、離、坤、兌、乾」都同樣有「輔、武、破、廉、貪、巨、祿、文」八個字。「輔＝輔弼」、「武＝武曲」、「破＝破軍」、「廉＝廉貞」、「貪＝貪狼」、「巨＝巨門」、「祿＝祿存」、「文＝文曲」。

九星納甲水法（輔星水法）

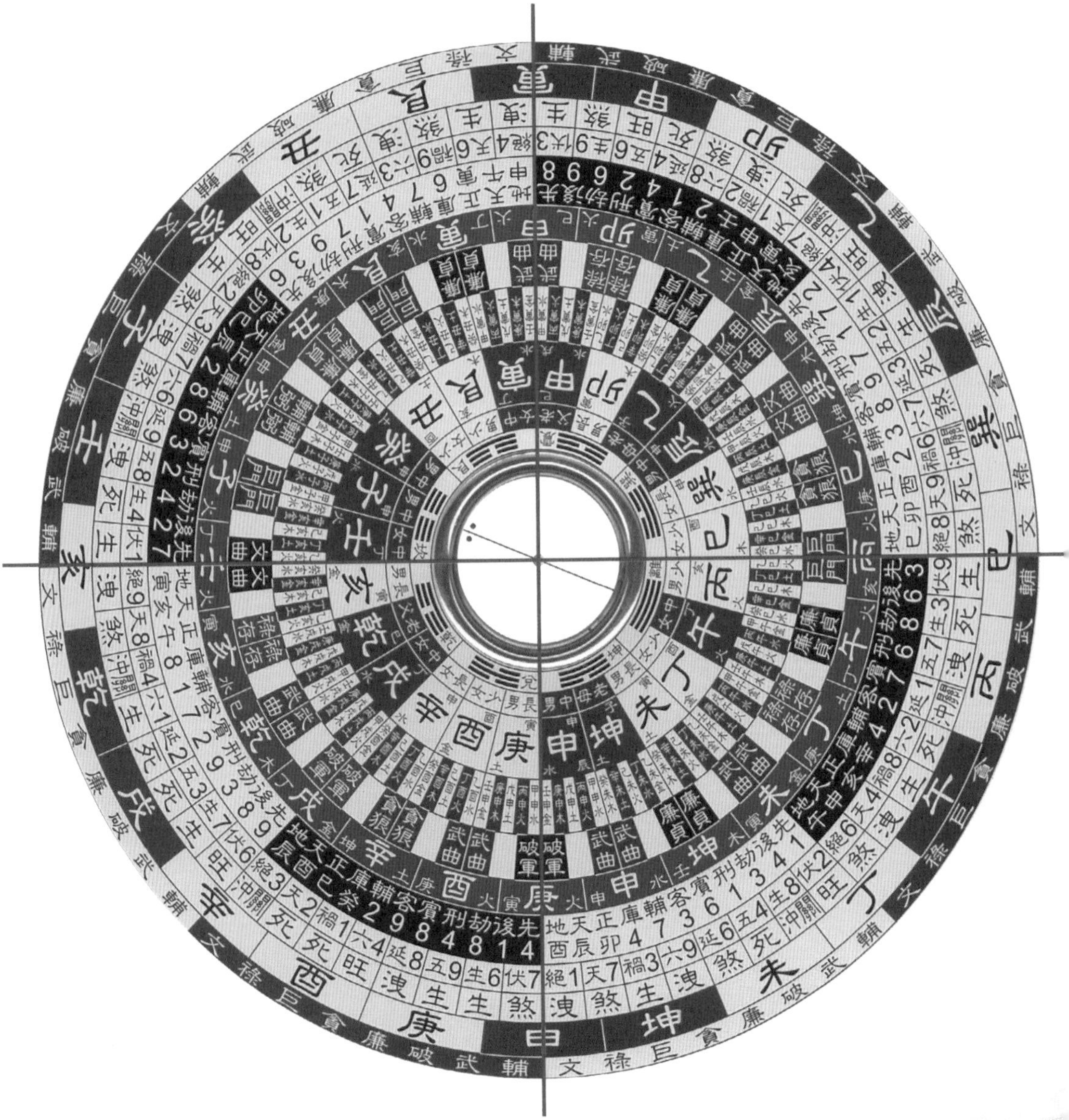

九星水法是以向為依，上起輔弼翻卦，因此又稱為輔星水法。以地盤正針立向，看來水與去水則以天盤縫針定之。

九星順序為輔弼、武曲、破軍、廉貞、貪狼、巨門、祿存、文曲。以【輔弼、貪狼、巨門、武曲為吉星；破軍、祿存、文曲、廉貞為凶星。】係取其淨陰淨陽，奇配奇，偶配偶，陰陽不雜之義。陰水來立陰向，陽水來立陽向，即經云之「陽向水來陽，富貴百年昌。陰向水來陰，富貴斗量金。」如來水收吉星，去水又出吉星，則先吉後凶；如來水收凶星，去水又出吉星，則為敗局。

1、九星水法論述斷語

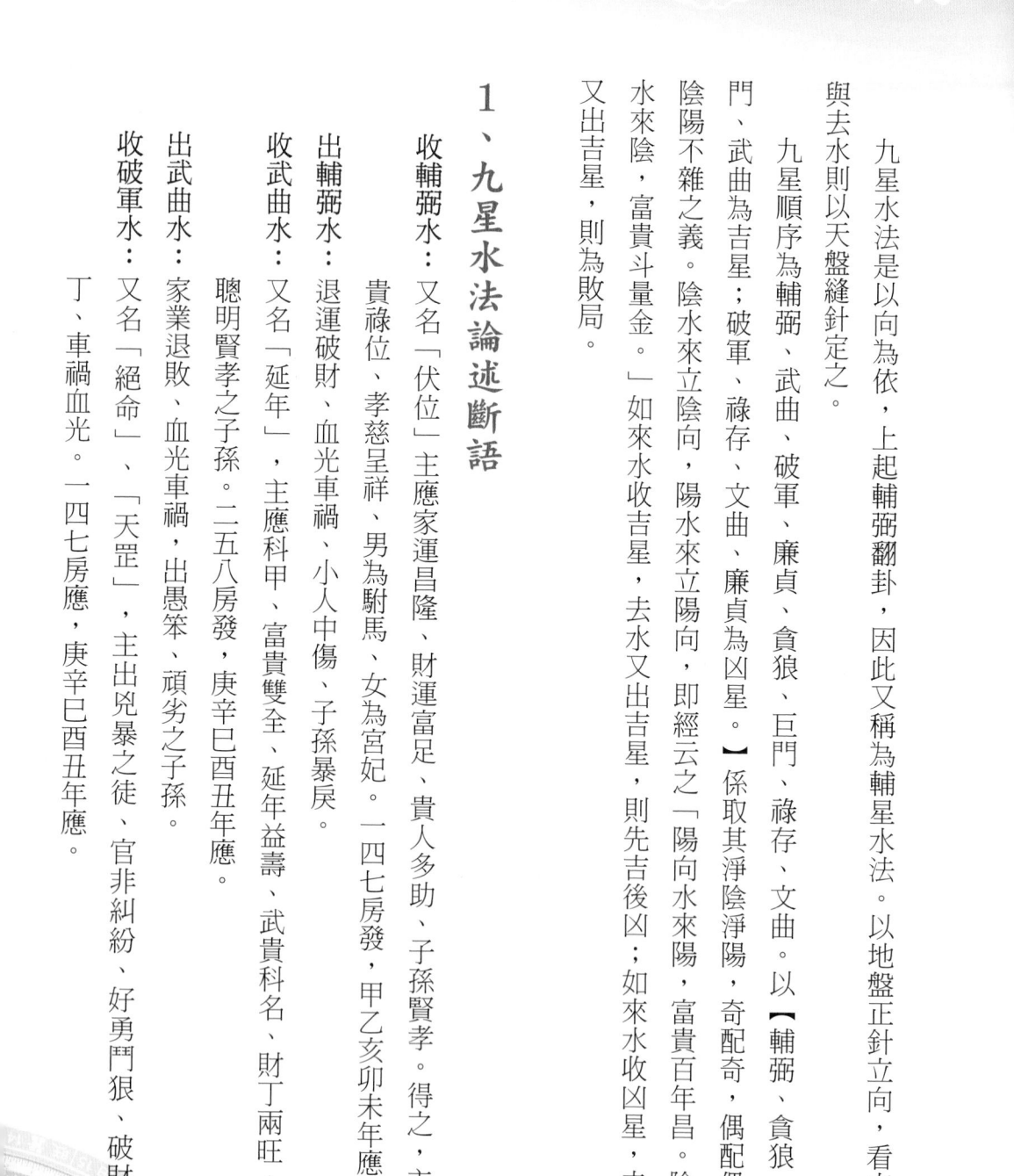

收輔弼水：又名「伏位」主應家運昌隆、財運富足、貴人多助、子孫賢孝。得之，主官貴祿位、孝慈呈祥、男為駙馬、女為宮妃。一四七房發，甲乙亥卯未年應。

出輔弼水：退運破財、血光車禍、小人中傷、子孫暴戾。

收武曲水：又名「延年」，主應科甲、富貴雙全、延年益壽、武貴科名、財丁兩旺，出聰明賢孝之子孫。二五八房發，庚辛巳酉丑年應。

出武曲水：家業退敗、血光車禍，出愚笨、頑劣之子孫。

收破軍水：又名「絕命」、「天罡」，主出兇暴之徒、官非糾紛、好勇鬥狠、破財損丁、車禍血光。一四七房應，庚辛巳酉丑年應。

出破軍水：財運順暢、家庭和諧、子孫英勇、官場如意。

收廉貞水：又名「五鬼」，主出忤逆無禮，欺詐劫持之徒，血光官非、婚破孤寡、不癒之症、破財損丁、車禍血光。一四七房應，丙丁寅午戌年應。

出廉貞水：家業順利、財源廣進、官場如意、五鬼運財。

收貪狼水：又名「生氣」，主人丁大旺、聰明孝友、財帛旺盛、福澤綿延、家庭迪吉、富貴雙全、先勞後發。三六九房發，甲乙亥卯未年應。

出貪狼水：車禍血光、子孫叛逆、財產敗盡、好酒貪淫。

收巨門水：又名「天醫」，主聰明孝友，出神童，發財又長壽，人丁興旺、財帛豐沛、子孫聰明。二五八房發，戊己辰戌丑未年應。

出巨門水：疾病纏身、家道中落、財運退敗、子孫頑劣。

收祿存水：又名「禍害」，主愚頑狂妄、四處流離、淫亂敗財、離婚孤寡、身體殘缺、車禍血光、孤寡聾啞、財運退敗。三六九房應，戊己辰戌丑未年應。

出祿存水：財源廣進、節儉守財、家庭和樂、子孫順利。

收文曲水：又名「六煞」，遊蕩好閒、貪色、子孫不孝、破財損丁、安逸享樂、酒賭淫亂，耳腎眼疾，水厄跛腳。一四七房應，壬癸申子辰年應。

出文曲水：聰明上進、娛樂事業有成、財源廣進、健康平安。

PS：水勢大，其影響吉凶之力亦大；水勢小，其影響吉凶之力亦小。水明現照印，其應驗迅速；水不明現照印，其應驗較緩。

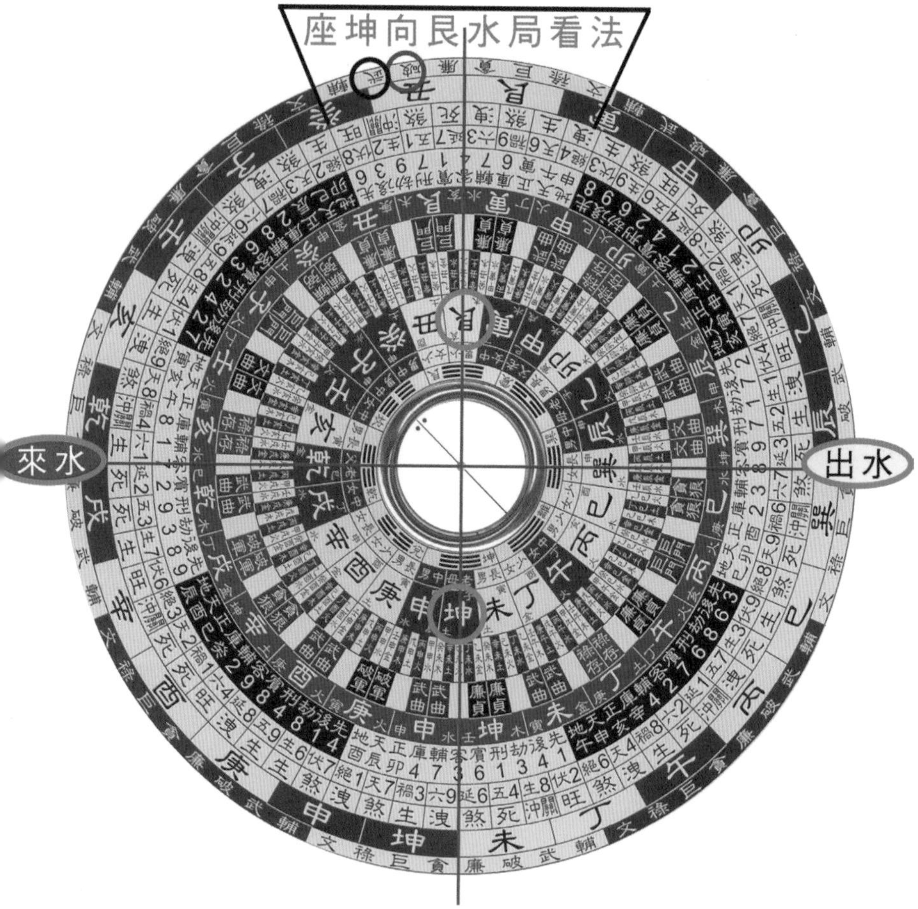

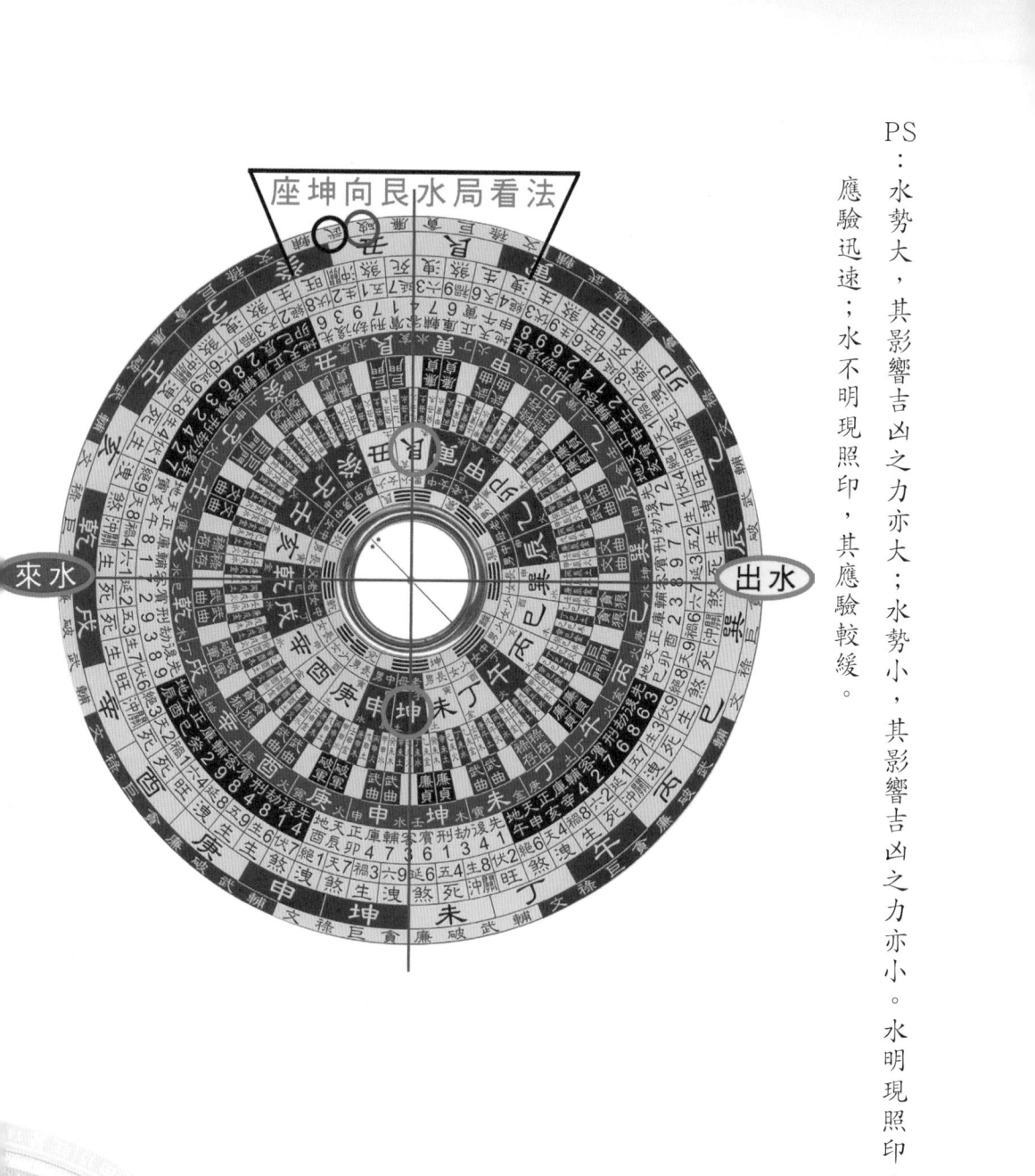

範例：本宅為【坤山艮向】，【以向為依據】。

以九星水法論斷，本宅的來水從乾方（西北）來水（路），由巽方（東南）去水（路），對本宅吉凶為何？

乾方來水（路），以向為依據，請以羅盤12層艮卦【破】對照第13層為【乾甲】，表示艮向收乾水為【破軍水】，此為最凶惡之水局。

巽方去水（路），以向為依據，請以羅盤12層艮卦【武】對照第13層為【巽辛】，表示艮向出巽水為【武曲水】。

收破軍水：又名「絕命」、「天罡」，主出兇暴之徒、官非糾紛、好勇鬥狠、破財損丁、車禍血光。一四七房應，庚辛巳酉丑年應。

出武曲水：家業退敗、血光車禍，出愚笨、頑劣之子孫。

PS：經診斷是收好水那要恭喜您！如果收壞水，則可用風水球或引財龍銀來改變磁場，則可趨吉避凶，一路順遂。

2、九星納甲法

納甲法是九星山法與水法的要訣，就是要將天干五行與八卦相連貫。而納甲之陰陽，即卦之陰陽；卦之陰陽，即河洛之陰陽。

歌訣曰：「乾納甲、坤納乙、艮納丙、巽納辛、兌納丁（巳酉丑）、震納庚（亥卯未）、離納壬（寅午戌）、坎納癸（申子辰）。」此乃納甲法。

九星水法又稱「輔星翻卦法」，亦即將納甲之法，佐以九星之名而取之。

翻卦掌訣如下：「邊起邊止，上起下止，下起上止，中起中止」遁之。

離（壬寅午戌）	巽（辛）	坤（乙）	兌（丁巳酉丑）
乾（甲）	艮（丙）	坎（癸申子辰）	震（庚亥卯未）

此法以向為輔弼，依翻卦掌訣順序為「輔（輔弼）、武（武曲）、破（破軍）、廉（廉貞）、貪（貪狼）、巨（巨門）、祿（祿存）、文（文曲）」。以輔弼、貪狼、巨門、武曲為吉星；破軍、祿存、文曲、廉貞為凶星。翻得吉星來水為吉，翻得凶星來水則凶；反之翻得吉星去水為凶，翻得凶星去水則吉。

是故吉水要收「輔弼、貪狼、巨門、武曲」；凶水要出「破軍、祿存、文曲、廉貞」之意。

周易後天八卦二十四山之人倫納甲

乾卦	乾納　甲	老父為天	天地定位
坤卦	坤納　乙	老母為地	
震卦	震納　亥卯未庚	長男為雷	雷風相薄
巽卦	巽納　辛	長女為風	
坎卦	坎納　申子辰癸	中男為水	水火不相射
離卦	離納　寅午戌壬	中女為火	
艮卦	艮納　丙	少男為山	山澤通氣
兌卦	兌納　巳酉丑丁	少女為澤	

【坎向】：以坎向為輔弼，翻卦順序如下圖

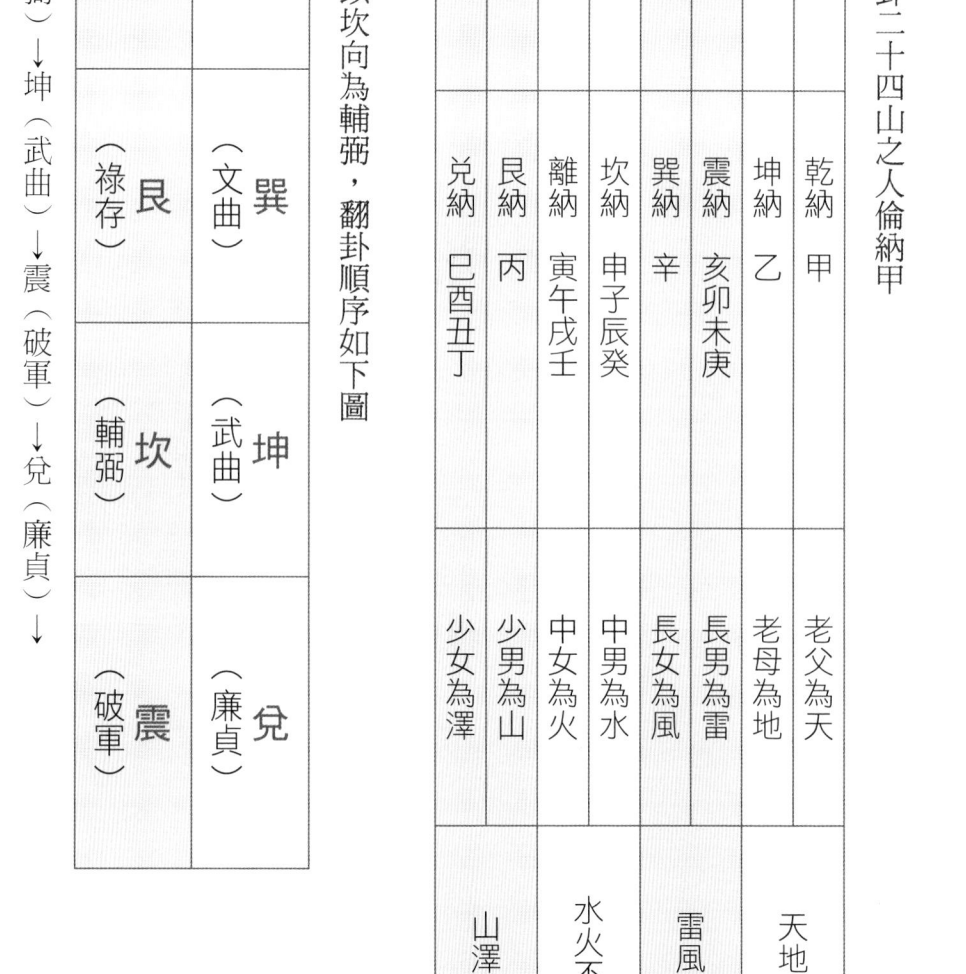

離（巨門）	乾（貪狼）
巽（文曲）	艮（祿存）
坤（武曲）	坎（輔弼）
兌（廉貞）	震（破軍）

坎（輔弼）↓坤（武曲）↓震（破軍）↓兌（廉貞）↓乾（貪狼）↓離（巨門）↓艮（祿存）↓巽（文曲）。

【坤向】：以坤向為輔弼，翻卦順序如下圖

離（貪狼）	巽（祿存）	坤（輔弼）	兌（破軍）
乾（巨門）	艮（文曲）	坎（武曲）	震（廉貞）

坤（輔弼）→坎（武曲）→兌（破軍）→震（廉貞）→離（貪狼）→乾（巨門）→巽（祿存）→艮（文曲）。

【震向】：以震向為輔弼，翻卦順序如下圖

離（文曲）	巽（巨門）	坤（廉貞）	兌（武曲）
乾（祿存）	艮（貪狼）	坎（破軍）	震（輔弼）

震（輔弼）→兌（武曲）→坎（破軍）→坤（廉貞）→艮（貪狼）→巽（巨門）→乾（祿存）→離（文曲）。

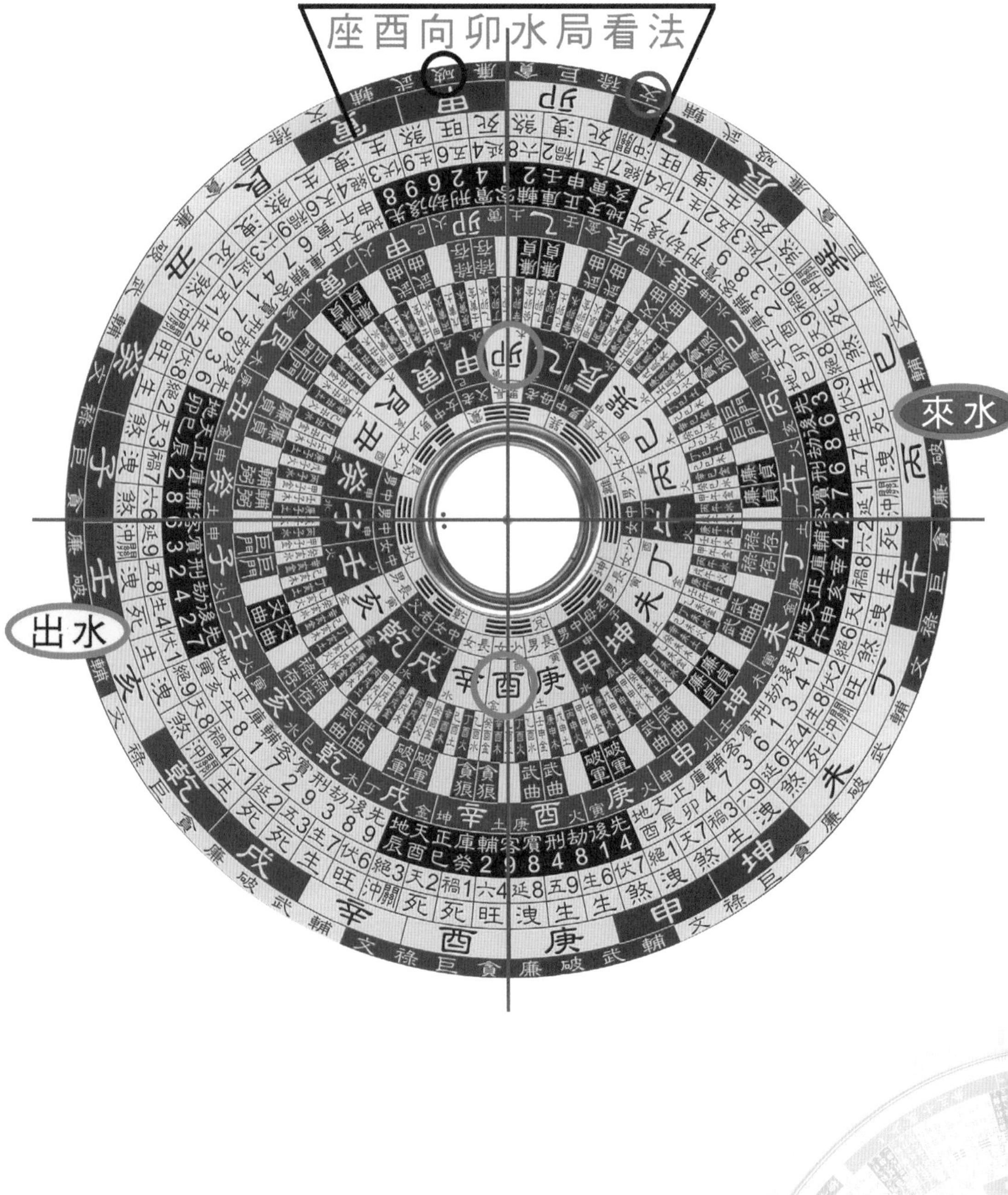
座酉向卯水局看法
來水
出水

【巽向】：以巽向為輔弼，翻卦順序如下圖

離（破軍）	巽（輔弼）	坤（祿存）	兌（貪狼）
乾（廉貞）	艮（武曲）	坎（文曲）	震（巨門）

巽（輔弼）→艮（武曲）→離（破軍）→乾（廉貞）→兌（貪狼）→震（巨門）→坤（祿存）→坎（文曲）。

【乾向】：以乾向為輔弼，翻卦順序如下圖

離（武曲）	巽（廉貞）	坤（巨門）	兌（文曲）
乾（輔弼）	艮（破軍）	坎（貪狼）	震（祿存）

乾（輔弼）→離（武曲）→艮（破軍）→巽（廉貞）→坎（貪狼）→坤（巨門）→震（祿存）→兌（文曲）。

【兌向】：以兌向為輔弼，翻卦順序如下圖

離（祿存）	巽（貪狼）	坤（破軍）	兌（輔弼）
乾（文曲）	艮（巨門）	坎（廉貞）	震（武曲）

兌（輔弼）→震（武曲）→坤（破軍）→坎（廉貞）→巽（貪狼）→艮（巨門）→離（祿存）→乾（文曲）。

【艮向】：以艮向為輔弼，翻卦順序如下圖

離（廉貞）	巽（武曲）	坤（文曲）	兌（巨門）
乾（破軍）	艮（輔弼）	坎（祿存）	震（貪狼）

艮（輔弼）→巽（武曲）→乾（破軍）→離（廉貞）→震（貪狼）→兌（巨門）→坎（祿存）→坤（文曲）。

【離向】：以離向為輔弼，翻卦順序如下圖

離（輔弼）	巽（破軍）	坤（貪狼）	兌（祿存）
乾（武曲）	艮（廉貞）	坎（巨門）	震（文曲）

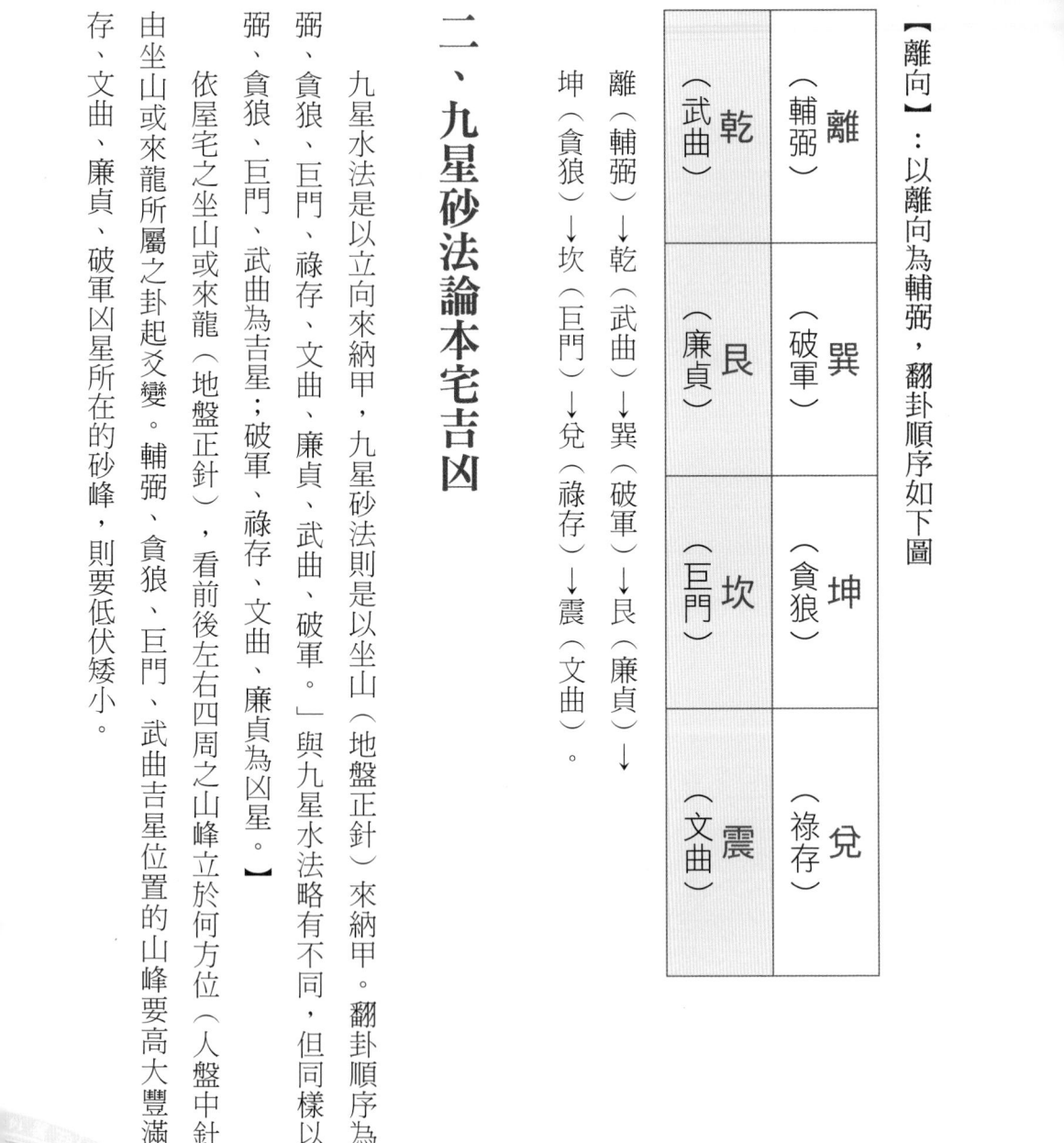

離（輔弼）→乾（武曲）→巽（破軍）→艮（廉貞）→坤（貪狼）→坎（巨門）→兌（祿存）→震（文曲）。

二、九星砂法論本宅吉凶

九星水法是以立向來納甲，九星砂法則是以坐山（地盤正針）來納甲。翻卦順序為「輔弼、貪狼、巨門、祿存、文曲、廉貞、武曲、破軍。」與九星水法略有不同，但同樣以【輔弼、貪狼、巨門、武曲為吉星；破軍、祿存、文曲、廉貞為凶星。】

依屋宅之坐山或來龍（地盤正針），看前後左右四周之山峰立於何方位（人盤中針），由坐山或來龍所屬之卦起爻變。輔弼、貪狼、巨門、武曲吉星位置的山峰要高大豐滿；祿存、文曲、廉貞、破軍凶星所在的砂峰，則要低伏矮小。

1、九星砂法納甲法

歌訣曰：「乾納甲、坤納乙、艮納丙、巽納辛、兌納丁（巳酉丑）、震納庚（亥卯未）、離納壬（寅午戌）、坎納癸（申子辰）。」此乃納甲法。

九星水法又稱「輔星翻卦法」，亦即將納甲之法，佐以九星之名而取之。

翻卦掌訣如下：「中起中止，邊起邊止」遁之。

離（壬寅午戌）	巽（辛）	坤（乙）	兌（丁巳酉丑）
乾（甲）	艮（丙）	坎（癸申子辰）	震（庚亥卯未）

此法以座為輔弼，依翻卦掌訣順序為「輔（輔弼）、貪（貪狼）、巨（巨門）、祿（祿存）、文（文曲）、廉（廉貞）、武（武曲）、破（破軍）。」以輔弼、貪狼、巨門、武曲為吉星；破軍、祿存、文曲、廉貞為凶星。翻得吉星為吉，翻得凶星則凶。

範例：

如果有一宅為**【申山寅向，以座為依據，則坎納（癸申子辰），故以坎起卦】**。以九星山法來論，本宅的卯方（東方）及壬方（北方）有高大物，對本宅會有以下現象。

卯方該高大物為武曲星：財運很好，延年益壽，身體健康。

壬方該高大物為祿存星：財難積聚，官災是非，爭執被騙。

以坎山為輔弼，翻卦順序如下圖：

離（祿存）	巽（貪狼）	坤（破軍）	兌（廉貞）
乾（文曲）	艮（巨門）	坎（輔弼）	震（武曲）

要這樣飛喔

坎（輔弼）→巽（貪狼）→艮（巨門）→離（祿存）→乾（文曲）→兌（廉貞）→震（武曲）→坤（破軍）。

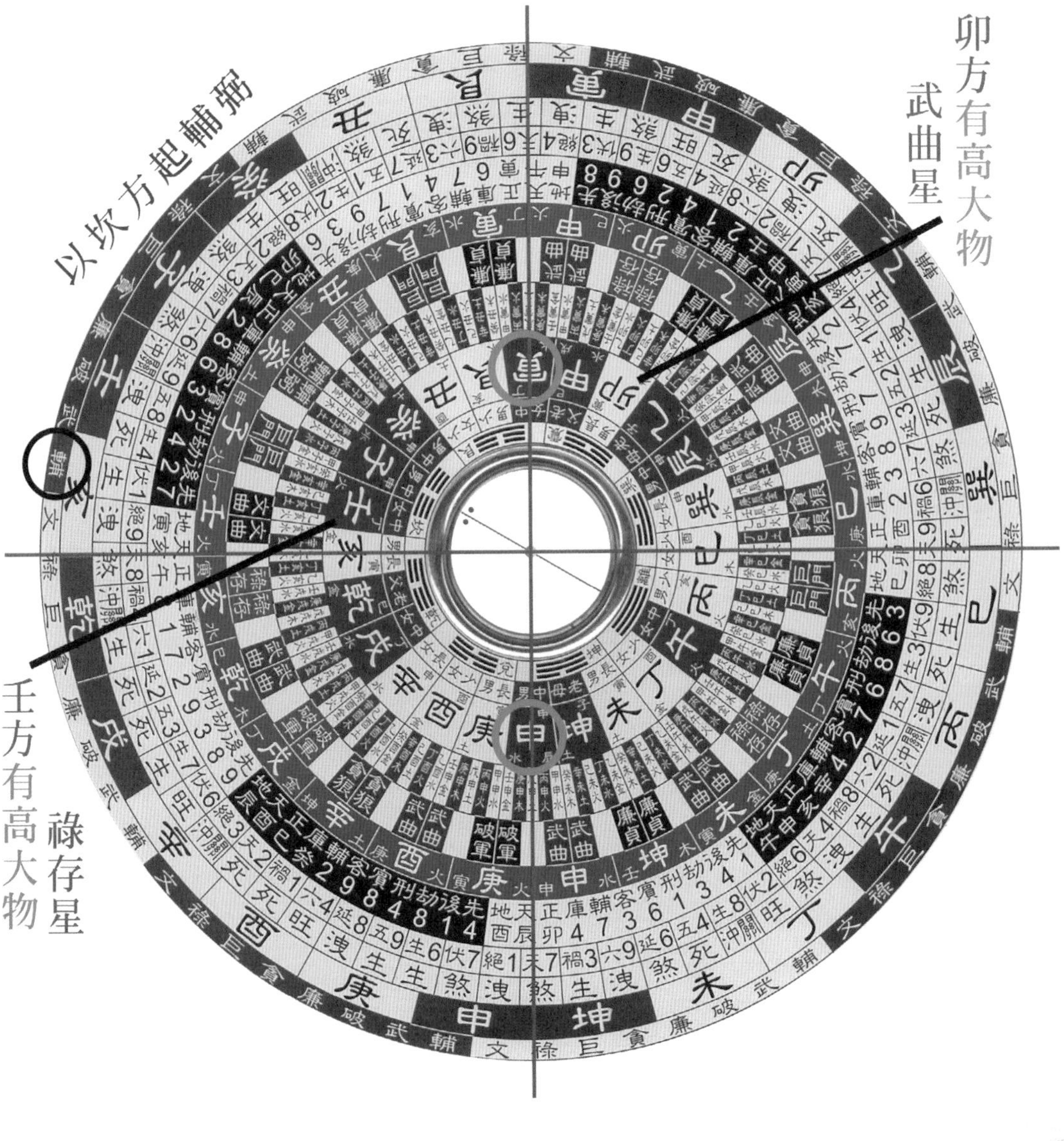
以坎方起輔弼
卯方有高大物
武曲星
壬方有高大物
祿存星

四吉星：

貪狼—財運大好，身體健康，活力充沛。
武曲—財運很好，延年益壽，身體健康。
巨門—財運不錯，疾病痊癒，貴人相扶。
輔弼—財運小吉，運氣中等，健康如常。

四凶星：

破軍—財運極差，多病損壽，凶惡病死。
廉貞—破財連連，健康甚差，容易招陰。
文曲—財運不佳，災禍連連，身體多病。
祿存—財難積聚，官災是非，爭執被騙。

PS：經診斷是被四吉星照到那要恭喜您！如果是被四凶星照到，則可用羅盤或麒麟或貔貅來改變磁場，則可趨吉避凶，一路順遂。

【坎山】：以坎山為輔弼，翻卦順序如下圖

離（祿存）	巽（貪狼）	坤（破軍）	兌（廉貞）
乾（文曲）	艮（巨門）	坎（輔弼）	震（武曲）

要這樣飛喔
坎（輔弼）↓巽（貪狼）↓艮（巨門）↓離（祿存）↓
乾（文曲）↓兌（廉貞）↓震（武曲）↓坤（破軍）。

【坤山】：以坤山為輔弼，翻卦順序如下圖

離（文曲）	巽（巨門）	坤（輔弼）	兌（武曲）
乾（祿存）	艮（貪狼）	坎（破軍）	震（廉貞）

要這樣飛喔
坤（輔弼）↓艮（貪狼）↓巽（巨門）↓乾（祿存）↓
離（文曲）↓震（廉貞）↓兌（武曲）↓坎（破軍）。

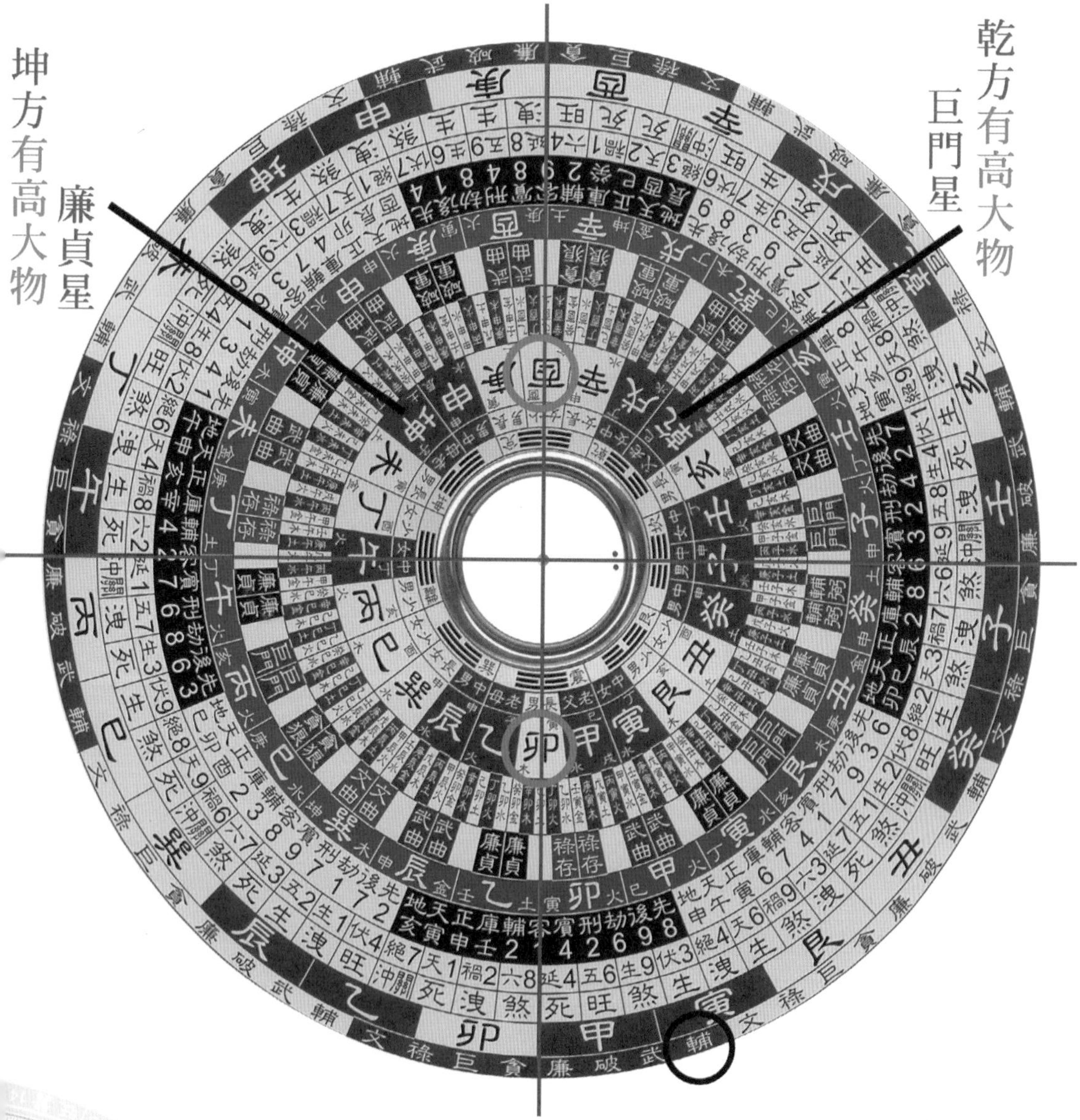

以震方起輔弼

【震山】：以震山為輔弼，翻卦順序如下圖

離（貪狼）	巽（祿存）	坤（廉貞）	兌（破軍）
乾（巨門）	艮（文曲）	坎（武曲）	震（輔弼）

要這樣飛喔

震（輔弼）→離（貪狼）→乾（巨門）→巽（祿存）→艮（文曲）→坤（廉貞）→坎（武曲）→兌（破軍）。

【巽山】：以巽山為輔弼，翻卦順序如下圖

離（武曲）	巽（輔弼）	坤（巨門）	兌（文曲）
乾（廉貞）	艮（破軍）	坎（貪狼）	震（祿存）

巽（輔弼）→坎（貪狼）→坤（巨門）→震（祿存）→兌（文曲）→乾（廉貞）→離（武曲）→艮（破軍）。

【乾山】：以乾山為輔弼，翻卦順序如下圖

離（破軍）	巽（廉貞）	坤（祿存）	兌（貪狼）
乾（輔弼）	艮（武曲）	坎（文曲）	震（巨門）

乾（輔弼）→兌（貪狼）→震（巨門）→坤（祿存）→坎（文曲）→巽（廉貞）→艮（武曲）→離（破軍）。

【兌山】：以兌山為輔弼，翻卦順序如下圖

離（巨門）	巽（文曲）	坤（武曲）	兌（輔弼）
乾（貪狼）	艮（祿存）	坎（廉貞）	震（破軍）

兌（輔弼）→乾（貪狼）→離（巨門）→艮（祿存）→巽（文曲）→坎（廉貞）→坤（武曲）→震（破軍）。

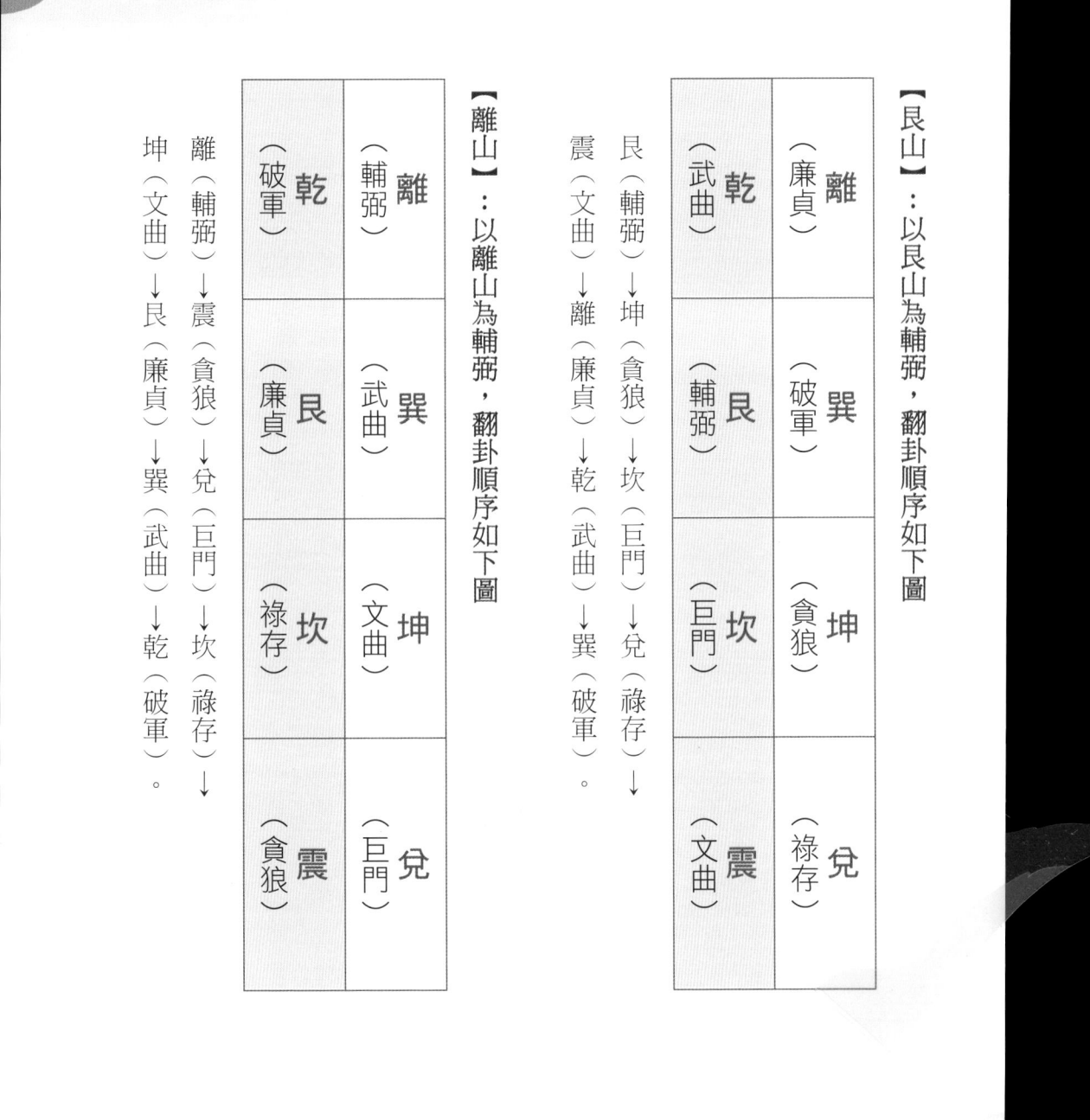

【艮山】：以艮山為輔弼，翻卦順序如下圖

離（廉貞）	巽（破軍）	坤（貪狼）	兌（祿存）
乾（武曲）	艮（輔弼）	坎（巨門）	震（文曲）

艮（輔弼）↓坤（貪狼）↓坎（巨門）↓兌（祿存）↓
震（文曲）↓離（廉貞）↓乾（武曲）↓巽（破軍）。

【離山】：以離山為輔弼，翻卦順序如下圖

離（輔弼）	巽（武曲）	坤（文曲）	兌（巨門）
乾（破軍）	艮（廉貞）	坎（祿存）	震（貪狼）

離（輔弼）↓震（貪狼）↓兌（巨門）↓坎（祿存）↓
坤（文曲）↓艮（廉貞）↓巽（武曲）↓乾（破軍）。

2、九星砂法五大格局

來龍與向也要符合先天八卦的五大格局：天地定位局、水火不相射局、雷風相薄局、山澤通氣局、納甲歸元局。

辛山乙向，乾方來龍：（乾）為陽為天，坤納（乙）為陽為地，故為天地定位局。

丙山壬向，辰方來龍：坎納（辰）為陽為水，離納（壬）為陽為火，故為水火不相射局。

巳山亥向，巽方來龍：震納（亥）為陰為雷，（巽）為陰為風，故為雷風相薄局。

癸山丁向，艮方來龍：（艮）為陰為山，兌納（丁）為陰為澤，故為山澤通氣局。

丑山未向，卯方來龍：震納（卯）為陰，震納（未）為陰，一卦純清，故為納甲歸元局。

第拾參層

後天八卦二十四山納甲

這一層可直接看出「來水、路氣」過堂之納氣，能否子孫賢孝，家庭美滿，事業順利，貴人多顯或是會失去美滿生活，事業不順、家道中落。

一、九星納甲翻卦掌訣順序表

黃泉八煞口訣曰：「坎龍坤兔震山猴，巽雞乾馬兌蛇頭；
艮虎離豬為曜煞，宅墓逢之立便休。」

口訣說明：

二十四山分為八個卦位，共有八個煞，稱為「八煞」。八煞因為是屬於陽剋陽、陰剋陰，故最為無情，所以在立向納氣的時候，要盡量避免。

坎龍：「子癸兼向」，收輔弼氣，犯艮性八煞，尚可用之。

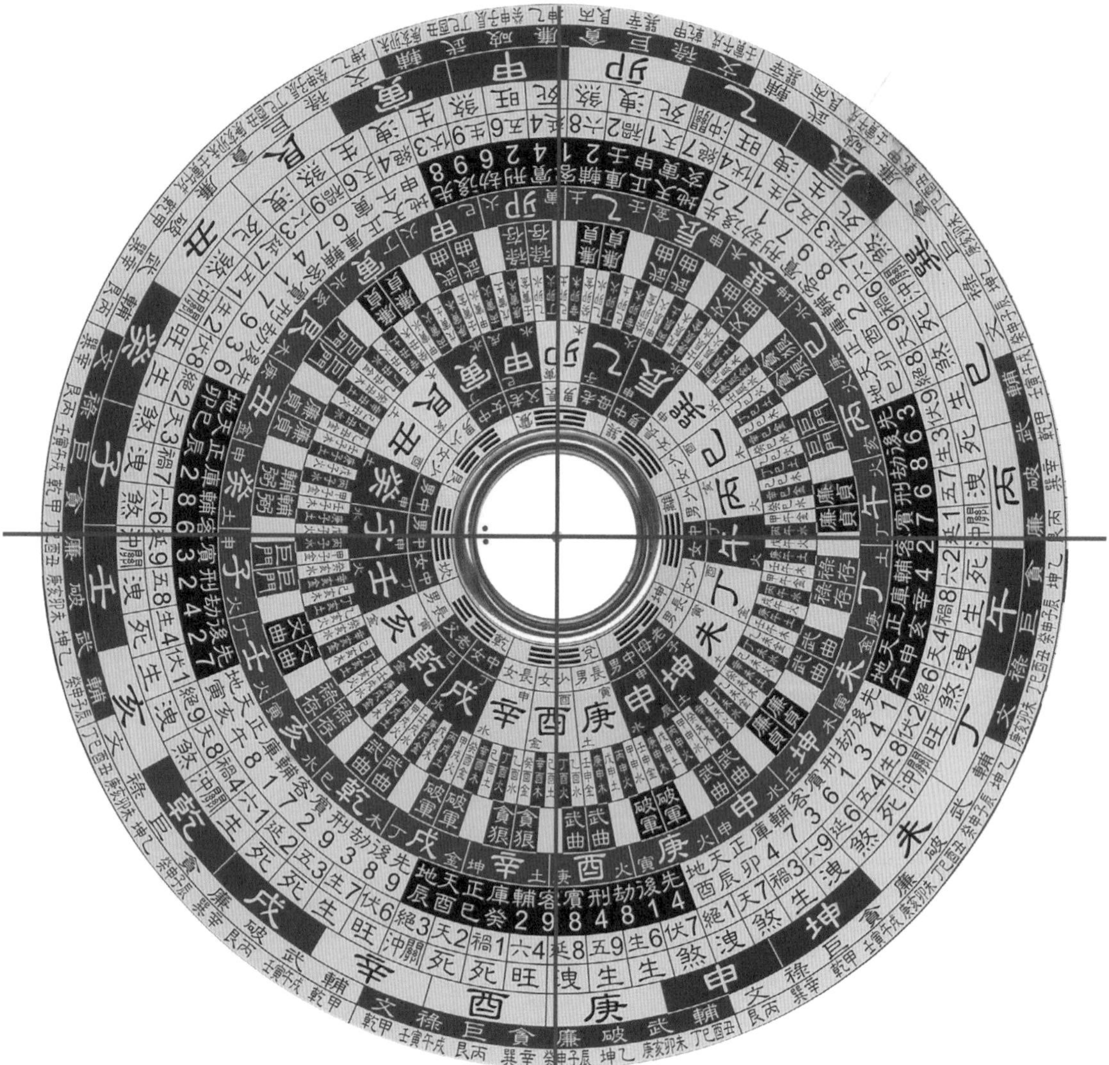

坤兔：「卯兼乙向」、「未兼坤向」，收廉貞氣，犯八煞。人緣桃花不錯，但稍嫌花心，故夫妻容易同床異夢，做事不認真，生意不佳，易破財。

震山猴：「庚申兼向」，收破軍氣，犯八煞最凶之氣。父子兄弟不合，家庭不和諧，夫妻反目，婚姻難續，犯小人，易中風，破財業敗。

巽雞：「巽兼巳向」、「酉兼辛向」，收貪狼氣，犯艮性八煞，尚可用之。

乾馬：「戌兼乾向」、「甲兼寅向」，收武曲氣，犯艮性八煞。但是武曲氣為陰陽之氣，家中人員平安，相處和睦融洽，子女賢孝，事成業就。

兌蛇頭：沒有兼向的問題，只有形煞的問題。如兌卦，逢巳方犯正曜煞；辰戌方為地曜煞；逢酉方犯天曜煞。曜煞位最忌門路沖射、屋角、屋脊、電線桿、水塔、高牆欄杆、大石土堆、煙囪、大樹、電塔、水路、尖角。

應驗損丁、血光、破財、男女狂癲、吐血癆疾、無恥之徒、藥碗不斷等。

犯一曜煞常常吃藥，犯二曜煞神經錯亂、躁鬱難安，犯三曜煞則出狂癲之人（請參閱第八層乾坤國寶龍門八大局，會有非常詳細的解說）。

艮虎：「丙兼午向」、「艮兼寅向」，收廉貞氣，犯八煞。夫妻容易同床異夢，意外事故多，尤其對幼兒最傷，犯小人，奴欺主之局，小心被異性騙財。

離豬：「亥兼壬向」，收文曲氣，犯八煞。婚姻容易因為外遇，而造成感情不佳，做事不切實際，好高騖遠，財進財出。

九星納甲法—翻卦掌訣順序表

卦別		輔星氣		巨門	武曲	輔弼	貪狼	破軍	祿存	文曲	廉貞
		人倫	廿四向								
乾卦	陽	老父	乾甲	坤乙	壬寅午戌	乾甲	癸申子辰	艮丙	庚亥卯未	丁巳酉丑	巽辛
坤卦	陽	老母	坤乙	乾甲	癸申子辰	坤乙	壬寅午戌	丁巳酉丑	巽辛	艮丙	庚亥卯未
震卦	陰	長男	庚亥卯未	巽辛	巳酉丑丁	庚亥卯未	艮丙	癸申子辰	乾甲	壬寅午戌	坤乙
巽卦	陰	長女	巽辛	庚亥卯未	艮丙	巽辛	丁巳酉丑	壬寅午戌	坤乙	癸申子辰	乾甲
坎卦	陽	中男	癸申子辰	壬寅午戌	坤乙	癸申子辰	乾甲	庚亥卯未	艮丙	巽辛	丁巳酉丑
離卦	陽	中女	壬寅午戌	癸申子辰	乾甲	壬寅午戌	坤乙	巽辛	丁巳酉丑	庚亥卯未	艮丙
艮卦	陰	少男	艮丙	丁巳酉丑	巽辛	艮丙	庚亥卯未	乾甲	癸申子辰	坤乙	壬寅午戌
兌卦	陰	少女	丁巳酉丑	艮丙	庚亥卯未	丁巳酉丑	巽辛	坤乙	壬寅午戌	乾甲	癸申子辰

二、周易後天八卦法則

如【九星納甲法─翻卦掌訣順序表】所示，已經列出羅盤第三層（二十四山人倫納甲）、第六層（二十四山立山兼向與八卦理氣），論斷風水對六親好壞之影響。依照後天洛書八卦方位，與第十二層之九星排序互相配合，對應其納甲為何？以輔弼、貪狼、巨門、武曲為吉星；破軍、祿存、文曲、廉貞為凶星。翻得吉星為吉，翻得凶星則凶。

對照羅盤第12層與第13層的相對關係

例一：【震卦位】，輔弼（庚亥卯未）、武曲（丁巳酉丑）、破軍（癸申子辰）、廉貞（坤乙）、貪狼（艮丙）、巨門（巽辛）、祿存（乾甲）、文曲（壬寅午戌）。

第12層	文	祿	巨	貪	廉	破	武	輔
第13層	壬寅午戌	乾甲	巽辛	艮丙	坤乙	癸申子辰	丁巳酉丑	庚亥卯未

例二：【巽卦位】，輔弼（巽辛）、武曲（艮丙）、破軍（壬寅午戌）、廉貞（乾甲）、貪狼（丁巳酉丑）、巨門（庚亥卯未）、祿存（坤乙）、文曲（癸申子辰）。

第12層	文	祿	巨	貪	廉	破	武	輔
第13層	癸申子辰	坤乙	庚亥卯未	丁巳酉丑	乾甲	壬寅午戌	艮丙	巽辛

1、坎爻卦

地盤立向「申、子、辰、癸」等四字正向皆屬之，易氣為「中男」、「陽爻」，象為「水」。

坎卦翻卦掌訣順序

離（巨門）	巽（文曲）	坤（武曲）	兌（廉貞）
乾（貪狼）	艮（祿存）	坎（輔弼）	震（破軍）

坎（輔弼）→坤（武曲）→震（破軍）→兌（廉貞）→乾（貪狼）→離（巨門）→艮（祿存）→巽（文曲）。

地盤立「癸、申、子、辰」等字正向，收納天盤「壬、寅、午、戌」等四字方位之

「來水、路氣」過堂，皆為「巨門」納氣，地盤立向「子兼壬」立向亦是。

收「巨門」氣，為最佳之氣，最完美的納氣方。主應子孫賢孝，家庭美滿，婚姻幸福，生意興隆，人才輩出，事業順利，貴人多顯。

反之「巨門」氣，背離而去時，會失去美滿生活，妻子離異持家不成，事業不順、家道中落。

地盤立「癸、申、子、辰」等字正向，收納天盤「坤、乙」等二字方位之「來水、路氣」過堂，皆為「武曲」納氣。

收「武曲」氣，為次吉之氣。主應子女孝順，身心健康，婚姻美滿，事成業就。

反之「武曲」氣，背離而去時，家中女性喜出外遊蕩，家庭不美滿或在事業上不得助力，成家立業困難重重。

地盤立「癸、申、子、辰」等字正向，收納天盤「癸、申、子、辰」等四字方位之「來水、路氣」過堂或「子、癸」互兼向，皆為「輔弼」納氣。

收「輔弼」氣，為尚吉之氣。主應同儕相助，腳踏實地，忠厚得益，家族興旺，事業平穩。

反之「輔弼」氣，背離而去時，主應好動難定性，有勇無謀，家業不興，前程暗淡，流落他鄉。

地盤立「癸、申、子、辰」等字正向，收納天盤「乾、甲」等二字方位之「來水、路氣」過堂，皆為「貪狼」納氣。

收「貪狼」氣，為尚吉之氣，助益力平實，白手起家，胼手胝足，尚稱小康之家。反之「貪狼」氣，背離而去時，庭內失和，性喜在外遊蕩，財破家耗。

地盤立「癸、申、子、辰」等字正向，收納天盤「庚、亥、卯、未」等四字方位之「來水、路氣」過堂，皆為「破軍」納氣。

收「破軍」氣，為最凶之氣。主應兄弟不合，婚姻多變，易出逆兒，易中風與罹癌症，異想天開，難得善終。

若地盤立向「申庚」兼向，此犯八煞「震山猴」更兇，父親可能早死，兄弟不合，有用之材不得善終。

地盤立「癸、申、子、辰」等四字正向，收納天盤「艮、丙」等二字方位之「來水、路氣」過堂，皆為「祿存」納氣。

收「祿存」氣，為不佳之氣。主應家庭不和睦，易起爭執，易犯慢性病，生意不佳，人緣不好，事業難成。

地盤立「癸、申、子、辰」等字正向，收納天盤「巽、辛」等二字方位之「來水、路氣」過堂，皆為「文曲」納氣。

收「文曲」氣，為不佳之氣。主應家庭不和睦，多事之秋，不切實際，好高騖遠，財來財去，事業多敗少成。

地盤立「癸、申、子、辰」等字正向，收納天盤「丁、巳、酉、丑」等四字方位之「來水、路氣」過堂，皆為「廉貞」納氣，地盤立向「癸兼丑」立向亦是。

收「廉貞」氣，為不佳之氣。主應異想天開，夫妻同床異夢，生意不佳，意外事故多，犯小人，奴欺主之局，小心被異性騙財。

2、坤爻卦

地盤立向「坤、乙」等二字正向皆屬之，易氣為「老母」、「陽爻」，象為「地」。

坤卦翻卦掌訣順序

離（貪狼）	巽（祿存）	坤（輔弼）	兌（破軍）
乾（巨門）	艮（文曲）	坎（武曲）	震（廉貞）

坤（輔弼）↓坎（武曲）↓兌（破軍）↓震（廉貞）↓

離（貪狼）↓乾（巨門）↓巽（祿存）↓艮（文曲）。

地盤立「坤、乙」等二字正向，收納天盤「乾、甲」等二字方位之「來水、路氣」過堂，皆為「巨門」納氣。

收「巨門」氣，為最佳之氣，最完美的納氣方。主應子孫賢孝，家庭美滿，婚姻幸福，生意興隆，人才輩出，事業順利，貴人多顯。

反之「巨門」氣，背離而去時，會失去美滿生活，妻子離異持家不成，事業不順、家道中落。

地盤立「坤、乙」等字正向，收納天盤「癸、申、子、辰」等四字方位之「來水、路氣」過堂，皆為「武曲」納氣。

收「武曲」氣，為次吉之氣。主應子女孝順，身心健康，婚姻美滿，事成業就。

反之「武曲」氣，背離而去時，家中女性喜出外遊蕩，家庭不美滿或在事業上不得助力，成家立業困難重重。

地盤立「坤、乙」等字正向，收納天盤「坤、乙」等二字之「來水、路氣」過堂，皆為「輔弼」納氣。

收「輔弼」氣，就如同輩、同心、同性之女性結合在一起。主應身心健康，有衝力，但單性下生育繁衍性弱，應配「乾爻卦」或「坎爻卦」方位之「來水、路氣」過堂，則陰陽調合，方為大吉。

反之「輔弼」氣，背離而去時，主應好動難定性，有勇無謀，家業不興，前程暗淡，流落他鄉。

地盤立「坤、乙」等字正向，收納天盤「壬、寅、午、戌」等四字方位之「來水、路氣」過堂，皆為「貪狼」納氣。

收「貪狼」氣，為尚吉之氣，如不同輩但同心、同性之女性結合一樣，為母女同心，朋友老幼同心之際遇，但單性下生育及事業力薄弱。反之「貪狼」氣，背離而去時，表示母女不連心，事業上的朋友也會不同心而導致敗財。

地盤立「坤、乙」等字正向收納天盤「丁、巳、酉、丑」等四字方位之「來水、路氣」過堂，皆為「破軍」納氣。

收「破軍」氣，為最凶之氣。如不同輩（年歲差很多）之不同心女性結合一樣，主應母親與小女或婆媳不和或事業上受小輩坑財，多車禍生重病，事業不順，子孫繁衍力弱且易患精神病。

地盤立「坤、乙」等字正向，收納天盤「巽、辛」等二字方位之「來水、路氣」過堂，皆為「祿存」納氣。

收「祿存」氣，為不佳之氣。如不同輩不同心之女性結合一樣，母親與長女或婆婆與長媳不同心，互鬥心機或事業不順而敗財，子孫繁衍力亦弱。

地盤立「坤、乙」等字正向，收納天盤「艮、丙」等二字方位之「來水、路氣」過堂，皆為「文曲」納氣。

收「文曲」氣，為不佳之氣。如老女與少男不同心之結合一樣，即男女各懷心機，夫妻婚姻不美滿，投機性敗財，犯桃花而容易離婚，事業有被私心之異性或小輩坑財的危機。

地盤立「坤、乙」等字正向，收納天盤「庚、亥、卯、未」等字方位之「來水、路氣」過堂，皆為「廉貞」納氣。

收「廉貞」氣，為不佳之氣，又犯「坤兔」八煞。如不同輩不同心之男女結合一樣，各懷心機，生活不協調，投機性敗財易離婚，事業上被異性坑財。地盤立向「坤兼未」、「乙兼卯」易殘障、生重病、車禍，有用之材不得善終，夫妻難白頭偕老，且丈夫會先行離去。

3、震爻卦

地盤立向「庚、亥、卯、未」等四字正向皆屬之，易氣為「長男」、「陰爻」，象為「雷」。

震卦翻卦掌訣順序

兌（武曲）	坤（廉貞）	巽（巨門）	離（文曲）
震（輔弼）	坎（破軍）	艮（貪狼）	乾（祿存）

震（輔弼）→兌（武曲）→坎（破軍）→坤（廉貞）→艮（貪狼）→巽（巨門）→乾（祿存）→離（文曲）。

地盤立「庚、亥、卯、未」等字正向，收納天盤「巽、辛」等二字方位之「來水、路氣」過堂，皆為「巨門」納氣。

收「巨門」氣，為最佳之氣，最完美的納氣方。如男性得到同輩同心之女性結合在一起，主應子孫賢孝，家庭美滿，婚姻幸福，生意興隆，人才輩出，事業順利，貴人多顯。反之「巨門」氣，背離而去時，會失去美滿生活，妻子離異持家不成，事業不順、家道中落。

地盤立「庚、亥、卯、未」等字正向，收納天盤「丁、巳、酉、丑」等四字方位之「來水、路氣」過堂，皆為「武曲」納氣。

收「武曲」氣，為次吉之氣。如男性得到不同輩但同心之女性結合在一起，主應子女孝順，身心健康，婚姻美滿，事成業就。反之「武曲」氣，背離而去時，家中女性喜出外遊蕩，家庭不美滿或在事業上不得助力，成家立業困難重重。

地盤立「庚、亥、卯、未」等字正向，收納天盤「庚、亥、卯、未」等四字方位之「來水、路氣」過堂，皆為「輔弼」。

收「輔弼」氣，為尚吉之氣。如同輩、同心、同性之女性結合在一起，主應身心健

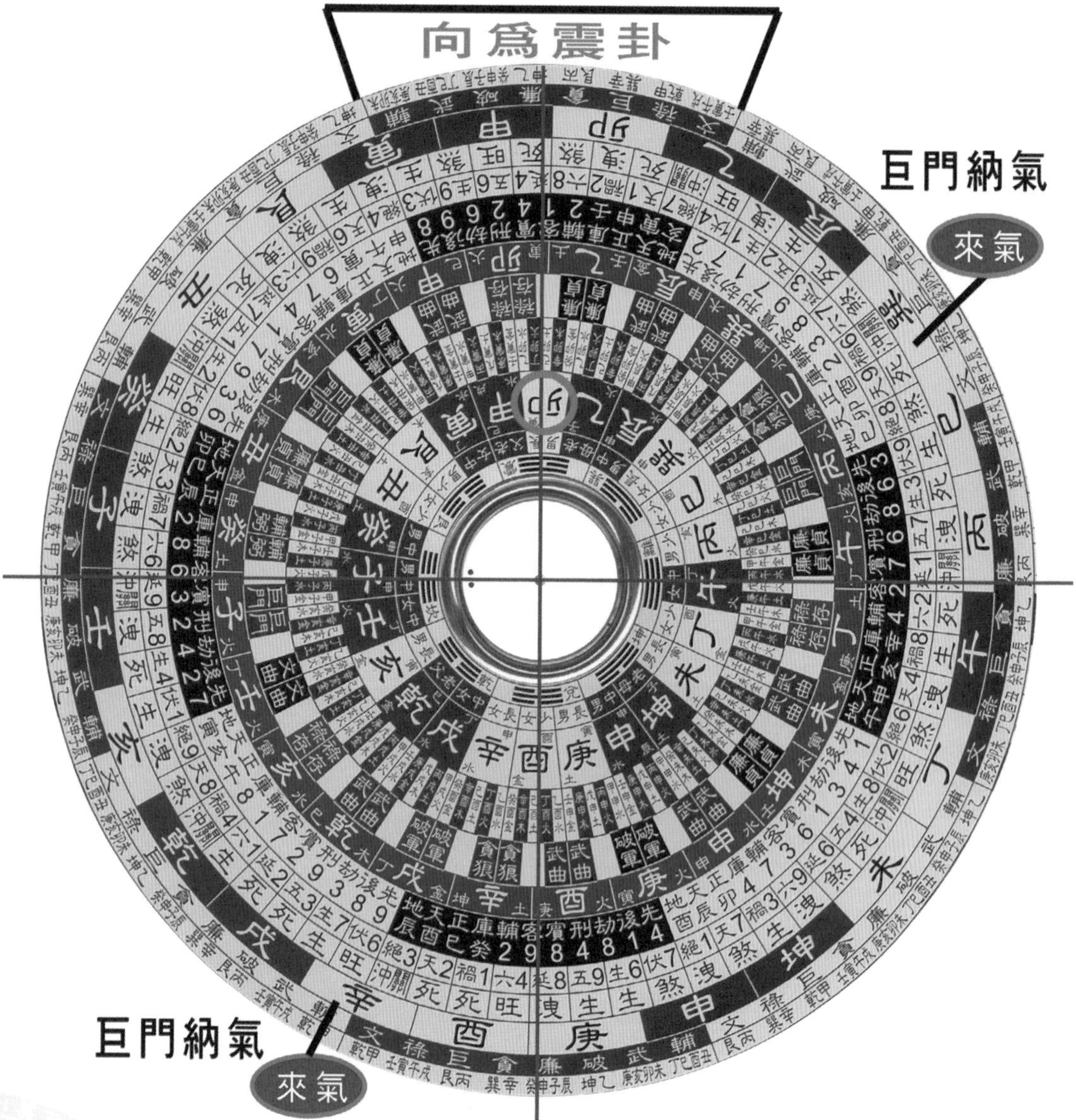
向為震卦
巨門納氣
來氣
巨門納氣
來氣

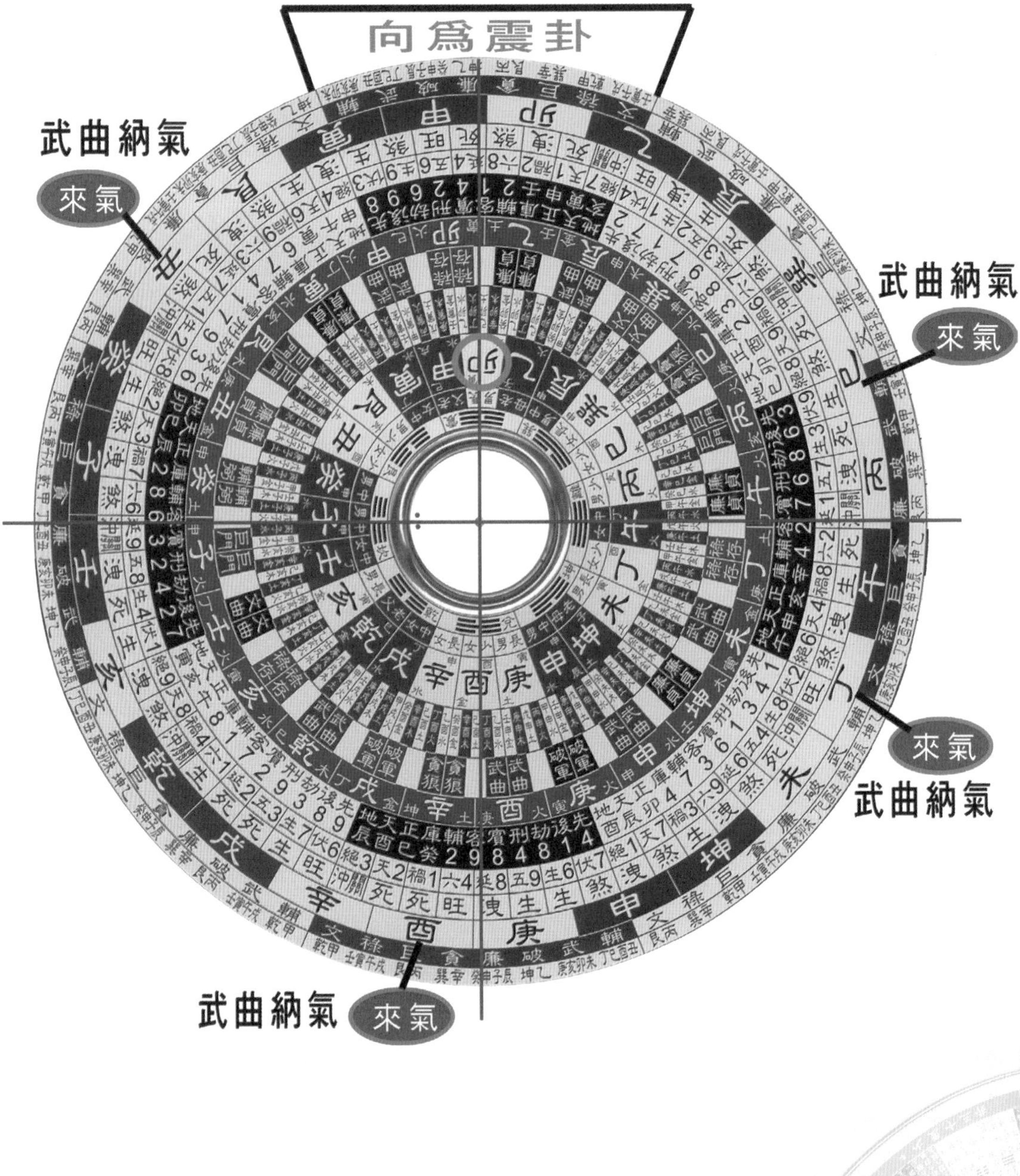
向爲震卦
武曲納氣
來氣
武曲納氣
來氣
武曲納氣
來氣
武曲納氣
來氣

康，有衝力，但單性下生育繁衍性弱。

反之「輔弼」氣，背離而去時，主應好動難定性，有勇無謀，家業不興，前程暗淡，流落他鄉。

地盤立「庚、亥、卯、未」等四字正向，收納天盤「艮、丙」等字方位之「來水、路氣」過堂，皆為「貪狼」納氣。

收「貪狼」氣，為尚吉之氣，如不同輩但同心之男性結合一樣，父子兄弟、朋友老幼同心之際遇，或事業上得小輩賞識，但單性下生育及事業上擴大力較為薄弱。

反之「貪狼」氣，背離而去時，庭內失和，性喜在外遊蕩，財破家耗。

地盤立「庚、亥、卯、未」等字正向，收納天盤「癸、申、子、辰」等四字方位之「來水、路氣」過堂，皆為「破軍」納氣。

收「破軍」氣，為最凶之氣。主應兄弟不合，婚姻多變，易出逆兒，易中風與罹癌症，異想天開，難得善終。

若地盤立向「庚申」兼向，此犯八煞「震山猴」更兇，父親可能早死，兄弟不合，有用之材不得善終。

地盤立「庚、亥、卯、未」等字正向，收納天盤「乾、甲」等二字方位之「來水、路氣」過堂或「卯兼甲」、「亥兼乾」向，皆為「祿存」納氣。

收「祿存」氣，為不佳之氣。如不同輩不同心之男性結合一樣，造成身心不健康，父

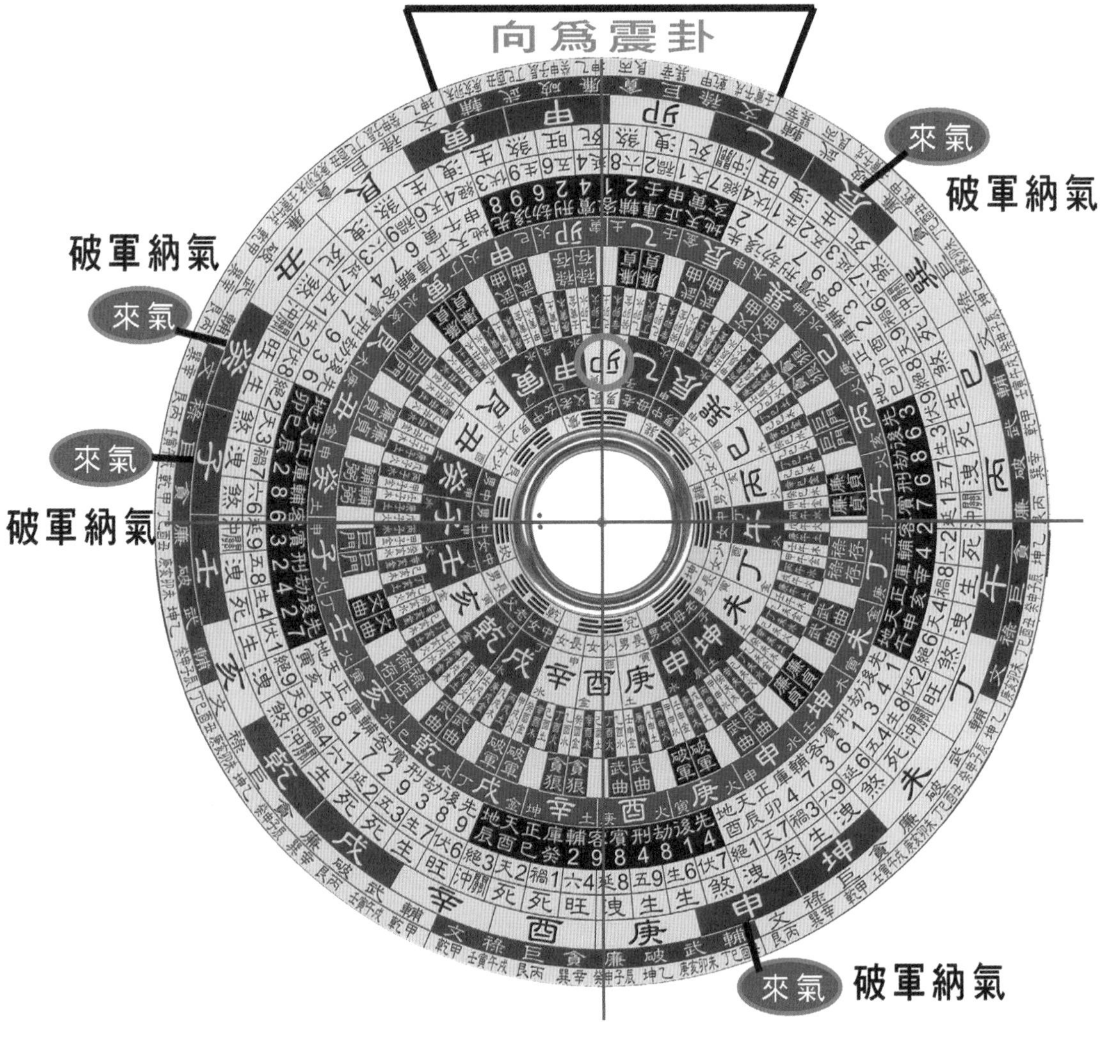
向爲震卦
來氣
破軍納氣
來氣
破軍納氣
來氣
破軍納氣
來氣
破軍納氣
來氣
破軍納氣

親與長子不和，互鬥心機，或事業上受往來客戶所坑，子不孝、多車禍、生重病、事業不順又敗財，且子孫繁衍力薄弱。

地盤立「庚、亥、卯、未」等字正向，收納天盤「壬、寅、午、戌」等四字方位之「來水、路氣」過堂，皆為「文曲」納氣。

收「文曲」氣，為不佳之氣，又犯八煞「離豬」。如老男與少女不同心在一起，男女各懷心機之結合，家庭夫妻子女感情不和，投機性敗財，犯桃花而離婚，事業有被異性或少輩所坑詐機危機。

若地盤立向為「亥壬兼向」會生殘障及重病，有用人才不得善終，且應驗在女性身上。

地盤立「庚、亥、卯、未」等四字正向，收納天盤「坤、乙」等二字方位之「來水、路氣」過堂，皆為「廉貞」納氣。

收「廉貞」氣，為不佳之氣，又犯八煞「坤兔」。如不同輩不同心之男女結合在一起，各懷心機，生活感情不美滿，有投機性的敗財，事業上有被異性坑財之象，此立向納氣會危及家中較年長的女性。

若地盤立向「卯兼乙」、「未兼坤」會出殘障之人、生重病、車禍且有用之材不得善終，夫妻難白頭偕老，妻子較早亡。

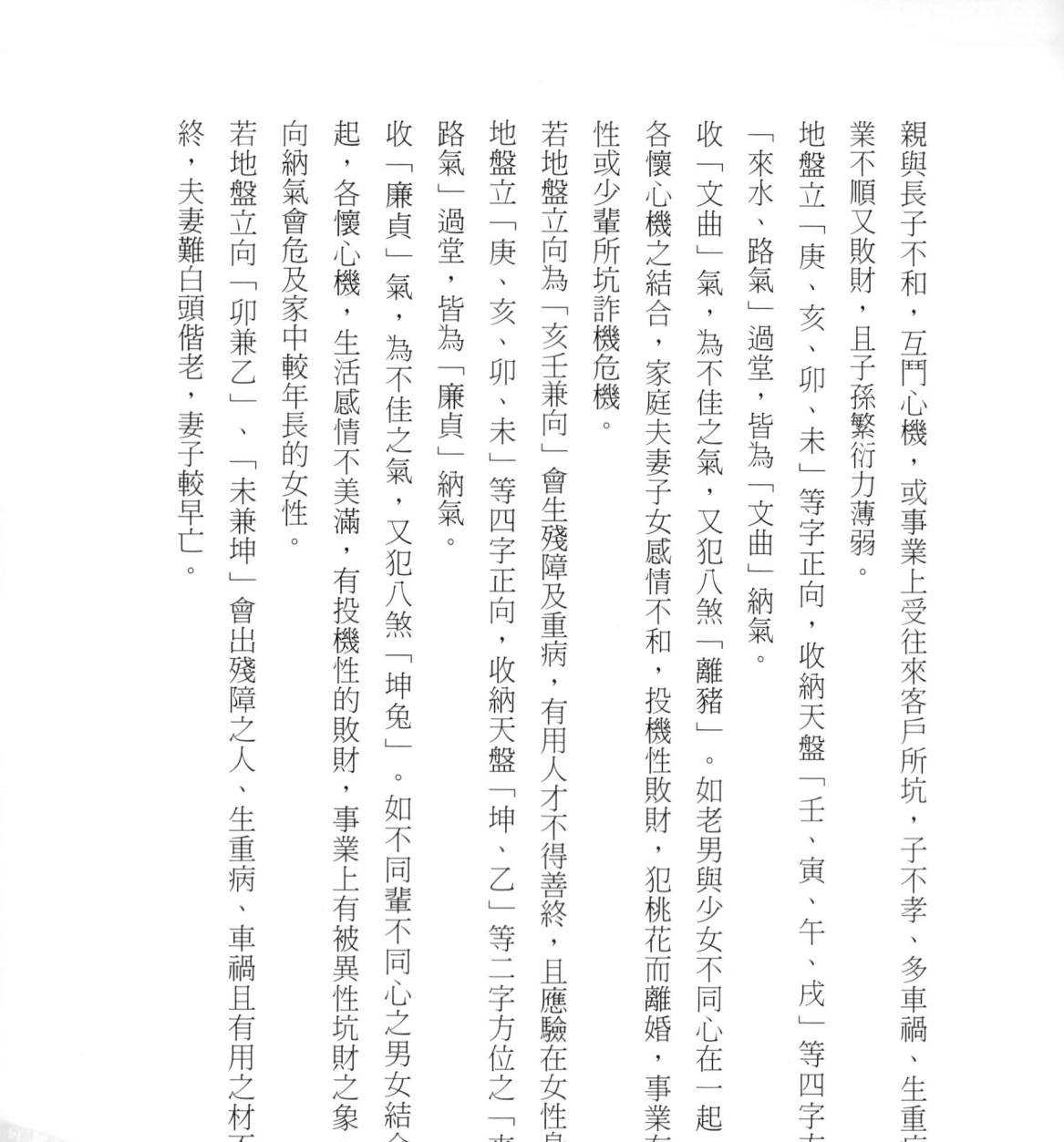

4、巽爻卦

地盤立向「巽、辛」等二字正向皆屬之，易氣為「長女」、「陰爻」，象為「風」。

巽卦翻卦掌訣順序

離（破軍）	巽（輔弼）	坤（祿存）	兌（貪狼）
乾（廉貞）	艮（武曲）	坎（文曲）	震（巨門）

巽（輔弼）→艮（武曲）→離（破軍）→乾（廉貞）→兌（貪狼）→震（巨門）→坤（祿存）→坎（文曲）。

地盤立「巽、辛」等二字正向，收納天盤「庚、亥、卯、未」等四字方位之「來水、路氣」過堂，皆為「巨門」納氣。

收「巨門」氣，為最佳之氣，最完美的納氣方。主應子孫賢孝，家庭美滿，婚姻幸福，生意興隆，人才輩出，事業順利，貴人多顯。

反之「巨門」氣，背離而去時，會失去美滿生活，妻子離異持家不成，事業不順、家道中落。

地盤立「巽、辛」等二字正向，收納天盤「艮、丙」等二字方位之「來水、路氣」過堂，皆為「武曲」納氣。

收「武曲」氣，為次吉之氣。如女性得到不同輩但同心之男性結合在一起，主應身心健康，婚姻美滿，事成業就。

反之「武曲」氣，背離而去時，家中女性喜出外遊蕩，家庭不美滿或在事業上不得助力，成家立業困難重重。

地盤立「巽、辛」等二字正向，收納天盤「巽、辛」等二字之「來水、路氣」過堂，皆為「輔弼」納氣。

收「輔弼」氣，為尚吉之氣。如同輩同心之女性結合在一起，主應身心健康有衝勁，但同性之下生育繁衍性弱。

反之「輔弼」氣，背離而去時，主應好動難定性，有勇無謀，家業不興，前程暗淡，流落他鄉。

地盤立「巽、辛」等二字正向，收納天盤「丁、巳、酉、丑」等四字方位之「來水、路氣」過堂，皆為「貪狼」納氣。

收「貪狼」氣，為尚吉之氣。如不同輩但同心之女性結合一樣，母女、婆媳、姐妹、朋友、老幼同心之際遇，或事業上得到小輩尊崇，但同性下生育及事業上擴大能力弱。

反之「貪狼」氣，背離而去時，庭內失和，性喜在外遊蕩，財破家耗。

若地盤立「巽兼巳」、「辛兼酉」者，為犯八煞「巽雞」，有用之材不得善終，雖為吉星照臨，但最好亦不宜兼之。

地盤立「巽、辛」等二字正向，收納天盤「壬、寅、午、戌」等四字方位之「來水、路氣」過堂為「破軍」納氣，地盤立向「辛兼戌」亦是。

收「破軍」氣，為最凶之氣。如不同輩（年歲差很多）又不同心女性在一起，主應婆婆與次媳不同心，各懷心機互鬥，或事業上受小輩坑詐，子不孝多車禍，生重病，且事業不順又敗財，同性之交，子孫繁衍力也較弱。

地盤立「巽、辛」等二字正向，收納天盤「坤、乙」等二字方位之「來水、路氣」過堂，皆為「祿存」納氣。

收「祿存」氣，為不佳之氣。如不同輩不同心之女性結合，身心不健康多生重病，長女管母親或長媳管婆婆，造成家庭不和，互鬥心機，或事業上受往來客戶所坑詐，子不孝事業不順又敗財，子孫繁衍力弱。

地盤立「巽、辛」等二字正向，收納天盤「癸、申、子、辰」等四字方位之「來水、路氣」過堂，皆為「文曲」納氣。

收「文曲」氣，為不佳之氣。如老女與中男不同心之結合，男女各懷心機，家庭夫妻子女感情不佳，投機性敗財，犯桃花、離婚，事業有被異性或少輩所坑之危機。

地盤立「巽、辛」等二字正向，收納天盤「乾、甲」等二字方位之「來水、路氣」過堂，皆為「廉貞」納氣。

收「廉貞」氣，為不佳之氣。如不同輩不同心之男女結合，男女各懷心機之家庭，男女生活感情不佳，投機性敗財，事業上被異性坑財，導致意志消沉。

5、乾爻卦

地盤立向「乾、甲」等二字正向皆屬之，易氣為「老父」、「陽爻」，象為「天」。

離（武曲）	巽（廉貞）	坤（巨門）	兌（文曲）
乾（輔弼）	艮（破軍）	坎（貪狼）	震（祿存）

乾卦翻卦掌訣順序

乾（輔弼）→離（武曲）→艮（破軍）→巽（廉貞）→坎（貪狼）→坤（巨門）→震（祿存）→兌（文曲）。

地盤立「乾、甲」等二字正向，收納天盤「坤、乙」等二字之「來水、路氣」過堂，皆為「巨門」納氣。

收「巨門」氣，為最佳之氣，最完美的納氣方。如男性得到同輩同心之女性來結合，在事業方面有同輩同心之人來協助，夫妻生活美滿，身心健康，在生意方面有好搭檔，事業成功。反之「巨門」氣，背離而去時，會失去美滿生活，妻子離異持家不成，事業不順、家道中落。

地盤立「乾、甲」等二字正向，收納天盤「壬、寅、午、戌」等四字方位之「來水、路氣」過堂，皆為「武曲」納氣。立「甲兼寅」或「乾兼戌」則犯八煞之「乾馬」，但有「癸、申、子、辰」來水、路氣過堂，此兼向亦無煞氣可言。

收「武曲」氣，為次吉之氣。如男性得到不同輩但同心之女性結合一樣，協力建立家業，夫妻生活美滿，事業成功。反之「武曲」氣，背離而去時，家中女性喜出外遊蕩，家庭不美滿或在事業上不得助力，成家立業困難重重。

地盤立「乾、甲」等二字正向，收納天盤「乾、甲」等二字方位「來水、路氣」過堂，皆為「輔弼」納氣。

收「輔弼」氣，為尚吉之氣。如同輩同心之男性結合在一起，主應身心健康，有衝勁但同性下生育繁衍及事業力弱。反之「輔弼」氣，背離而去時，主應好動難定性，有勇無謀，家業不興，前程暗淡，流落他鄉。

地盤立「乾、甲」等二字正向，收納天盤「癸、申、子、辰」等四字方位之「來水、路氣」過堂，皆為「貪狼」納氣。

收「貪狼」氣，為尚吉之氣。如不同輩但同心之男性結合一樣，父子兄弟同心建業，朋友老幼有同心之際遇，家庭及社會上得到晚輩尊崇，但單性下生育及事業力弱。

反之「貪狼」氣，背離而去時，庭內失和，性喜在外遊蕩，財破家耗。

地盤立「乾、甲」等二字正向，收納天盤「艮、丙」等二字方位之「來水、路氣」過堂，皆為「破軍」納氣。

收「破軍」氣，為最凶之氣。如不同輩（年歲差較多）又不同心男性結合在一起，父親與幼子不同心，事業上受晚輩所坑詐，子不孝多車禍且生重病又敗財，同性之交子孫繁衍力弱。

地盤立「乾、甲」等二字正向，收納天盤「庚、亥、卯、未」等四字之「來水、路氣」過堂，皆為「祿存」納氣，立向「乾兼亥」、「甲兼卯」現象更明顯。

收「祿存」氣，為不佳之氣。如不同輩不同心之男性結合在一起，主應身心不健康，父親與長子不和，互鬥心機或事業上受客戶坑財詐，子不孝，多車禍，生重病，敗財，同性相交子孫繁衍力弱。

地盤立「乾、甲」等二字正向，收納天盤「丁、巳、酉、丑」等四字之「來水、路氣」過堂，皆為「文曲」納氣。

收「文曲」氣，為不佳之氣。如老男與不同心少女結合在一起，男女各懷心機之家庭，夫妻子女生活不美滿，投機又敗財，且犯桃花容易離婚。

地盤立「乾、甲」等二字正向，收納天盤「巽、辛」等二字方位之「來水、路氣」過堂，皆為「廉貞」納氣。

收「廉貞」氣，為不佳之氣。如不同輩不同心之男女結合在一起，男女各懷心機，生活不美滿，投機性又敗財易離婚，小心被異性騙財。

6、兌爻卦

地盤立向「丁、巳、酉、丑」等四字正向屬之，易氣「少女」、「陰爻」，象為「澤」。

兌卦翻卦掌訣順序

離（祿存）	巽（貪狼）	坤（破軍）	兌（輔弼）
乾（文曲）	艮（巨門）	坎（廉貞）	震（武曲）

兌（輔弼）→震（武曲）→坤（破軍）→坎（廉貞）→

巽（貪狼）→艮（巨門）→離（祿存）→乾（文曲）。

地盤立「丁、巳、酉、丑」等四字正向，收納天盤「艮、丙」等二字方位之「來水、路氣」過堂，皆為「巨門」納氣。

收「巨門」氣，為最佳之氣，最完美的納氣方。如同輩同心男女結合在一起，主應家庭美滿，婚姻幸福，生意興隆，人才輩出，事業順利，貴人多顯。反之「巨門」氣，背離而去時，會失去美滿生活，妻子離異持家不成，事業不順、家道中落。

地盤立「丁、巳、酉、丑」等四字正向，收納天盤「庚、亥、卯、未」等四字之「來水、路氣」過堂，皆為「武曲」納氣。

收「武曲」氣，為次吉之氣。如女性得到不同輩但同心之男性結合，表示婚姻美滿，事成業就。反之「武曲」氣，背離而去時，家中女性喜出外遊蕩，家庭不美滿或在事業上不得助力，成家立業困難重重。

地盤立「丁、巳、酉、丑」等四字正向，收納天盤「丁、巳、酉、丑」等四字方位之「來水、路氣」過堂，皆為「輔弼」納氣。

收「輔弼」氣，為尚吉之氣，但是犯有八煞兌蛇頭。如同輩同心女性之結合，主應身心健康有衝勁，但同性下生育繁衍力弱。反之「輔弼」氣，背離而去時，主應好動難定性，有勇無謀，家業不興，前程暗淡，流落他鄉。

地盤立「丁、巳、酉、丑」等四字正向，收納天盤「巽、辛」二字方位之「來水、路氣」過堂，皆為「貪狼」納氣。

收「貪狼」氣，為尚吉之氣。如不同輩但同心女性之結合，母女、朋友、老幼同心，但同性下生育及事業發展力弱。反之「貪狼」氣，背離而去時，庭內失和，性喜在外遊蕩，財破家耗。

地盤立「丁、巳、酉、丑」等四字正向，收納天盤「坤、乙」等二字方位之「來水、路氣」過堂，皆為「破軍」納氣。

收「破軍」氣，為最凶之氣。如不同輩（年歲差很多）不同心女性之結合，母親與長女、婆媳不和，媳管婆、不孝、車禍、生重病，事業受長輩坑詐，事業不順，子孫繁衍力弱。

地盤立「丁、巳、酉、丑」等四字正向，收納天盤「壬、寅、午、戌」等四字方位之「來水、路氣」過堂，皆為「祿存」納氣，地盤立向「丁兼午」亦是。

收「祿存」氣，為不佳之氣。如不同輩不同心女性之結合，主應身心不健康，生重病，少媳與母不合、媳管婆、互鬥心機、子不孝，事業不順，易被客戶坑大財，子孫繁衍力弱。

地盤立「丁、巳、酉、丑」等四字正向，收納天盤「乾、甲」等二字方位之「來水、路氣」過堂，皆為「文曲」納氣。

收「文曲」氣，為不佳之氣。如不同輩不同心男女之結合，各懷心機，家庭不美滿，投機敗財、犯桃花、離婚，事業被異性長輩坑財。

地盤立「丁、巳、酉、丑」等四字正向，收納天盤「申、子、辰、癸」等四字方之「來水、路氣」過堂，皆為「廉貞」納氣。

收「廉貞」氣，為不佳之氣。如不同輩不同心男女之結合，各懷心機，家庭生活不美滿，投機敗財，事業上被異性坑財。

7、艮爻卦

地盤立向「艮、丙」等二字正向屬之，易氣為「少男」、「陰爻」，象為「山」。

艮卦翻卦掌訣順序

離（廉貞）	巽（武曲）	坤（文曲）	兌（巨門）
乾（破軍）	艮（輔弼）	坎（祿存）	震（貪狼）

艮（輔弼）↓巽（武曲）↓乾（破軍）↓離（廉貞）↓震（貪狼）↓兌（巨門）↓坎（祿存）↓坤（文曲）。

地盤立「艮、丙」字正向，收納天盤「丁、巳、酉、丑」等四字方位之「來水、路氣」過堂，皆為「巨門」納氣，地盤立向「丙兼巳」「艮兼丑」現象更明顯。

收「巨門」氣，為最佳之氣，最完美的納氣方。如男性獲得同輩同心之女性來結合，事業有同輩同心之人來協助，夫妻生活美滿，在生意方面有好搭檔，事業成功。反之「巨門」氣，背離而去時，會失去美滿生活，妻子離異持家不成，事業不順、家道中落。

地盤立「艮、丙」等二字正向，收納天盤「巽、辛」等二字之「來水、路氣」過堂，皆為「武曲」納氣。

收「武曲」氣，為次吉之氣。如男性得不同輩但同心之女性來結合一樣，生活美滿，事業得助有成，能成功建立家業。反之「武曲」氣，背離而去時，家中女性喜出外遊蕩，家庭不美滿或在事業上不得助力，成家立業困難重重。

地盤立「艮、丙」字正向，收納天盤「艮、丙」等二字方位之「來水、路氣」過堂，皆為「輔弼」納氣。

收「輔弼」氣，為尚吉之氣。如同輩同心之男性結合，主應身心健康，有衝勁，但同性下生育繁衍力弱。反之「輔弼」氣，背離而去時，主應好動難定性，有勇無謀，家業不興，前程暗淡，流落他鄉。

地盤立「艮、丙」字正向，收納天盤「庚、亥、卯、未」等四字方位之「來水、路氣」過堂，皆為「貪狼」納氣。

收「貪狼」氣，為尚吉之氣。如不同輩但同心之男性結合，表示父子兄弟、朋友老幼同心，在事業上得到長輩賞識，但同性下生育及事業上之擴展力較弱。

反之「貪狼」氣，背離而去時，庭內失和，性喜在外遊蕩，財破家耗。

地盤立「艮、丙」二字正向，收納天盤「乾、甲」等二字方位之「來水、路氣」過堂，皆為「破軍」納氣。

收「破軍」氣，為最凶之氣。如不同輩（年歲差較多）之不同心男性結合在一起，主應父子（尤其老父對少男）不同心，各懷心機互鬥，或事業上被人所坑詐，子不孝多車禍生重病，事業不順敗財，同性之交子孫繁衍力弱。

地盤立「艮、丙」字正向，收納天盤「癸、申、子、辰」等四字方位之「來水、路氣」過堂，皆為「祿存」納氣。

收「祿存」氣，為不佳之氣。如不同輩不同心之男性結合，主應身心不健康，父子兄弟不和，互鬥心機，或事業上受往來客戶所坑詐，子不孝多車禍生重病，事業不順敗財，子孫繁衍力弱。

地盤立「艮、丙」字正向，收納天盤「坤、乙」等二字方位之「來水、路氣」過堂，皆為「文曲」納氣。

收「文曲」氣，為不佳之氣。如少男與老女不同心結合在一起，即男女年歲差很多且各懷心機，家庭夫妻子女感情不和諧，投機性敗財，犯桃花易離婚，事業有被異性長輩騙財的危機。

地盤立「艮、丙」字正向，收納「壬、寅、午、戌」等字方位之「來水、路氣」過堂，皆為「廉貞」納氣。

收「廉貞」氣，為不佳之氣。女性短壽或有用之材不得善終，如不同輩不同心之男女結合在一起，各懷心機之家庭，男女生活不美滿，投機性敗財，事業上被有心異性坑財，女性早死或離婚。

8、離爻卦

地盤立向「壬、寅、午、戌」等四字正向屬之，易氣為「中女」、「陽爻」，象為「火」。

離卦翻卦掌訣順序

離（輔弼）	巽（破軍）	坤（貪狼）	兌（祿存）
乾（武曲）	艮（廉貞）	坎（巨門）	震（文曲）

離（輔弼）→乾（武曲）→巽（破軍）→艮（廉貞）→坤（貪狼）→坎（巨門）→兌（祿存）→震（文曲）。

地盤立「壬、寅、午、戌」等四字正向，收納天盤「癸、申、子、辰」等四字方位之「來水、路氣」過堂，皆為「巨門」納氣，地盤立向「壬兼子」現象更明顯。

收「巨門」氣，為最佳之氣，最完美的納氣方。如女性得到同輩同心之男性來結合，或事業有同輩同心之人來協助，主應家庭和樂，協力建立家財，夫妻生活美滿，在生意方面有好搭檔，事業成功。反之「巨門」氣，背離而去時，會失去美滿生活，妻子離異持家不成，事業不順、家道中落。

地盤立「壬、寅、午、戌」等四字正向，收納天盤「乾、甲」等二字方位之「來水、路氣」過堂，皆為「武曲」納氣。如「戌兼乾」、「寅兼甲」立向亦是（兩兼向均犯八煞乾馬），納水者無犯煞可納之，但若含「癸、申、子、辰」來水、路氣雙朝收之更吉。

收「武曲」氣，為次吉之氣。如不同輩但同心之男女結合在一起，協力建業，生活美滿，事業上得助有成，能成功建業。反之「武曲」氣，背離而去時，家中女性喜出外遊蕩，家庭不美滿或在事業上不得助力，成家立業困難重重。

地盤立「壬、寅、午、戌」等四字正向，收納天盤「壬、寅、午、戌」等四字方位之「來水、路氣」過堂，皆為「輔弼」納氣。

收「輔弼」氣，為尚吉之氣。如同輩同心之女性結合在一起，主應身心健康，有衝勁，但同性下生育繁衍力薄弱。反之「輔弼」氣，背離而去時，主應好動難定性，有勇無謀，家業不興，前程暗淡，流落他鄉。

地盤立「壬、寅、午、戌」等四字正向，收納天盤「坤、乙」等二字方位之「來水、路氣」過堂，皆為「貪狼」納氣。

收「貪狼」氣，為尚吉之氣。如不同輩但同心之女性結合在一起，表示母女、朋友、老幼同心之際遇，但同性下生育及事業擴充力弱。反之「貪狼」氣，背離而去時，庭內失和，性喜在外遊蕩，財破家耗。

地盤立「壬、寅、午、戌」等四字正向，收納天盤「巽、辛」等二字方位之「來水、路氣」過堂，皆為「破軍」納氣，地盤立向「戌兼辛」現象更明顯。

收「破軍」氣，為最凶之氣。如不同輩（年歲差較多）之不同心女性結合在一起，主應母親與長女或長媳不和，或事業上受長輩所坑詐，長媳管婆婆，多車禍生重病，事業不順子孫繁衍力弱。

地盤立「壬、寅、午、戌」等四字正向，收納天盤「丁、巳、酉、丑」等四字方位「來水、路氣」過堂，皆為「祿存」納氣，地盤立向「午兼丁」現象更明顯。

收「祿存」氣，為不佳之氣。如不同輩不同心之女性結合在一起，主應身心不健康，生重病，少女、小媳與母親不合，婆婆管少媳而互鬥心機，或事業上受往來客戶坑詐，子不孝，事業不順，敗財子孫繁衍力弱。

地盤立「壬、寅、午、戌」等四字正向，收納「庚、亥、卯、未」等四字方位之「來水、路氣」過堂，皆為「文曲」納氣。

收「文曲」氣，為不佳之氣，又犯八煞「離豬」。主應家庭不和睦，多事之秋，不切實際，好高騖遠，財來財去，事業多敗少成，男性短壽，或有用之材不得善終之應。

地盤立「壬、寅、午、戌」等四字正向，收納「艮、丙」等二字方位之「來水、路氣」過堂，皆為「廉貞」納氣，此又犯八煞「艮虎」，地盤立向「寅兼艮」、「午兼丙」現象更明顯。

收「廉貞」氣，為不佳之氣。如不同輩不同心之男女結合在一起，各懷心機之家庭，生活不美滿，投機性敗財，事業上被有心異性坑財，男性短壽或有用之材不得善終之應。

九星水法的八種氣感（輔弼、武曲、破軍、廉貞、貪狼、巨門、祿存、文曲），配合八卦、八煞討論，得知地盤立向與天盤納氣（來水、路氣）的好壞，歸納下列幾個原則：

1、陰陽要同卦系，即地盤立向與天盤納氣（來水、路氣）要同陰陽，以羅盤而言，立紅色字的向，要納紅色字的氣（來水、路氣）；立黑色字的向，要納黑色字的氣（來水、路氣）。

2、以人倫來說，卦分男、女兩性，要陰陽交媾才能異性相吸，促進家居安康，事業如意。

3、人倫輩份差異愈小愈容易溝通，反之則溝通困難。

第拾肆層

易經堪輿六十四卦

這一層可依易經堪輿法之「來龍、坐山、立向、水口」，與卦運和卦氣來分析出房子之好壞。

一、何謂「卦名」與「卦運」

此層標示有易經六十四卦「卦名」及「卦運」，必須配合第「15層」抽爻換象盤，方能做出有系統的使用說明，在此僅先就第「14層」做介紹。

例一：子山午向。

坐山	頤3	復8	坤1	剝6
立向	大過3	姤8	乾1	夬6

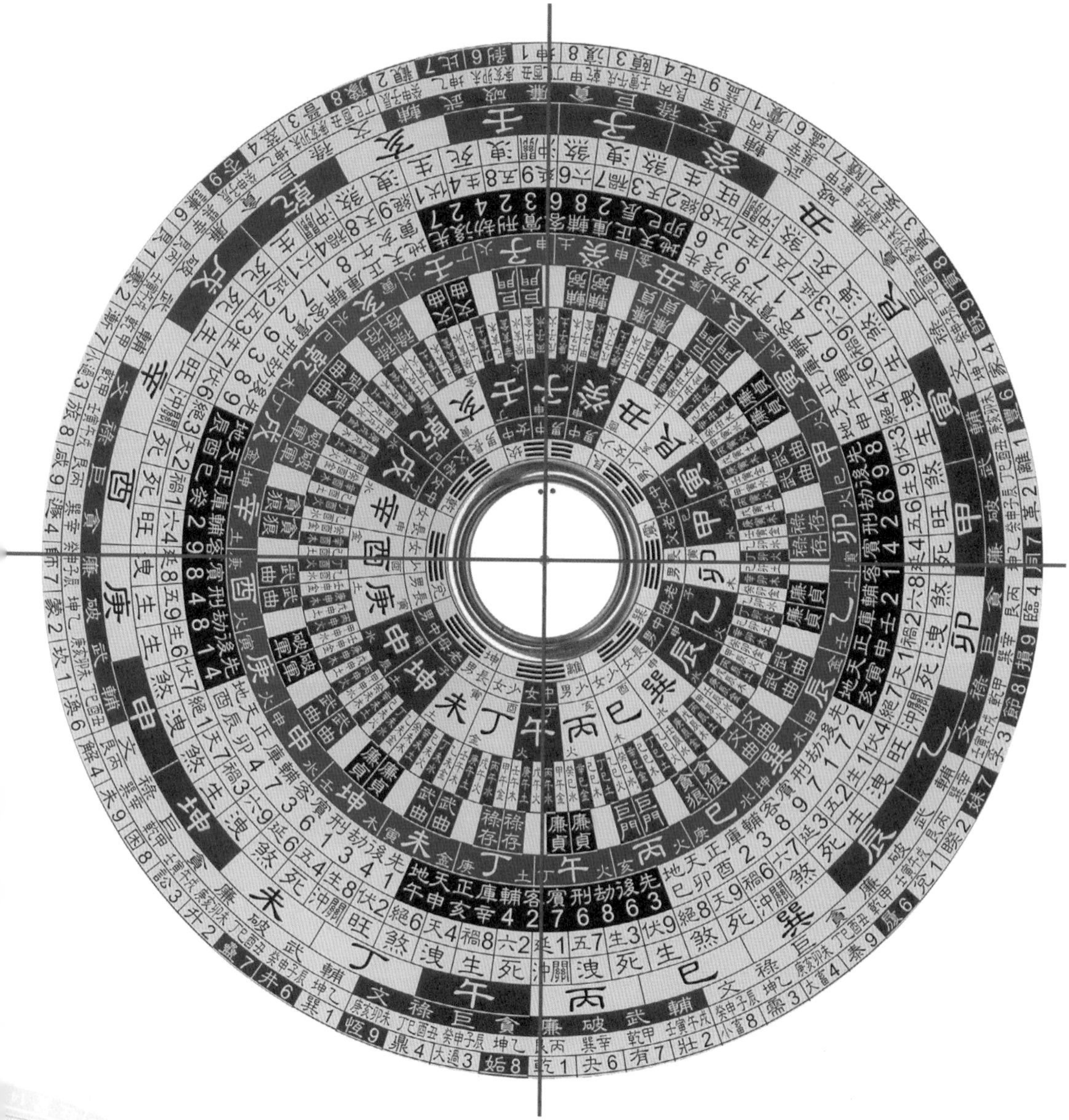

「卦名」：頤、復、坤、剝、大過、姤、乾、夬。
「卦運」：3、8、1、6。

例二： 艮山坤向。

坐山	賁8	夷3	妄2	隨7
立向	困8	訟3	升2	蠱7

「卦名」：賁、夷、妄、隨、困、訟、升、蠱。
「卦運」：8、3、2、7。

例三： 卯山酉向。

坐山	損9	臨4	同7	革2
立向	咸9	遯4	師7	蒙2

「卦名」：損、臨、同、革、咸、遯、師、蒙。
「卦運」：9、4、7、2。

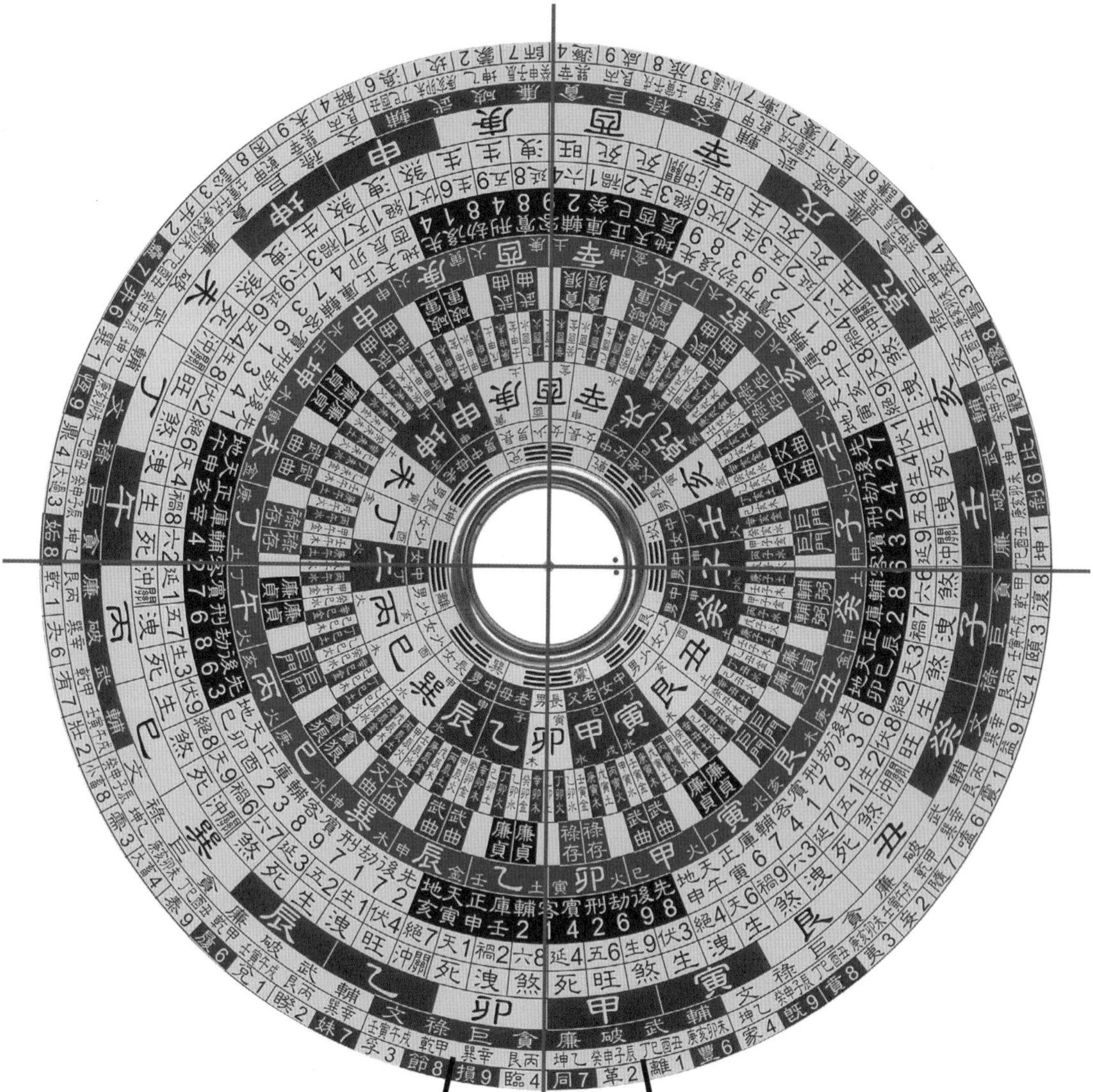

二、易經六十四卦表

乾、兌、離、震、巽、坎、艮、坤，八卦之數為天在上，地在下，此為不易之理，其所居順序如圖表所示：

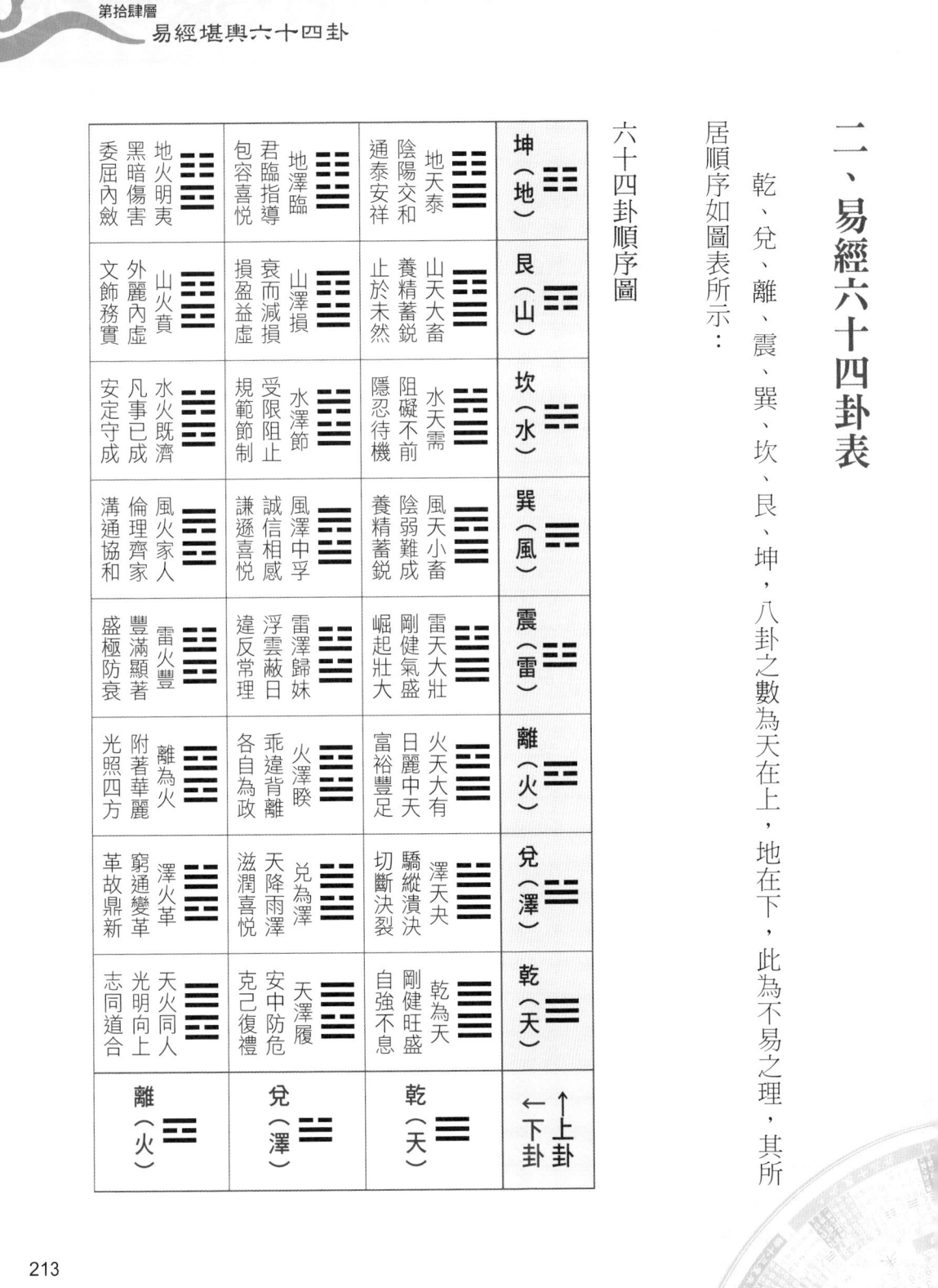

六十四卦順序圖

上卦→ 下卦↓	乾（天）☰	兌（澤）☱	離（火）☲	震（雷）☳	巽（風）☴	坎（水）☵	艮（山）☶	坤（地）☷
乾（天）☰	䷀ 乾為天 剛健旺盛 自強不息	䷪ 澤天夬 驕縱潰決 切斷決裂	䷍ 火天大有 日麗中天 富裕豐足	䷡ 雷天大壯 剛健氣盛 崛起壯大	䷈ 風天小畜 陰弱難成 養精蓄銳	䷄ 水天需 阻礙不前 隱忍待機	䷙ 山天大畜 養精蓄銳 止於未然	䷊ 地天泰 陰陽交和 通泰安祥
兌（澤）☱	䷉ 天澤履 安中防危 克己復禮	䷹ 兌為澤 天降雨澤 滋潤喜悅	䷥ 火澤睽 乖違背離 各自為政	䷵ 雷澤歸妹 浮雲蔽日 違反常理	䷼ 風澤中孚 誠信相感 謙遜喜悅	䷻ 水澤節 受限阻止 規範節制	䷨ 山澤損 衰而減損 損盈益虛	䷒ 地澤臨 君臨指導 包容喜悅
離（火）☲	䷌ 天火同人 光明向上 志同道合	䷰ 澤火革 窮通變革 革故鼎新	䷝ 離為火 附著華麗 光照四方	䷶ 雷火豐 豐滿顯著 盛極防衰	䷤ 風火家人 倫理齊家 溝通協和	䷾ 水火既濟 凡事已成 安定守成	䷕ 山火賁 外麗內虛 文飾務實	䷣ 地火明夷 黑暗傷害 委屈內斂

下卦								
坤（地）	坤為地 柔順包容 靜守勿妄	山地剝 侵蝕破裂 脱序剝落	水地比 滋潤萬物 親和協力	風地觀 靜觀明理 思索反省	雷地豫 順時而動 喜悅預備	火地晉 旭日初升 向上進展	澤地萃 聚集茂盛 安居和順	天地否 閉塞黑暗 陰陽不調
艮（山）	地山謙 謙虛忍讓 兼顧他人	艮為山 重重阻礙 靜止自守	水山蹇 進退維谷 艱難險阻	風山漸 循序漸進 積小成大	雷山小過 陰順陽困 萬物復甦	火山旅 星火燎原 遷動不安	澤山咸 相互感應 和合喜悅	天山遯 逃避隱遁 遷善遠惡
坎（水）	地水師 勞師動眾 爭戰難安	山水蒙 蒙昧閉塞 啟蒙充電	坎為水 艱難危險 激流陷阱	風水渙 渙散受挫 順水行舟	雷水解 消散解困 萬物復甦	火水未濟 未來有變 憂中望喜	澤水困 艱難困苦 守己待時	天水訟 爭執訴訟 相違不親
巽（風）	地風升 上升通達 發展和順	山風蠱 事物腐敗 改革積弊	水風井 辛勞付出 守靜安常	巽為風 聽命順從 上行下效	雷風恒 經長恆久 安定之象	火風鼎 調和鼎鼐 協力支持	澤風大過 負荷過重 本末俱弱	天風姤 不期而遇 陰長陽衰
震（雷）	地雷復 生機復萌 反復往來	山雷頤 頤養身心 謹言節食	水雷屯 艱辛困苦 難以伸展	風雷益 積極增益 奮發圖強	震為雷 震驚激動 奮發圖強	火雷噬嗑 咬斷梗物 懲治惡人	澤雷隨 亦步亦趨 隨從和順	天雷无妄 純真至誠 天災意外

三、易經六十四卦組合法

羅經六十四卦又稱為「易盤」，由內外盤六十四卦所組合而成，而六十四卦卻是由「河圖」與「洛書」演繹而來。

易經風水的基礎乃是建立於三個系統，「河圖、洛書、八卦」，三者合而為一謂之「圖書之學」。

1、河圖

伏羲是我國傳說中的三王五帝之一，在他為王的時代，就對日月星辰、氣候天象、草木興衰等等有很深的觀察與認識。直到有一天，黃河中忽然躍出了「龍馬」，也就在此時，他發現龍馬身上的圖案，與自己一直觀察萬物「意象」完全神合，於是伏羲運用龍馬身上的圖案，與自己的觀察，將之繪成圖案叫做河圖（如圖所示）。

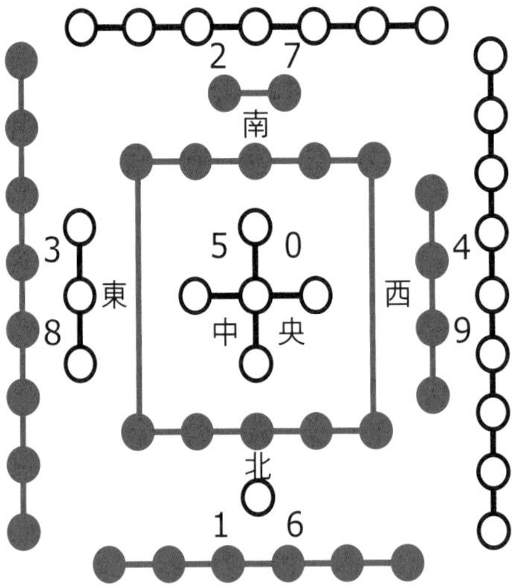

將五行配上河圖：

一、六在北共宗水（天一生壬水、地六癸水成之）。

二、七在南同道火（地二生丁火、天七丙火成之）。

三、八在東為朋木（天三生甲木、地八乙木成之）。

四、九在西為友金（地四生辛金、天九庚金成之）。

五、十居中同途土（天五生戊土、地十己土成之）。

圖中白點為陽，紅點為陰，其每個方位的數字相差數皆為五。除了中央土五、十之外，不管陽數或陰數皆為順時針轉向，表示五行相生依序為：一、六北方水生三、八東方木；三、八東方木生二、七南方火；二、七南方火生五、十中央土；五、十中央土生四、九西方金；四、九西方金生一、六北方水。此河圖為伏羲先天八卦之根源，其順序皆為陰陽相配、相生始能生成。

2、洛書

自伏羲發現河圖，經過了八百年左右，當時洪水氾濫成災，百姓叫苦連天，於是大禹銜命治水，且當時剛新婚，卻數次經過家門而不入，其悲天憫人、因公忘私、無悔無怨的胸懷，當今還是為後代世人所津津樂道。當時大禹始終找不到治水的良策，後來他發現一隻神龜出現在洛水，背上甲裂成紋繪成圖案叫做洛書（如圖所示）。

此乃所謂：「載九履一，左三右七，二四為肩，六八為足，五居腹中。」

白點為陽，紅點為陰，除五之外，陽數一（北方）、三（東方）、七（西方）、九（南方）在四正方；陰數二（西南方）、四（東南方）、六（西北方）、八（東北方）在四隅方。

洛書由逆向轉序為相剋：一、六水剋二、七火；二、七火剋四、九金；四、九金剋三、八木；三、八木剋中央土五；中央土五剋一、六水。

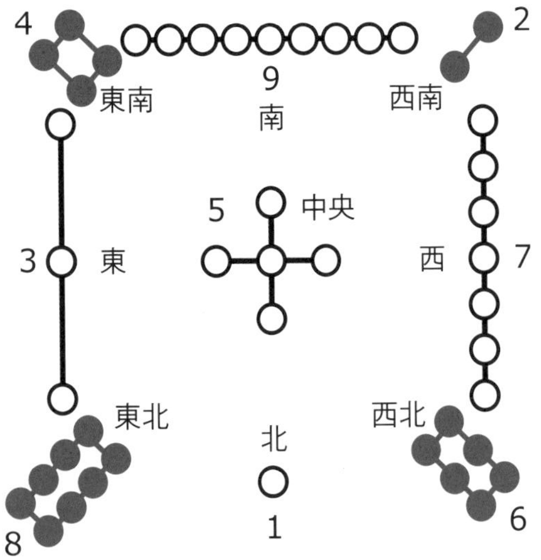

3、八卦

八卦有先天八卦（配河圖）與後天八卦（配洛書）。研究地理風水，必須要將先後天八卦圖的方位與洛數熟記。

伏羲先天八卦圖

《先天八卦圖》

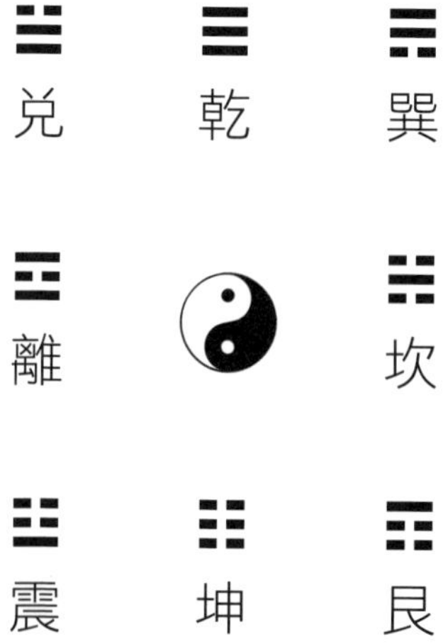

伏羲後天八卦圖

《後天八卦圖》

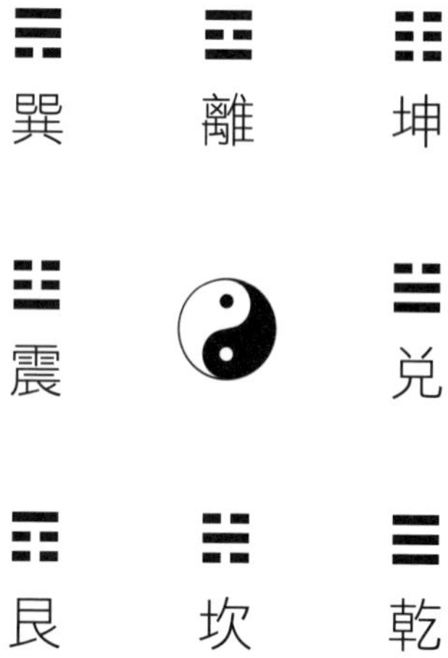

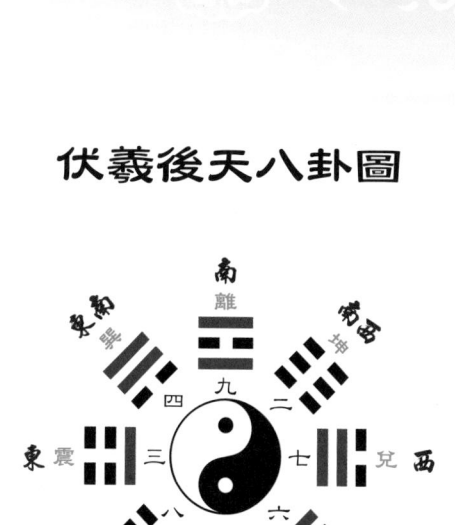

四、六十四卦運配九星

大運一、三、五、七、九為陽卦運；二、四、六、八運為陰卦運。

卦運（九星）	六十四卦名
1運（貪狼）	乾、兑、離、震、巽、坎、艮、坤。
2運（巨門）	壯、睽、革、妄、觀、蹇、蒙、升。
3運（祿存）	需、孚、夷、頤、晉、小過、訟、大過。
4運（文曲）	大畜、臨、家、屯、萃、遯、解、鼎。
5運（廉貞）	五中獨一局。
6運（武曲）	夬、履、豐、嗑、剝、謙、渙、井。
7運（破軍）	有、妹、同、隨、比、漸、師、蠱。
8運（左輔）	小畜、節、賁、復、豫、旅、困、姤。
9運（右弼）	泰、損、既、益、否、咸、未、恆。

根據圖表所示，卦運專論氣運，以坐山為論。

例一：子山午向（剝6、坤1、復8、頤3）。

剝6（山地剝），六運發；坤1（坤為地），一運發；復8（地雷復），八運發；頤3（山雷頤），三運發。

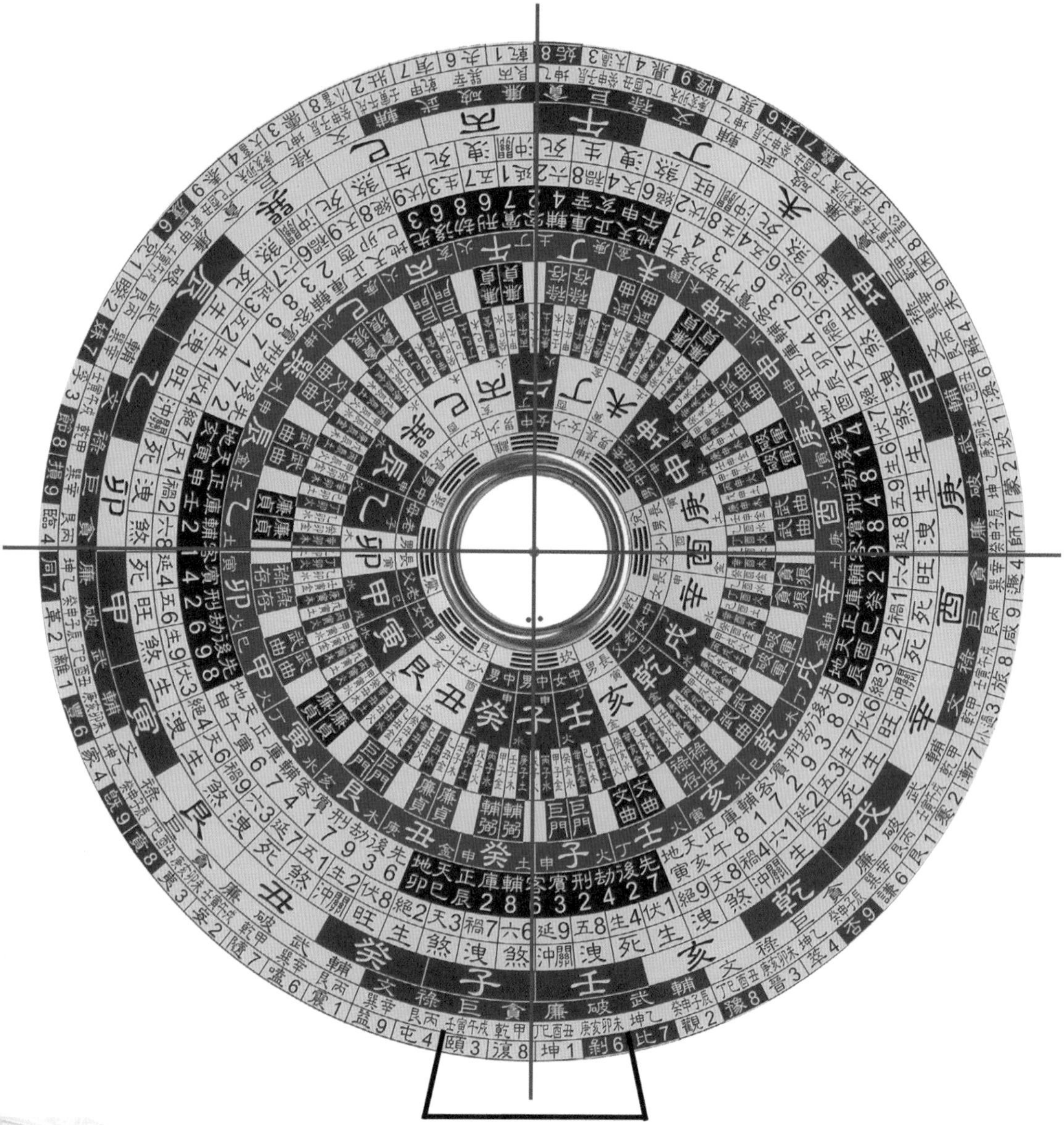

例二：卯山酉向（革2、同7、臨4、損9）。

革2（澤火革），二運發；同7（天火同人），七運發；

臨4（地澤臨），四運發；損9（山澤損），九運發。

例三：戌山辰向（漸7、蹇2、艮1）。

漸7（風山漸），七運發；蹇2（水山蹇），二運發；

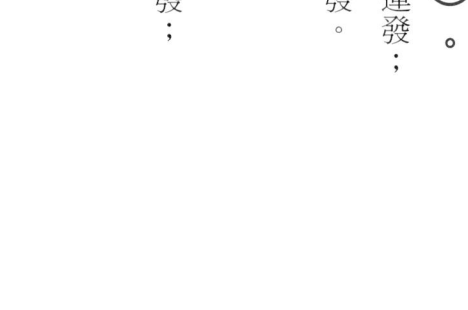

艮1（艮為山），一運發。

第拾伍層

抽爻換象盤（三百八十四爻）

這一層可直接看出從各方位來的水或出水口是吉是凶可直接看出。

一、何謂「卦象」與「卦氣」

此層標示有易經六十四卦「卦象」及「卦氣」，這是由第「14層」的「卦名」與「卦運」演繹而來。其間的變化，在「六十四卦卦運抽爻換象解析」當中，會有非常詳細的說明。

例一：子山午向。

坐山	☶ 6	☷ 1	☷ 1	☶ 6
立向	☱ 4	☰ 9	☰ 9	☱ 4

「卦象」：艮覆碗（☶）、坤六斷（☷）、坤六斷（☷）、艮覆碗（☶）、兌上缺

第拾伍層

抽爻換象盤（三百八十四爻）

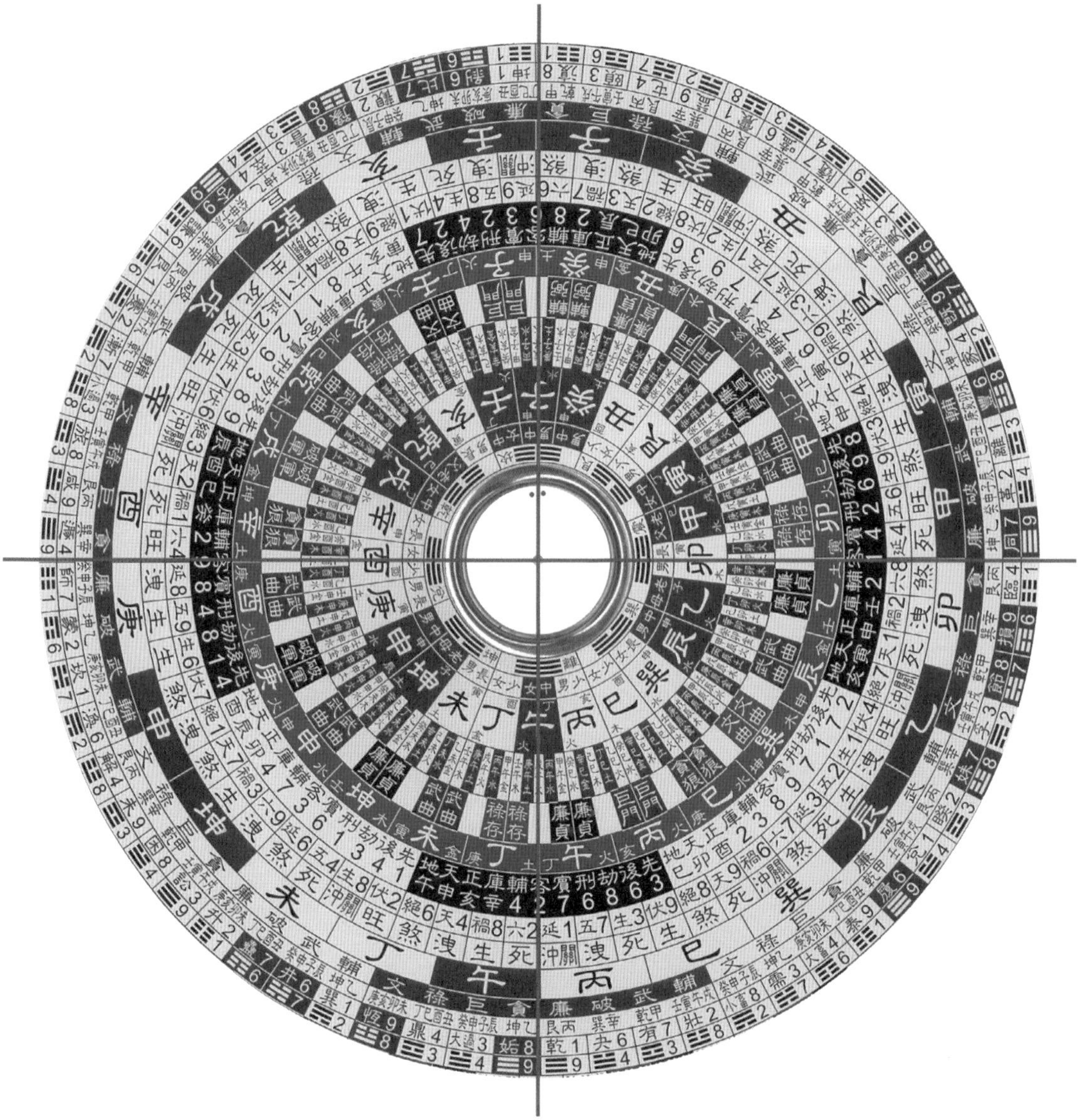

（☱）、乾三連（☰）、乾三連（☰）、兌上缺（☱）。

「卦氣」：6、1、1、6、4、9、9、4。

例二：艮山坤向。

坐山	☶ 6	☷ 1	☰ 9	☱ 4
立向	☱ 4	☰ 9	☷ 1	☶ 6

「卦象」：艮覆碗（☶）、坤六斷（☷）、乾三連（☰）、兌上缺（☱）、兌上缺（☱）、乾三連（☰）、坤六斷（☷）、艮覆碗（☶）。

「卦氣」：6、1、9、4、4、9、1、6。

例三：卯山酉向。

坐山	☶ 6	☷ 1	☰ 9	☱ 4
立向	☱ 4	☰ 9	☷ 1	☶ 6

「卦象」：艮覆碗（☶）、坤六斷（☷）、乾三連（☰）、兌上缺（☱）、兌上缺（☱）、乾三連（☰）、坤六斷（☷）、艮覆碗（☶）。

「卦氣」：6、1、9、4、4、9、1、6。

第拾伍層

抽爻換象盤（三百八十四爻）

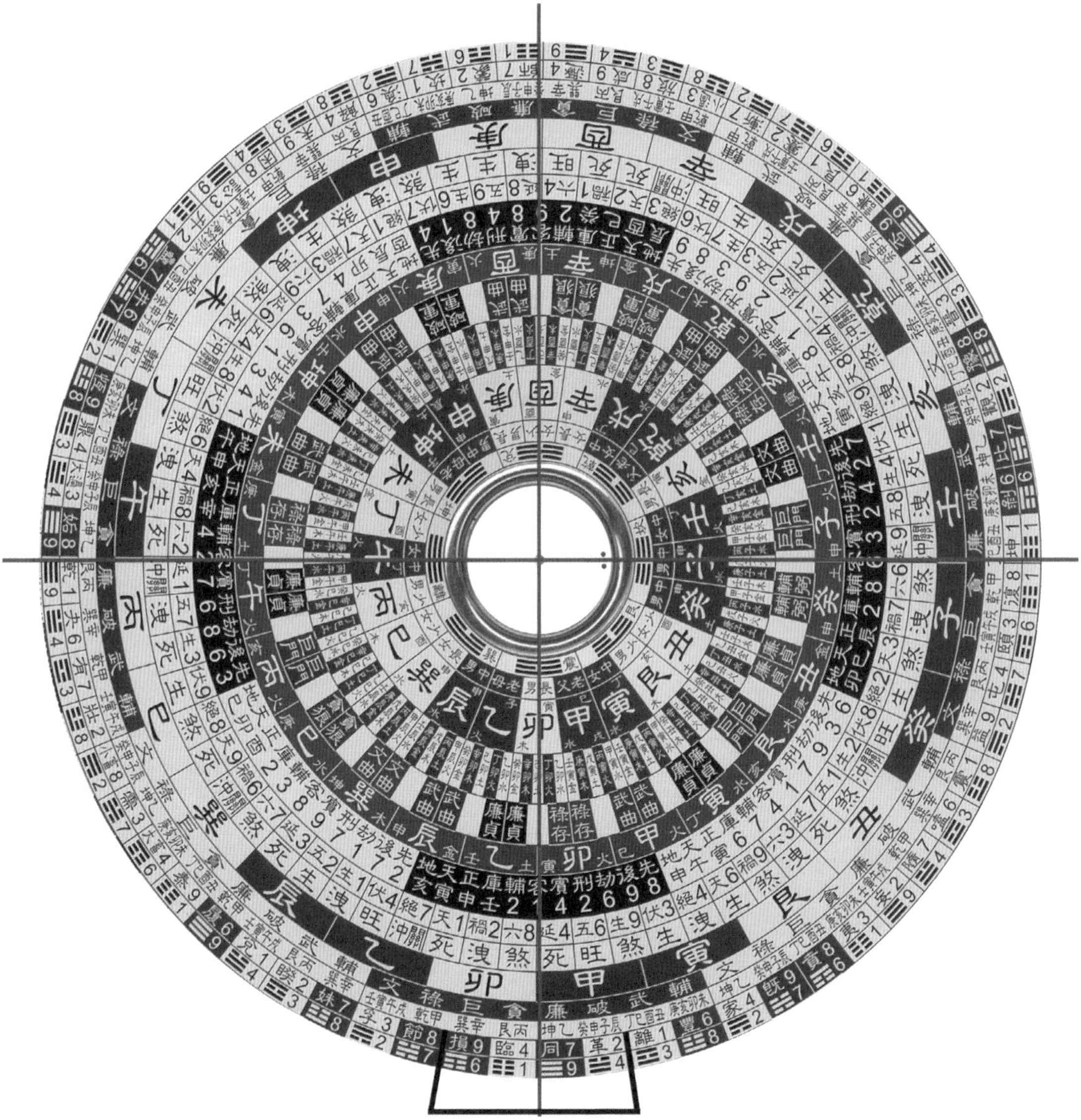

二、六十四卦卦運抽爻換象解析

第「14層」卦運，經過抽爻換象演繹，如何成為第「15層」卦象與卦氣。首先必須了解先天八卦（配河圖）與後天八卦（配洛書）的八卦方位與洛數，才能了解其變化的過程與原理，以下為介紹運用的方法。

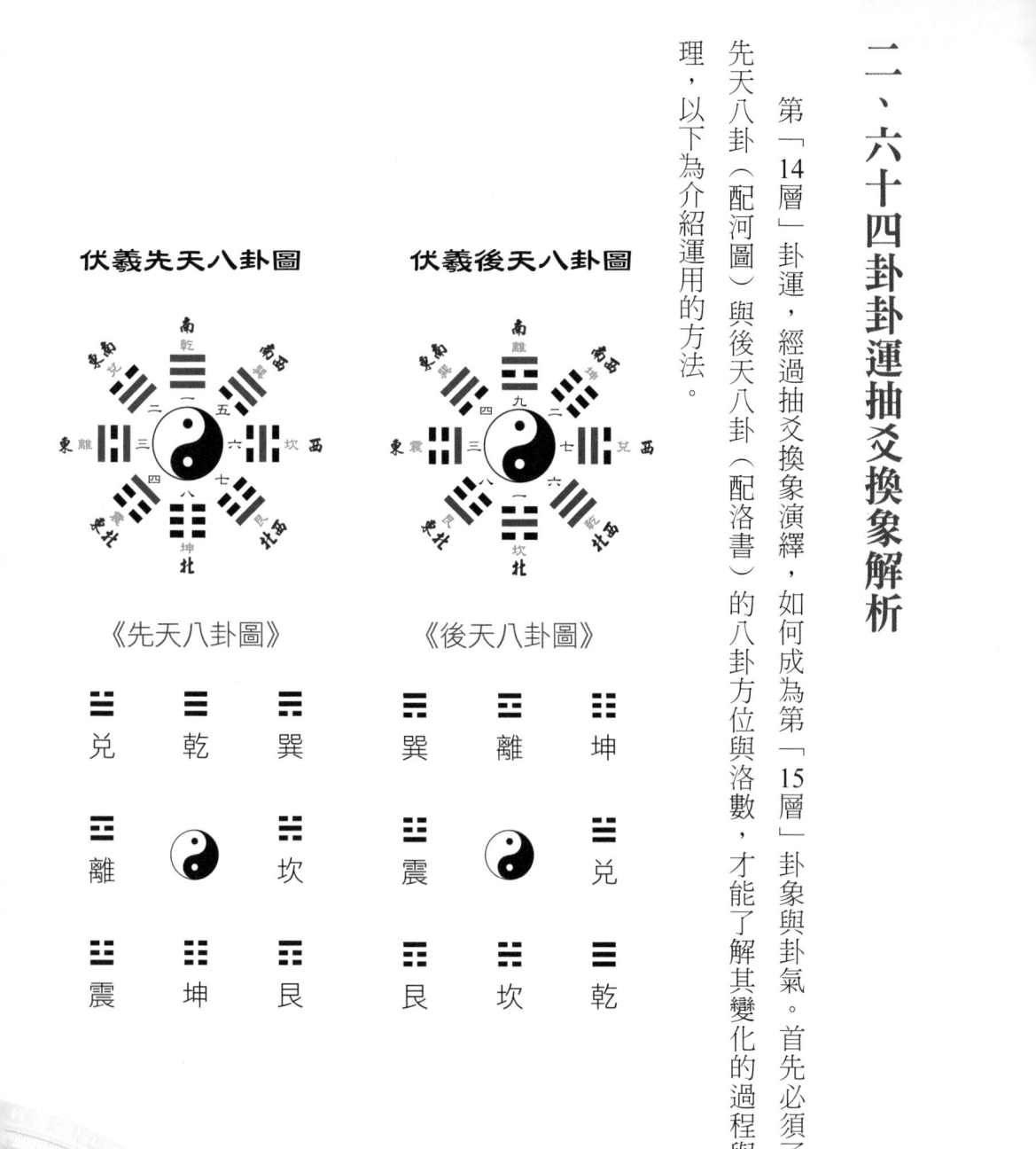

伏羲先天八卦圖

伏羲後天八卦圖

《先天八卦圖》

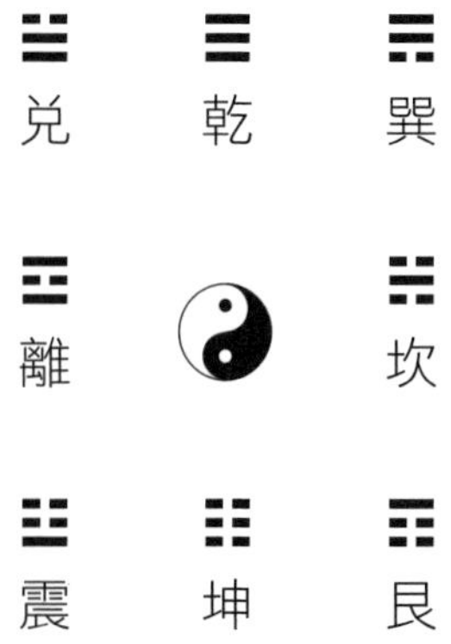

《後天八卦圖》

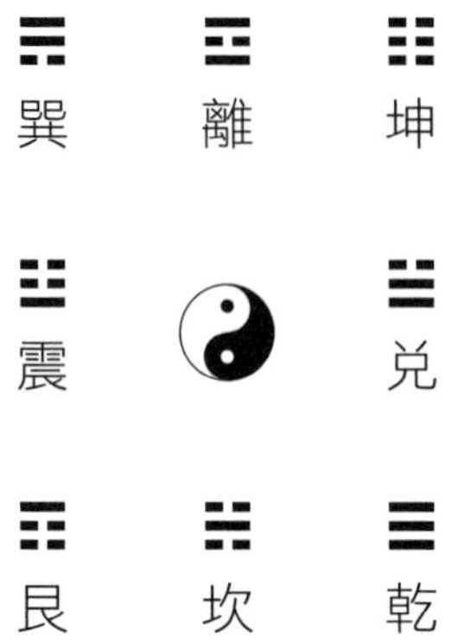

將第「14層」每卦卦運的「初爻與四爻」、「二爻與五爻」、「三爻與上爻」做比對，經過抽爻換象之後，即成為第「15層」的卦象與卦氣。

以「初爻與四爻」、「二爻與五爻」、「三爻與上爻」做比對，上爻配下爻產生的幾種現象：

1、陽爻配陽爻＝「陽爻」。
2、陽爻配陰爻＝「陽爻」。
3、陰爻配陰爻＝「陰爻」。
4、陰爻配陽爻＝「陰爻」。

例一：壬山丙向【觀2】。

1、「風地觀」卦的演繹過程及結果如圖檔所示：
「三爻與上爻」：上爻為陽、三爻為陰，陽爻配陰爻＝「陽爻」。
「二爻與五爻」：五爻為陽、二爻為陰，陽爻配陰爻＝「陽爻」。
「初爻與四爻」：四爻為陰、初爻為陰，陰爻配陰爻＝「陰爻」。
陽、陽、陰，得其「卦象」＝巽下斷→【☴】。

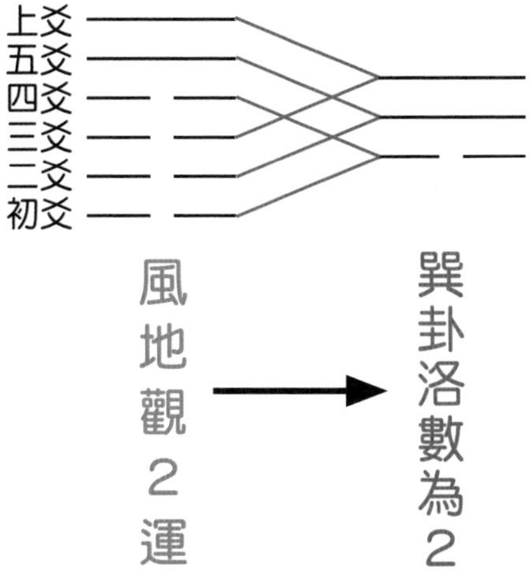

2、先天巽卦的後天方位在「坤」卦西南方，得其後天洛數「卦氣」→2，經過抽爻換象之後，「卦象」與「卦氣」演繹成為【☷2】。

例二：壬山丙向【比7】。

1、「水地比」卦的演繹過程及結果如圖檔所示：

「三爻與上爻」：上爻為陰、三爻為陰，陰爻配陰爻＝「陰爻」。

「二爻與五爻」：五爻為陽、二爻為陰，陽爻配陰爻＝「陽爻」。

「初爻與四爻」：四爻為陰、初爻為陰，陰爻配陰爻＝「陰爻」。

陰、陽、陰，得其「卦象」＝坎中滿→【☵】。

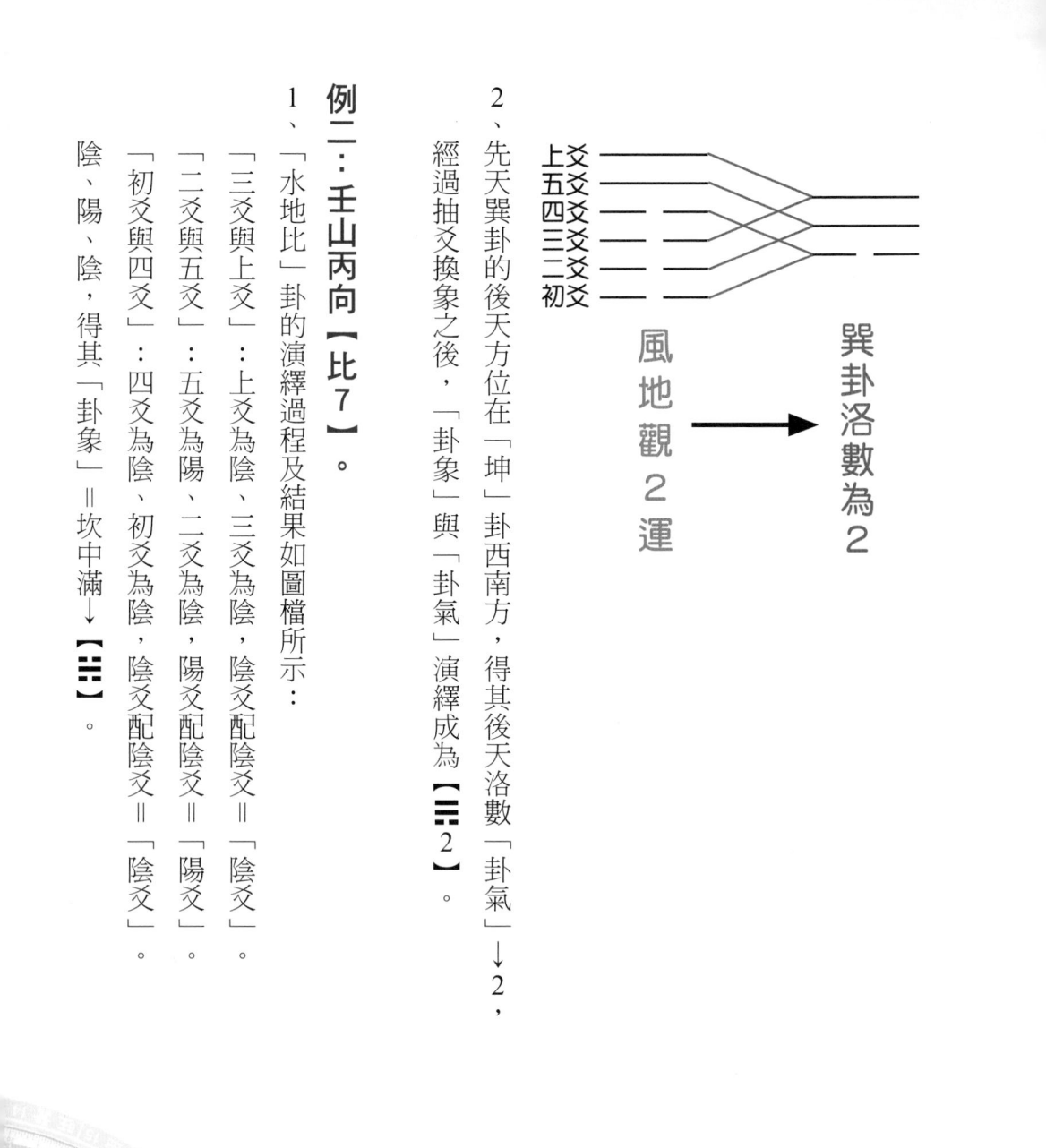

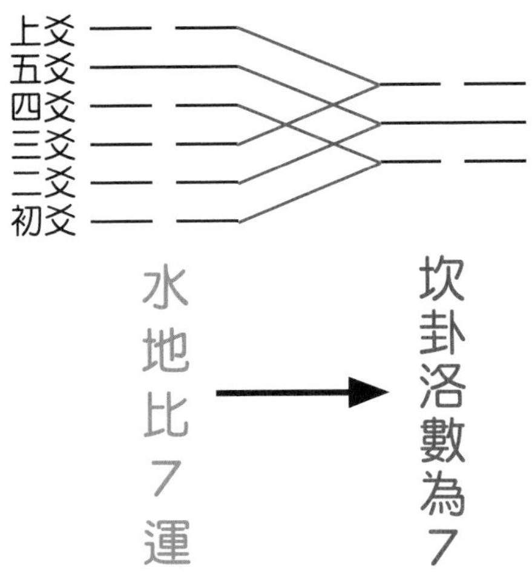

2、先天坎卦的後天方位在「兌」卦西方，得其後天洛數「卦氣」↓7，經過抽爻換象之後，「卦象」與「卦氣」演繹成為【䷇7】。

例三：癸山丁向【頤3】。

1、「山雷頤」卦的演繹過程及結果如圖檔所示：

「三爻與上爻」：上爻為陽、三爻為陰，陽爻配陰爻＝「陽爻」。

「二爻與五爻」：五爻為陰、二爻為陰，陰爻配陰爻＝「陰爻」。

「初爻與四爻」：四爻為陰、初爻為陽，陰爻配陽爻＝「陰爻」。

陽、陰、陰，得其「卦象」＝艮覆碗↓【䷖】。

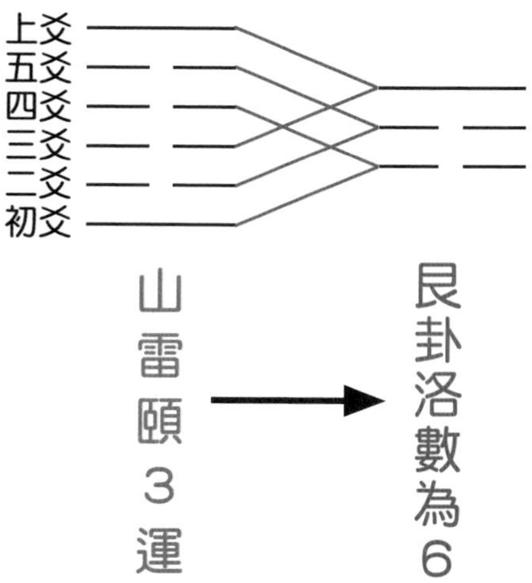

2、先天艮卦的後天方位在「乾」卦西北方，得其後天洛數「卦氣」→6，經過抽爻換象之後，「卦象」與「卦氣」演繹成為【☶6】。

例四：丑山未向【嗑6】。

1、「火雷噬嗑」卦的演繹過程及結果如圖檔所示：

「三爻與上爻」：上爻為陽、三爻為陰，陽爻配陰爻＝「陽爻」。

「二爻與五爻」：五爻為陰、二爻為陰，陰爻配陰爻＝「陰爻」。

「初爻與四爻」：四爻為陽、初爻為陽，陽爻配陽爻＝「陽爻」。

陽、陰、陽，得其「卦象」＝離中虛→【☲】。

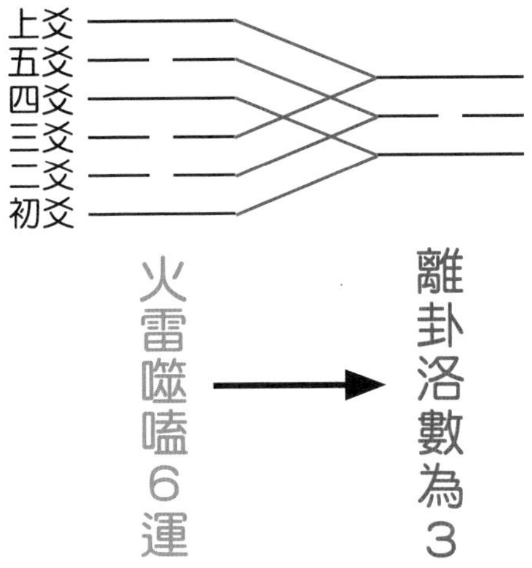

2、先天離卦的後天方位在「震」卦東方，得其後天洛數「卦氣」→3，經過抽爻換象之後，「卦象」與「卦氣」演繹成為【☲3】。

三、六十四卦運分配法

上元甲子管一白坎、二黑坤、三碧震，共六十年。
中元甲子管四綠巽、五黃中、六白乾，共六十年。
下元甲子管七赤兌、八白艮、九紫離，共六十年。
但是正確的地理之學及零正法配合，上元運為一、二、三、四運，下元運為六、七、

八、九運，中元運為五運中獨一局。每運為二十年，三元九運合計為一百八十年，九運走完再接回一運，如此循環不已。

卦運分配法：

上元運合計有十六卦可用：坤、巽、離、兌、觀、睽、革、升、晉、中孚、明夷、大過、臨、萃、鼎、家人，卦用之大吉。

上元運合計有十六卦勿用：剝、豐、履、井、比、歸妹、同人、蠱、姤、賁、節、豫、否、損、既濟、恆，卦用之大凶。

下元運合計有十六卦可用：剝、豐、履、井、比、歸妹、同人、蠱、姤、賁、節、豫、否、損、既濟、恆，卦用之大凶。

下元運合計有十六卦勿用：坤、巽、離、兌、觀、睽、革、升、晉、中孚、明夷、大過、臨、萃、鼎、家人，卦用之大凶。

上下元運三十二卦吉凶參半：乾、艮、坎、震、大壯、蹇、旡妄、需、小過、訟、頤、遯、大畜、屯、解、夬、謙、渙、噬嗑、大有、漸、師、隨、復、困、旅、小畜、泰、咸、未濟、益、蒙，卦用之吉凶參半。

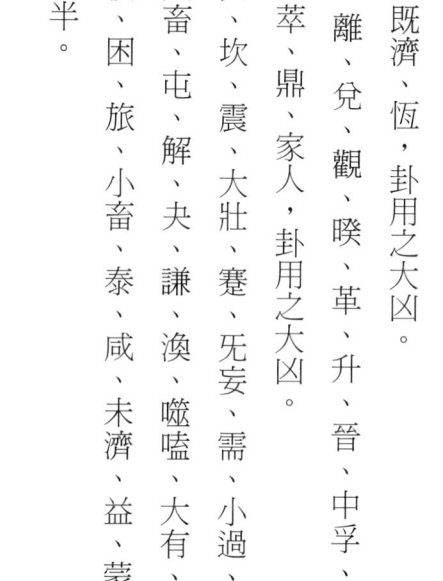

例一：庚山甲向。

14層	蒙2	坎1	渙6
15層	☶6	☵7	☴2

1、【蒙2】適合上元運；【☶6】適合下元運，為吉凶參半之卦位。

2、【坎1】適合上元運；【☵7】適合下元運，為吉凶參半之卦位。

3、【渙6】適合下元運；【☴2】適合上元運，為吉凶參半之卦位。

例二：乾山巽向。

14層	萃4	否9	謙6	艮1
15層	☱4	☰9	☷1	☶6

1、【萃4】適合上元運；【☱4】適合上元運，為上元運可用之卦位。

2、【否9】適合下元運；【☰9】適合下元運，為下元運可用之卦位。

3、【謙6】適合下元運；【☷1】適合上元運，為吉凶參半之卦位。

4、【艮1】適合上元運；【☶6】適合下元運，為吉凶參半之卦位。

例三：壬山丙向。

14層	剝6	比7	觀2
15層	䷖6	䷇7	䷓2

1、【剝6】適合下元運；【䷖6】適合下元運，為下元運可用之卦位。

2、【比7】適合下元運；【䷇7】適合下元運，為下元運可用之卦位。

3、【觀2】適合上元運；【䷓2】適合上元運，為上元運可用之卦位。

抽爻換象盤（三百八十四爻）

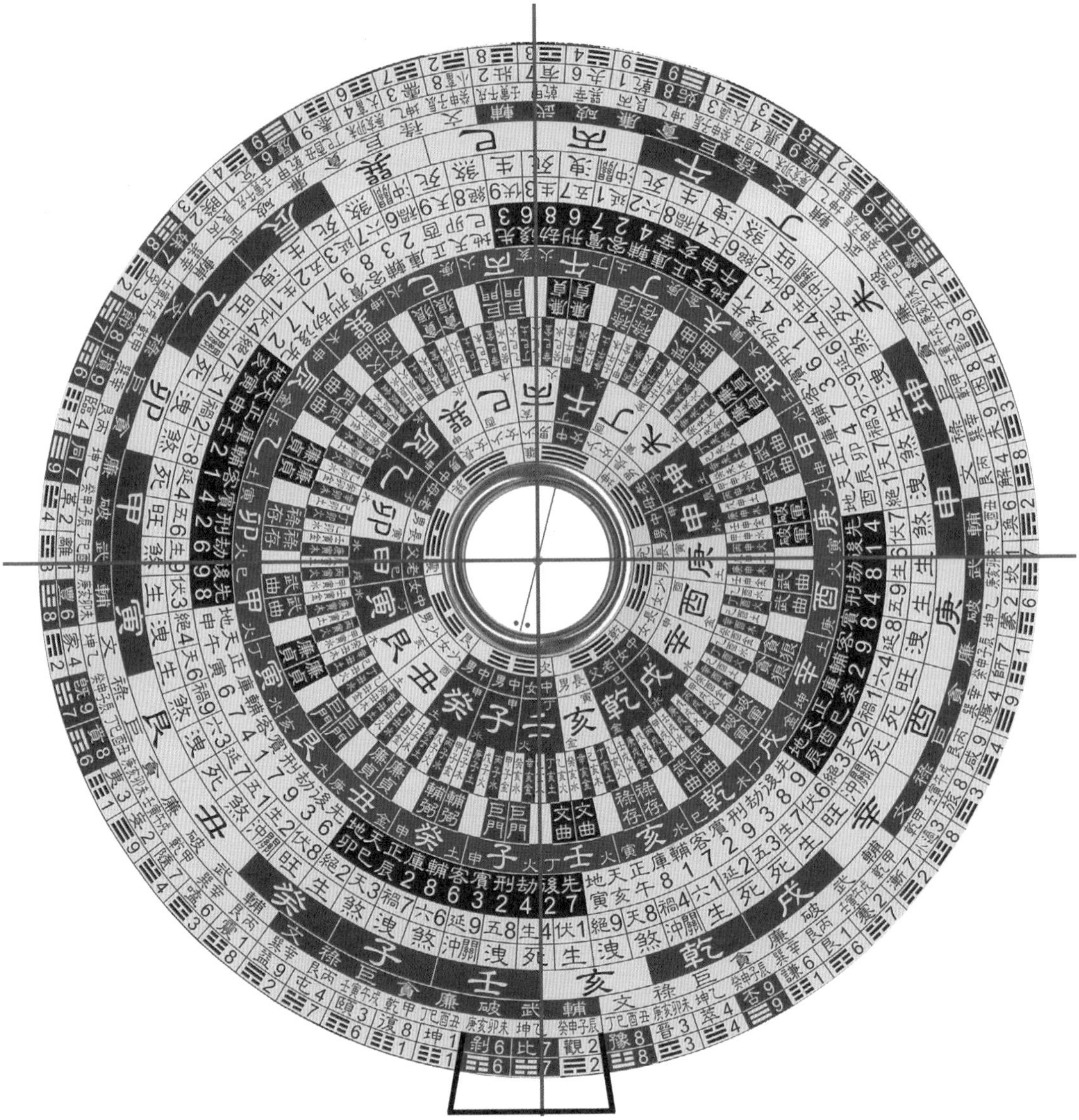

四、易經堪輿應用法

易經堪輿法是依據「來龍、坐山、立向、水口」，與卦運和卦氣配合的堪輿術。

正神與零神：

正神為當運的旺神，如八運以8為正神、九運以9為正神；零神為失運的衰神，如八運以2為零神、九運以1為零神。據此而知逢1、2、3、4，於上元運為旺神，下元運為衰神；逢6、7、8、9，於上元運為衰神，下元運為旺神。是故正神與零神的關係是「合十」，亦即當運的旺神不宜見水，失運的衰神以見水為佳。

來龍、立向與坐山、水口：

「來龍、立向」要以當運旺神為用；而「坐山、水口」要以失運衰神為用，此為「易經堪輿法」之真訣。

舉凡洛數逢1、2、3、4，在上元運用於「來龍、立向」，在下元運則用於「坐山、水口」；反之，洛數逢6、7、8、9，在上元運用於「坐山、水口」，在下元運則用於「來龍、立向」。

簡而言之，凡是「來龍」入首是在1、2、3、4，就要「立向」於1、2、3、4；而用6、7、8、9的「坐山」與6、7、8、9的「水口」。反之，凡是「來龍」入首是在6、7、8、9，就要「立向」於6、7、8、9；而用1、2、3、4的「坐山」與1、2、3、4的「水口」，此為三元不敗之局。

易經堪輿法之三大格局：

1、合生成局

河圖生成局為：「1、6共宗水」、「2、7同道火」、「3、8為朋木」、「4、9為友金。」所指的合生成局是「來龍與坐山」、「立向與水口」都要合此生成之數。

例一：壬山丙向。「坐山：山地剝」、「立向：澤天夬」、「來龍：子山坤為地」、「水口：午山乾為天」。

卦運與卦氣	坐山	立向	來龍	水口
14層	剝6	夬6	坤1	乾1
15層	䷖6	䷪4	䷁1	䷀9

坐山與來龍洛數為「6、1」，合生成局。
立向與水口洛數為「4、9」，合生成局。
坐山與立向卦運為「6」，來龍與水口卦運為「1」，合生成局。
坐山與來龍洛數為「6、1」，立向與水口洛數為「4、9」，皆合生成局。
坐山與水口卦運為「6、1」，來龍與立向卦運為「1、6」，皆合生成局。

例二：艮山坤向。「坐山：地火明夷」、「立向：天水訟」、「來龍：寅山山火賁」、「水口：申山澤水困」。

卦運與卦氣	坐山	立向	來龍	水口
14層	夷3	訟3	賁8	困8
15層	☷1	☰9	☵6	☱4

坐山與來龍洛數為「1、6」，合生成局。
立向與水口洛數為「9、4」，合生成局。
坐山與立向卦運為「3」，來龍與水口卦運為「8」，合生成局。
坐山與來龍洛數為「1、6」，立向與水口洛數為「9、4」，皆合生成局。
坐山與水口卦運為「3、8」，來龍與立向卦運為「8、3」，皆合生成局。

2、俱合十局

俱合十局指的是：「1、9天地定位局」、「2、8雷風相薄局」、「3、7水火不相射局」、「4、6山澤通氣局」等合十局。應用於「來龍與立向」、「坐山與水口」的洛數皆要合十。

亦即上元運的「來龍與立向」的洛數在1、2、3、4，則「坐山與水口」的洛數要在9、8、7、6；反之，下元運的「來龍與立向」的洛數在6、7、8、9，則「坐山與水口」的洛數要在4、3、2、1。

除了洛數合十之外，卦運也要合十。以坐山及立向為主，要與來龍及水口的卦運合十，方能成局。

例一：申山寅向。「坐山：雷水解」、「立向：風火家人」、「來龍：庚山風水渙」、「水口：甲山雷火豐」。

卦運與卦氣	14層	15層
坐山	解4	8
立向	家4	2
來龍	渙6	2
水口	豐6	8

坐山與立向洛數為「8、2」，合十局。
來龍與水口洛數為「2、8」，合十局。
坐山與立向卦運為「4」，來龍與水口卦運為「6」，合十局。
坐山與來龍洛數為「8、2」，卦運為「4、6」，皆合十局。
立向與水口洛數為「2、8」，卦運為「4、6」，皆合十局。

例二：丁山癸向。「坐山：火風鼎」、「立向：水雷屯」、「來龍：未山水風井」、「水口：丑山火雷噬嗑」。

卦運與卦氣	坐山	立向	來龍	水口
14層	鼎4	屯4	井6	嗑6
15層	3	7	7	3

坐山與立向洛數為「3、7」，合十局。
來龍與水口洛數為「7、3」，合十局。
坐山與立向卦運為「4」，來龍與水口卦運為「6」，合十局。
坐山與來龍洛數為「3、7」，卦運為「4、6」，皆合十局。
立向與水口洛數為「7、3」，卦運為「4、6」，皆合十局。

3、一卦純清局

要符合一卦純清局，必須要具備下列條件：

「坐山、立向、來龍、水口」都要在當旺的同一個卦運。

洛數要合生成之數，如合成「五、十、十五」。

「來龍與立向」一組，宜當令為旺；「坐山與水口」一組，宜衰囚為旺。

（以八運為例：「來龍與立向」洛數要在6、7、8、9；「坐山與水口」洛數則在1、2、3、4）

例一：子山午向。「坐山：地雷復」、「立向：天風姤」、「來龍：山火賁」、「水口：澤水困」。

卦運與卦氣	14層	15層
坐山	復8	1
立向	姤8	9
來龍	賁8	6
水口	困8	4

卦運相同，目前在八運，以「8」合乎「左輔星一卦純清局」。

來龍與坐山洛數為「6、1」，合生成局。

來龍與立向洛數為「6、9」，合十五局。
立向與水口洛數為「9、4」，合生成局。
來龍與立向洛數為「6、9」當令；坐山與水口洛數為「1、4」衰囚，各自同在元運內。

例二：卯山酉向。「坐山：地澤臨」、「立向：天山遯」、「來龍：山天大畜」、「水口：澤地萃」。

卦運與卦氣	坐山	立向	來龍	水口
14層	臨4	遯4	大畜4	萃4
15層	䷒1	䷠9	䷙6	䷬4

卦運相同，以「4」合乎「文昌星一卦純清局」。
來龍與坐山洛數為「6、1」，合生成局。
來龍與立向洛數為「6、9」，合十五局。
立向與水口洛數為「9、4」，合生成局。
來龍與立向洛數為「6、9」當令；坐山與水口洛數為「1、4」衰囚，各自同在元運內。

來龍、立向與坐山、水口吉凶斷訣：

「來龍、立向」要以當運旺神為用，失運為衰；而「坐山、水口」要以失運衰神為用，當運為衰，此為「易經堪輿法」之真訣。

如「來龍與立向」合局，而「水口」不合者，會有退運及財丁兩敗的現象，應驗時間在「水口」之位。以三合、填實、吊沖之法推之，如「水口」在寅，則申、寅午戌年發凶。

若「立向與水口」合局，而「來龍」不合者，會有不利人丁、衰亡敗絕的現象，應驗時間在「來龍」之位。以三合、填實、吊沖之法推之，如「來龍」在申，則寅、申子辰年發凶。

第拾陸層
三元玄空（六、七、八、九運）

這一層可明確的看出各大運各房子的各方位之好壞組合及佈局。

一、玄空之三元九運概述

三元玄空分為上元、中元、下元，每一元為六十年，稱為大運。三元共為一百八十年，在每元的六十年當中，又分為三運，所以總共是九運，每運二十年，稱為小運。而每運二十年期間，佐以北斗七星之輪值，形成了九宮星運，如圖表所示：

第拾陸層

三元玄空（六、七、八、九運）

三元九運表（以立春交時）

三元	天干地支	年代	九運	輪值星	九宮	五行	方位	24山
上元60年	甲子—癸未 甲申—癸卯 甲辰—癸亥	同治03年—光緒09年 光緒10年—光緒29年 光緒30年—民國12年	一運 二運 三運	貪狼星 巨門星 祿存星	一白 二黑 三碧	坎水 坤土 震木	北方 西南 東方	壬子癸 未坤申 甲卯乙
中元60年	甲子—癸未 甲申—癸卯 甲辰—癸亥	民國13年—民國32年 民國33年—民國52年 民國53年—民國72年	四運 五運 六運	文曲星 廉貞星 武曲星	四綠 五黃 六白	巽木 中土 乾金	東南 中央 西北	辰巽巳 中央 戌乾亥
下元60年	甲子—癸未 甲申—癸卯 甲辰—癸亥	民國73年—民國92年 民國93年—民國112年 民國113年—民國132年	七運 八運 九運	破軍星 左輔星 右弼星	七赤 八白 九紫	兌金 艮土 離火	西方 東北 南方	庚酉辛 丑艮寅 丙午丁

玄空「三元」，是指上元甲子、中元甲子、下元甲子而言，一甲子統六十年，三元共管一百八十年。以洛書九宮之一白坎、二黑坤、三碧震、四綠巽、五黃中、六白乾、七赤兌、八白艮、九紫離來配置，八方和中央合成九方位，分成上元、中元、下元，每一元管三個卦數，因此稱它為「三元九運」。

上元甲子管一白坎、二黑坤、三碧震，共六十年。

中元甲子管四綠巽、五黃中、六白乾，共六十年。

下元甲子管七赤兌、八白艮、九紫離，共六十年。

但是正確的地理之學及零正法配合，上元運為一、二、三、四運，下元運為六、七、八、九運，中元運為五運中獨一局。每運為二十年，三元九運合計為一百八十年，九運走完再接回一運，如此循環不已。

大運：每元運管六十年

上元運	一白水	1864年立春起至1923年立春止
中元運	四綠木	1924年立春起至1983年立春止
下元運	七赤金	1984年立春起至2043年立春止

小運：每卦運管二十年

上元運	一白水	1864年立春起至1883年立春止
	二黑土	1884年立春起至1903年立春止
	三碧木	1904年立春起至1923年立春止

中元運	四綠木	1924年立春起至1943年立春止
	五黃土	1944年立春起至1963年立春止
	六白金	1964年立春起至1983年立春止
下元運	七赤金	1984年立春起至2003年立春止
	八白土	2004年立春起至2023年立春止
	九紫火	2024年立春起至2043年立春止

中宮立極：

三元玄空風水之要在於「中宮立極」，也就是三元九運的上元、中元、下元，以及一白、二黑、三碧、四綠、五黃、六白、七赤、八白、九紫各個元運。

上元甲子～癸未二十年屬於一白運，為「一運」立極；

上元甲申～癸卯二十年屬於二黑運，為「二運」立極；

上元甲辰～癸亥二十年屬於三碧運，為「三運」立極；

中元甲子～癸未二十年屬於四綠運，為「四運」立極；

中元甲申～癸卯二十年屬於五黃運，為「五運」立極；
中元甲辰～癸亥二十年屬於六白運，為「六運」立極；
下元甲子～癸未二十年屬於七赤運，為「七運」立極；
下元甲申～癸卯二十年屬於八白運，為「八運」立極；
下元甲辰～癸亥二十年屬於九紫運，為「九運」立極。

舉例說明：

在離卦中有三山【丙午丁】，其中【丙山】是看中心線右方的六七八九運盤，【午、丁山】是看中心線左方的六七八九運盤，如圖檔所示：

丙山

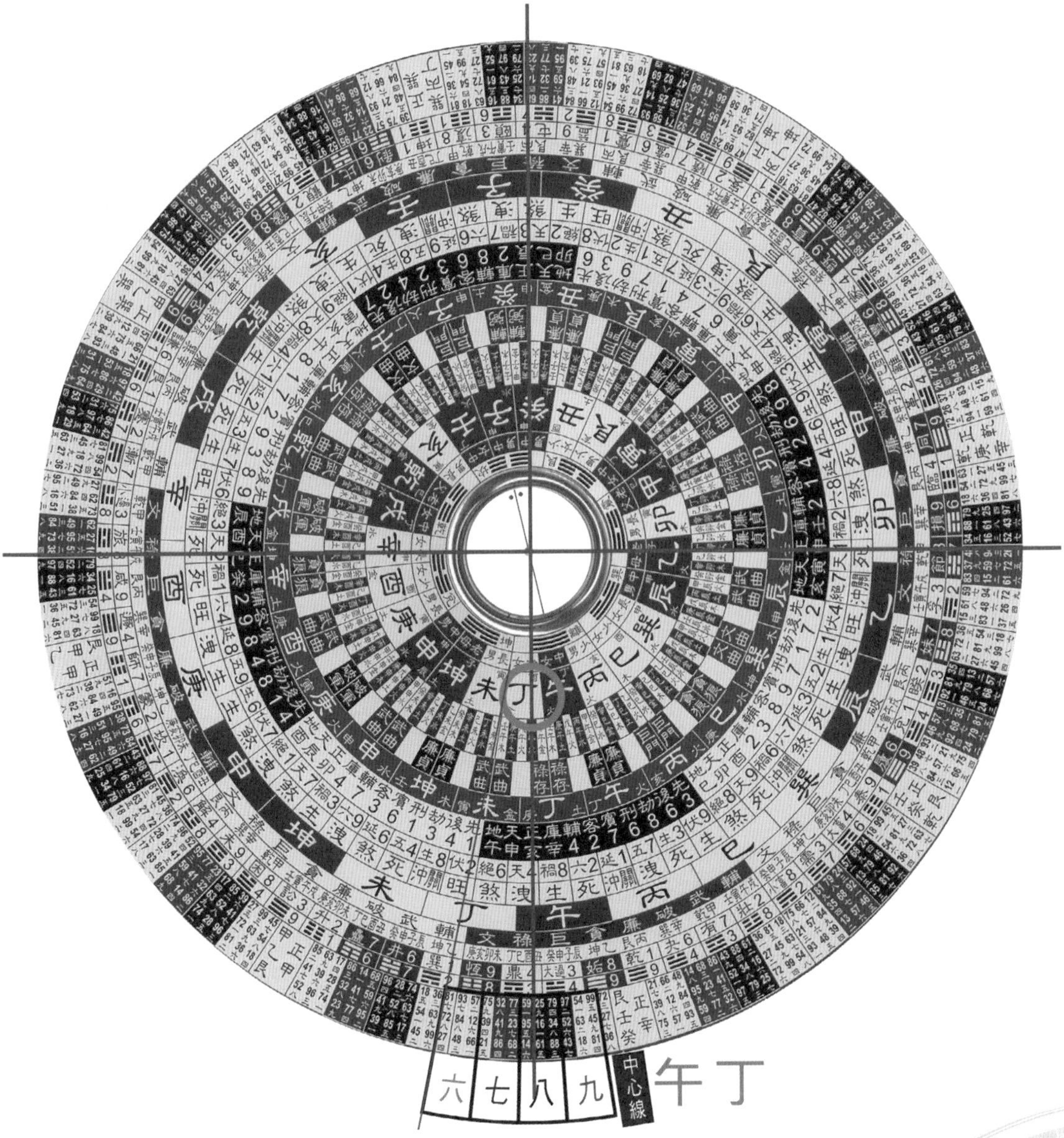
六
七
八
九
中心線
午丁

「立極」就是將此運星，佈入九宮的中央，中央已定之後，便能夠分陰陽順飛或逆飛九星，予以定吉凶。而目前為下元運，屬於「八運」立極，由西元2004年立春起至2023年立春止，共二十年。

七	三	五
六	八	一
二	四	九

二、如何排三元玄空運盤

以元運數代入中宮順飛，天盤無論元運為何一律順飛，飛泊順序由中宮開始→乾宮→兌宮→艮宮→離宮→坎宮→坤宮→震宮→巽宮。

七	三	五
六	八	一
二	四	九

八運就是將「八」代入中宮飛泊

八	四	六
七	九	二
三	五	一

九運就是將「九」代入中宮飛泊

三、山星盤與向星盤排法（下卦圖）

山星與向星之涵義：

1、山星（後山）

包含山巒高峰、土石墩牆、高樓建物、高壓電塔、橋樑、水塔、大樹、廟宇、假山、煙囪等高出地面許多之物。在室內則是指神位、保險箱、運動器材、床位、桌位、櫥櫃、廚房、灶台等重且高大的器物，皆屬山星。

2、水星（明堂）

包含大江海域、溪水河川、埤潭溝渠、深谷壕溝、湖泊、道路等低伏之處。在室內則是指大門氣口、通道、門窗、通風口、電梯、浴廁、魚缸等，皆屬水星。

山星與向星代表的物體要在生氣方、旺氣方為吉。反之，若在退氣方、死氣方、殺氣方者為凶。坐山當山盤，面向當向盤，將天盤八運元運星數代入中宮飛泊（順飛），山盤在左數字為4、向盤在右數字為3（亦即坐4向3入中宮飛泊）。

例如：八運壬山丙向，壬山為坎卦，其天盤為四，取之入中宮當山盤；丙向為離卦，其天盤為三，取之入中宮當向盤。

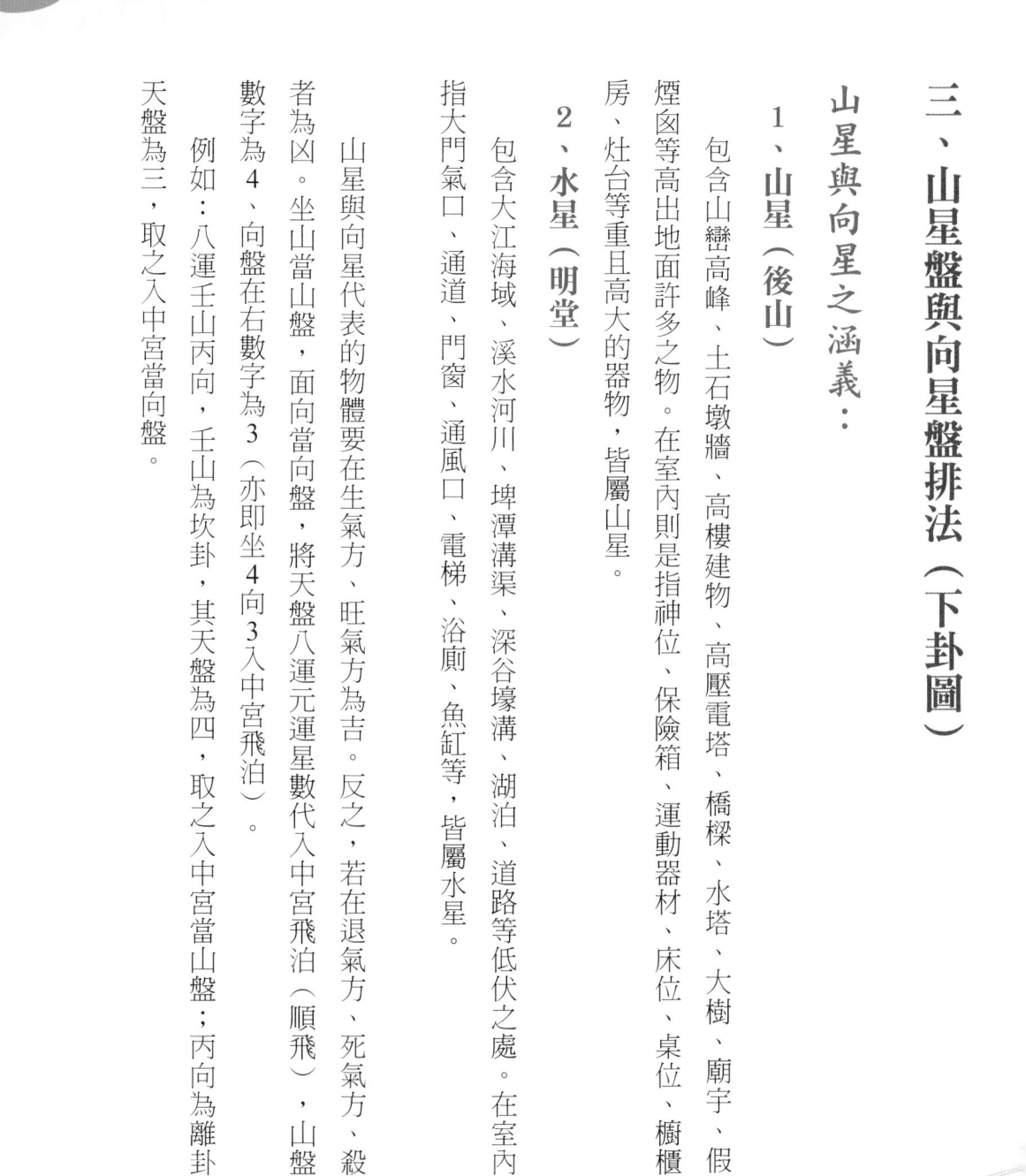

丙向

5 2 七 巽	9 7 三 離	7 9 五 坤
6 1 六 震	4 3 八	2 5 一 兌
1 6 二 艮	8 8 四 坎	3 4 九 乾

壬山

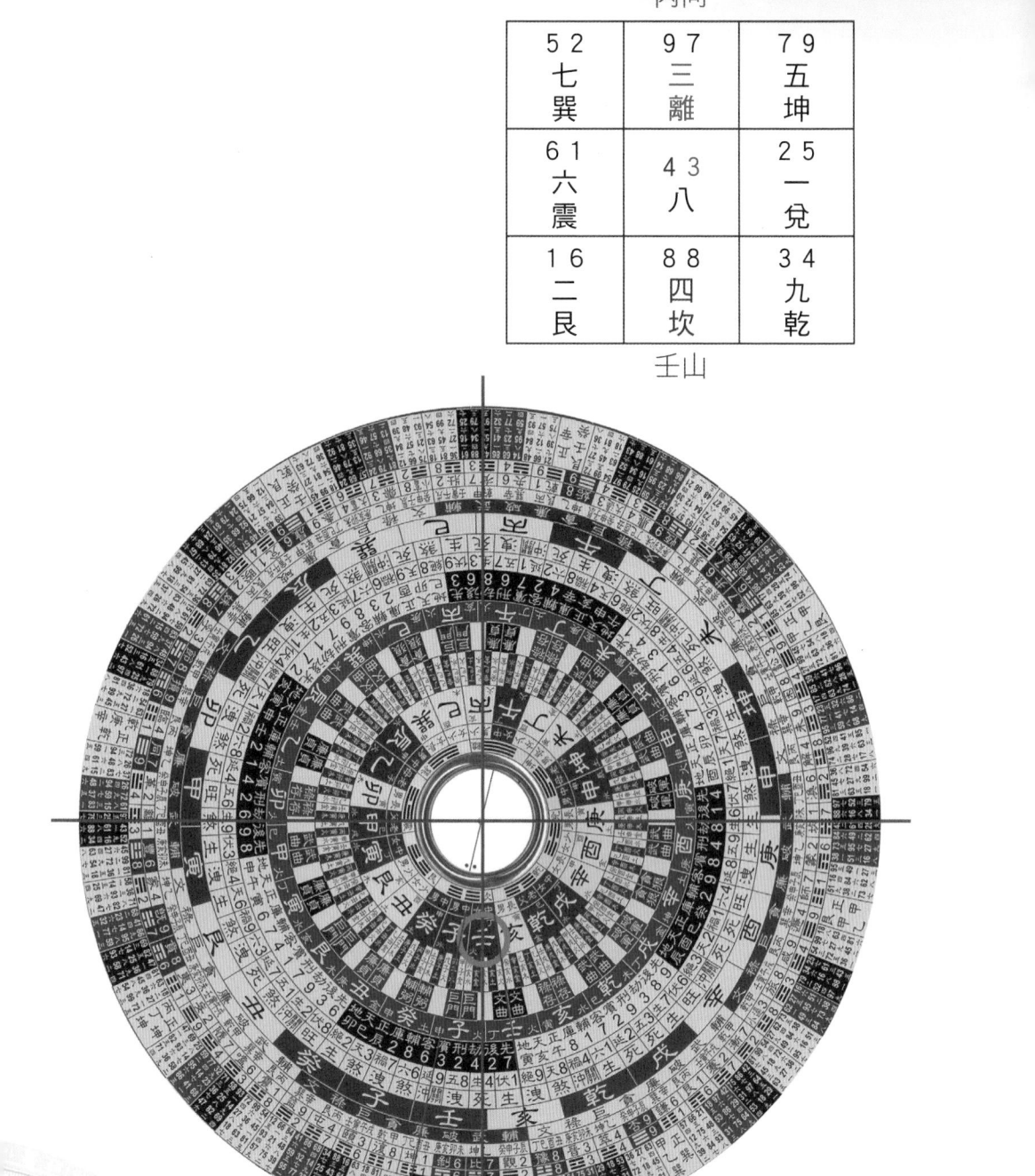

山星與向星之順飛、逆飛星定局公式：

例如：八運壬山丙向為地元龍，壬為「4」入中宮，而4為巽卦，巽卦為辰（地元龍）、巽（天元龍）、巳（人元龍）三山。

壬山為地元龍，對照巽宮的地元龍為「辰」，因為「辰」為陰，故逆飛之如圖所示（中宮4→乾宮3→兌宮2→艮宮1→離宮9→坎宮8→坤宮7→震宮6→巽宮5）。

丙向的「丙」為離卦的地元龍，丙向以「3」入中宮，而3為震卦，震卦有甲（地元龍）、卯（天元龍）、乙（人元龍）三山。

丙向為地元龍，對照震宮的地元龍為「甲」，因為「甲」為陽，故順飛之如圖所示（中宮3→乾宮4→兌宮5→艮宮6→離宮7→坎宮8→坤宮9→震宮1→巽宮2）。

丙向

5 2 七 巽	9 7 三 離	7 9 五 坤
6 1 六 震	4 3 八	2 5 一 兌
1 6 二 艮	8 8 四 坎	3 4 九 乾

壬山

二十四山玄空大龍卦飛星歌訣：

「大玄空，妙無窮，用九星，挨九宮，分順逆，各不同，每八卦，一卦通，踱何位，落何宮，夫與婦，各相從，隨元運，判吉凶。」

「山管山，水管水，兩條路，不相容。」

「艮寅甲，巽巳丙，坤申庚，乾亥壬，此十二，陽順行。」

「午丁未，酉辛戌，子癸丑，卯乙辰，此十二，陰逆輪。」

「曰子癸，曰卯乙，曰午丁，曰酉辛，兩相比，是雙陰。」

「曰乾亥，曰艮寅，曰巽巳，曰坤申，兩不離，雙陽親。」

「曰庚申，曰丙壬，此四干，單陽名。」

「曰辰戌，曰丑未，此四支，號單陰。」

「分陰陽，定五行，陰轉陽，陽轉陰，有時陽，有時陰。」

「顛顛倒，運中尋，天心換，九宮更，通變化，任橫行。」

「九星」順飛或逆飛的前提，讀者首先必須先了解「二十四山」的陰陽，如下相關圖表所示，「二十四山」依八卦而立，分為地元龍、天元龍、人元龍，而後始分陰陽。

「二十四山」的構成是：「四正卦」，坎、離、震、兌，其天元龍分別是子、午、卯、西，四地支，地元龍與人元龍分別是兩天干。坎為水，故為壬癸水兩天干；離為火，故為丙丁火兩天干；震為木，故為甲乙木兩天干；兌為金，故為庚辛金兩天干。

「四隅卦」，乾、艮、巽、坤，其天元龍就是本身，地元龍與人元龍分別是兩地支。乾為相臨的戌亥，艮為相臨的丑寅，巽為相臨的辰巳，坤為相臨的未申。

依地元龍、天元龍、人元龍的排序，「四正卦」，坎、離、震、兌為「陽陰陰」；「四隅卦」，乾、艮、巽、坤為「陰陽陽」。由於分佈為二陰、二陽相連，於是形成「雙陰」與「雙陽」，而在「挨星訣」當中所說的陰陽，即是如此。參考如下圖檔二十四山的排列，一定會更加清楚，則陽皆順飛，陰皆逆飛。

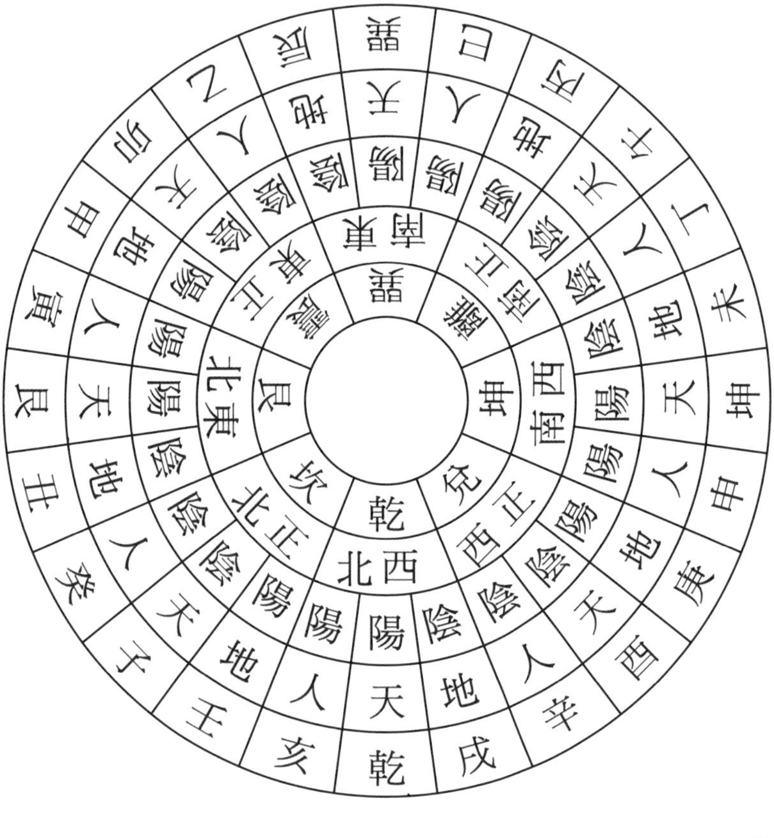

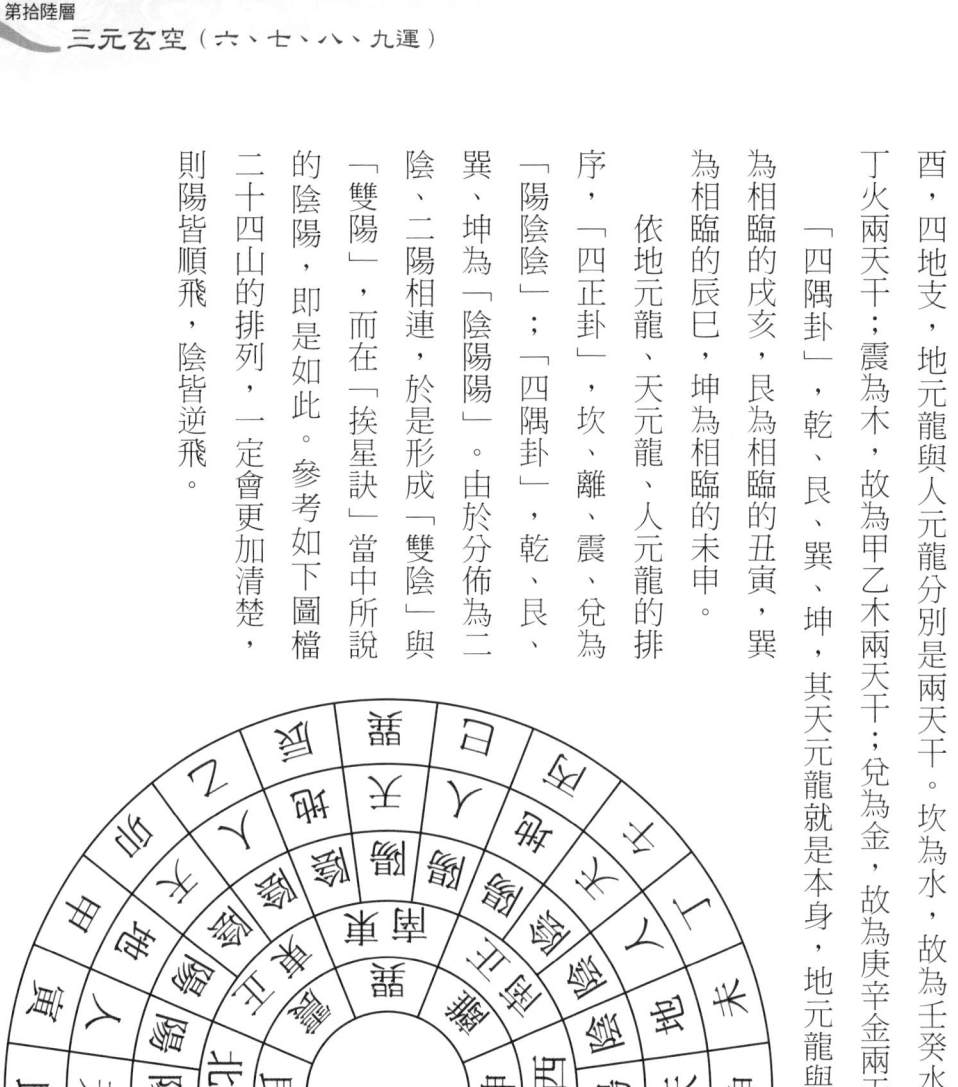

二十四山方位圖

卦位	方位	地元龍	天元龍	人元龍
坎	北方	壬	子	癸
艮	東北方	丑	艮	寅
震	東方	甲	卯	乙
巽	東南方	辰	巽	巳
離	南方	丙	午	丁
坤	西南方	未	坤	申
兌	西方	庚	酉	辛
乾	西北方	戌	乾	亥

順飛逆飛參考表

組別	陽（順飛）	陰（逆飛）
地元龍	甲丙庚壬	辰戌丑未
天元龍	乾坤艮巽	子午卯酉
人元龍	寅申巳亥	乙丁辛癸

若元運星飛至五黃運，其順飛或逆飛，就必須視元運星而定。

七巽	三離	五坤
六震	八	一兌
二艮	四坎	九乾

例一：以八運元運星「八」入中宮，五黃位飛到坤卦（未坤申），元運星「八」為偶數，則地元龍、天元龍、人元龍的宮位以己戊戊（陰陽陽），和未坤申對照分出順逆飛泊。

八巽	四離	六坤
七震	九	二兌
三艮	五坎	一乾

例二：九運元運星「九」入中宮，五黃位飛到坎卦（壬子癸），元運星「九」為奇數，則地元龍、天元龍、人元龍的宮位以戊己己（陽陰陰），和壬子癸對照分出順逆飛泊。

五黃位順飛、逆飛參考表

大運 一、三、五、七、九			大運 二、四、六、八		
地元龍	天元龍	人元龍	地元龍	天元龍	人元龍
戊	己	己	己	戊	戊
陽	陰	陰	陰	陽	陽
順飛	逆飛	逆飛	逆飛	順飛	順飛

四、三元玄空四大局

1、旺山旺向局

山盤為坐、向盤為向（表示坐與向為同一數字）。如丑山未向，坐為82（8即為坐），向為58（8即為向），故合此局。此局為當運最吉運，而佈局方面必須是後面玄武有山，或是有高大建物，前面明堂朱雀方有水局流匯，或空曠明亮、低矮平坦，則財丁兩旺。最忌前面明堂朱雀方有山無水，而後面玄武有水無山，此為不合局之形勢。

八運旺山旺向的所有格局：

未向

71 三 離	58 五 坤	93 一 兌
36 七 巽	25 八	14 九 乾
47 六 震	82 二 艮	69 四 坎

丑山

丑向

96 四 坎	28 二 艮	74 六 震
41 九 乾	52 八	63 七 巽
39 一 兌	85 五 坤	17 三 離

未山

乾向、亥向

57 一 兌	68 九 乾	24 四 坎
13 五 坤	79 八	46 二 艮
35 三 離	81 七 巽	92 六 震

巽山、巳山

巽向、巳向

29 六 震	18 七 巽	53 三 離
64 二 艮	97 八	31 五 坤
42 四 坎	86 九 乾	75 一 兌

乾山、亥山

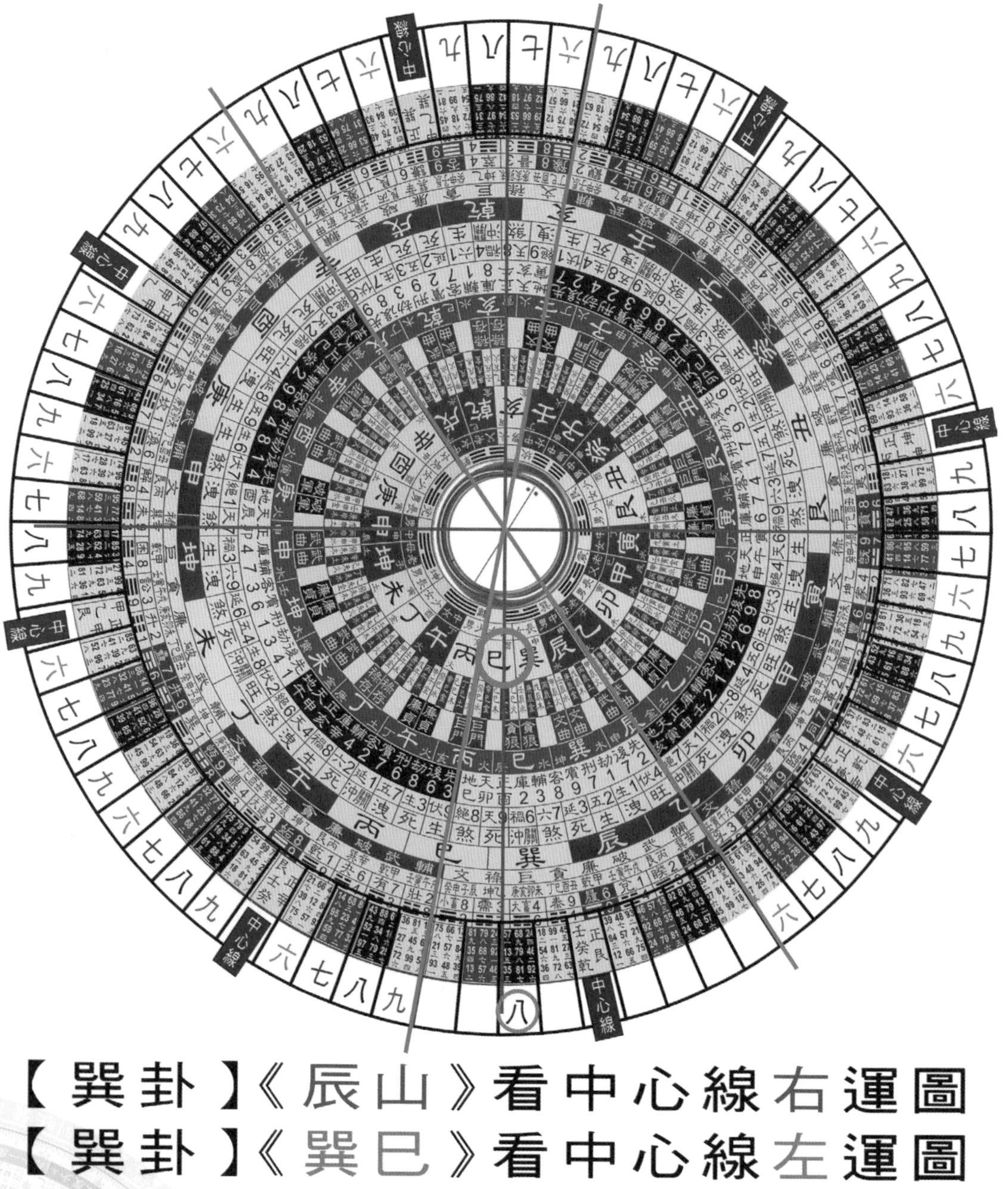

【巽卦】《辰山》看中心線右運圖

【巽卦】《巽巳》看中心線左運圖

2、雙星會向局

山盤與向盤為向（表示向為同一數字）。如丙山壬向，向為88（左邊8即為山、右邊8即為向），故合此局。此局為當運最次吉運，而佈局方面必須是前面明堂朱雀方有水局流匯，或空曠明亮、低矮平坦，又水外見高山或高大建物，後面玄武無山無水、空曠平坦，則當運進財。最忌前面明堂朱雀方有山無水或有水無山，此為不合局之形勢。

八運雙星會向的所有格局：

壬向

4 3 九 乾	8 8 四 坎	6 1 二 艮
5 2 一 兌	3 4 八	1 6 六 震
9 7 五 坤	7 9 三 離	2 5 七 巽

丙山

午向、丁向

3 4 七 巽	8 8 三 離	1 6 五 坤
2 5 六 震	4 3 八	6 1 一 兌
7 9 二 艮	9 7 四 坎	5 2 九 乾

子山、癸山

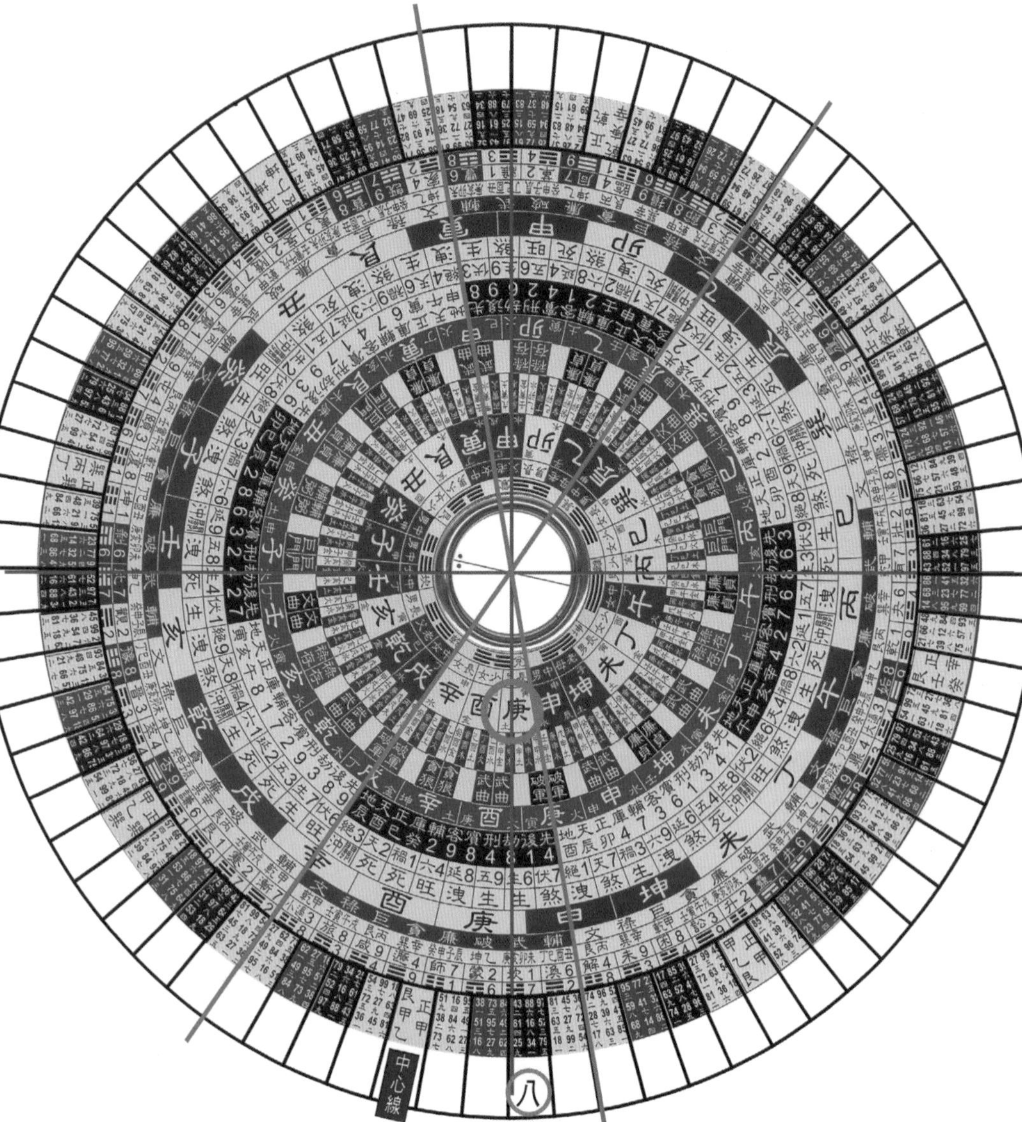

【兌卦】《庚山》看中心線右運圖
【兌卦】《酉辛》看中心線左運圖

3、雙星會坐局

山盤與向盤為坐（表示坐為同一數字）。如壬山丙向，坐為88（左邊8即為山、右邊8即為向），故合此局。

此局力量又次於雙星會向局，而佈局方面必須是前面明堂朱雀方空曠明亮、低矮平坦，不宜有高山或高大建物；後面玄武要有水局流匯，水後又有山或高大建物，則財丁兩旺。最忌前面明堂朱雀方有水，而後面玄武有山，此為不合局之形勢。

甲向

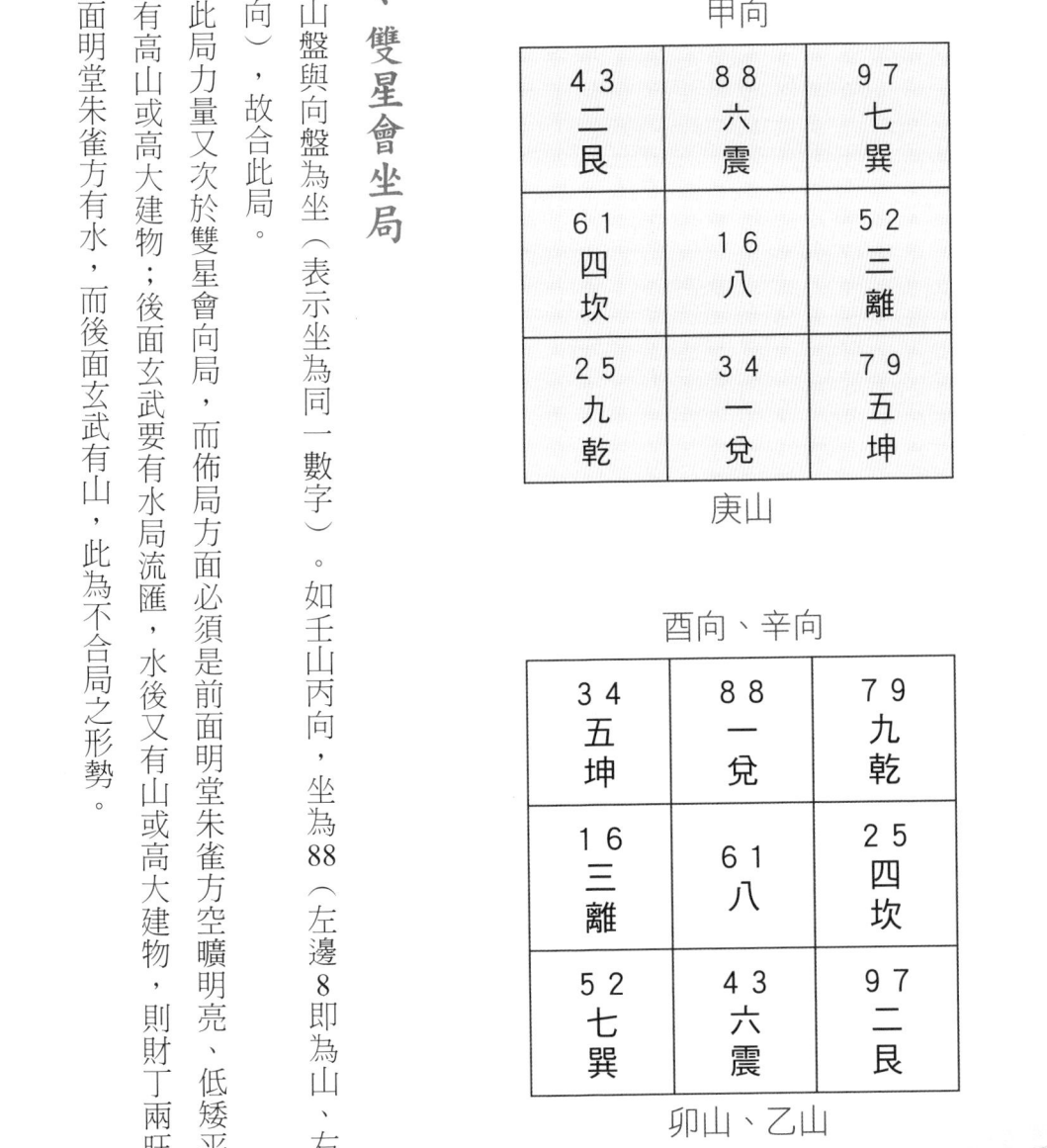

4 3 二 艮	8 8 六 震	9 7 七 巽
6 1 四 坎	1 6 八	5 2 三 離
2 5 九 乾	3 4 一 兌	7 9 五 坤

庚山

酉向、辛向

3 4 五 坤	8 8 一 兌	7 9 九 乾
1 6 三 離	6 1 八	2 5 四 坎
5 2 七 巽	4 3 六 震	9 7 二 艮

卯山、乙山

八運雙星會坐的所有格局：

丙向

5 2 七 巽	9 7 三 離	7 9 五 坤
6 1 六 震	4 3 八	2 5 一 兌
1 6 二 艮	8 8 四 坎	3 4 九 乾

壬山

庚向

9 7 五 坤	4 3 一 兌	5 2 九 乾
2 5 三 離	6 1 八	1 6 四 坎
7 9 七 巽	8 8 六 震	3 4 二 艮

甲山

子向、癸向

2 5 九 乾	7 9 四 坎	9 7 二 艮
1 6 一 兌	3 4 八	5 2 六 震
6 1 五 坤	8 8 三 離	4 3 七 巽

午山、丁山

卯向、乙向

7 9 二 艮	3 4 六 震	2 5 七 巽
5 2 四 坎	1 6 八	6 1 三 離
9 7 九 乾	8 8 一 兌	4 3 五 坤

酉山、辛山

4、上山下水局

山盤為向、向盤為坐（表示向與坐為同一數字）。如辰山戌向，坐為68（8即為坐），向為81（8即為向），故合此局。

此局為無運之局，所以佈局方面前面明堂朱雀方要有高山或高大建物，後面玄武要有水局流匯，如此方能改變格局。最忌前面明堂朱雀方有水，而後面玄武有山，此為不合局之形勢。

八運上山下水的所有格局：

戌向

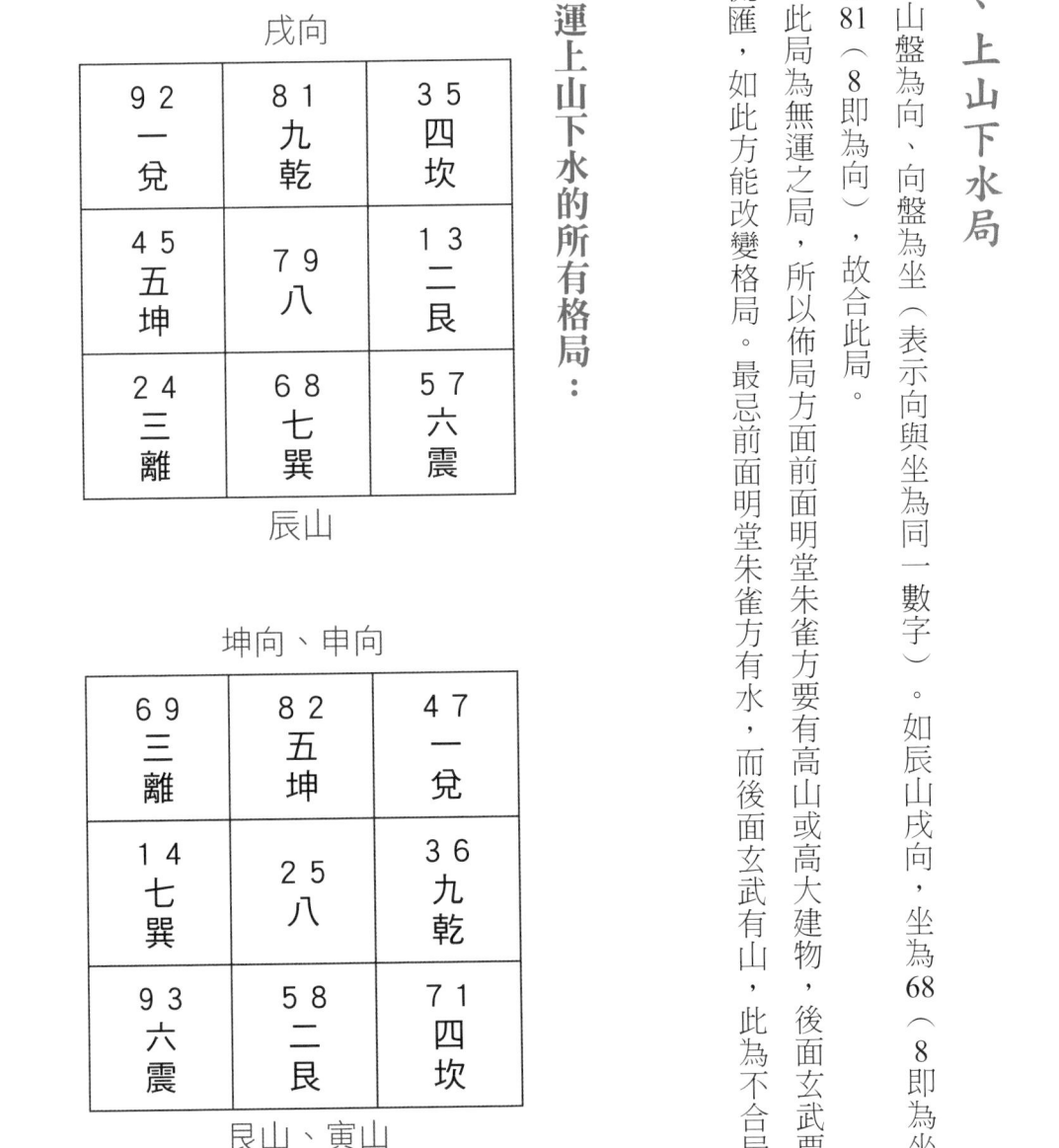

92 一兌	81 九乾	35 四坎
45 五坤	79 八	13 二艮
24 三離	68 七巽	57 六震

辰山

坤向、申向

69 三離	82 五坤	47 一兌
14 七巽	25 八	36 九乾
93 六震	58 二艮	71 四坎

艮山、寅山

五、玄空格局伏吟、反吟介紹

依沈竹礽之說：凡山、向之飛星數與元旦盤洛數相同者，順飛則成「伏吟」；凡山、向之飛星數與元旦盤洛數相對合十者（如19、28、37、46）逆飛則成「反吟」。

辰向

7 5 六 震	8 6 七 巽	4 2 三 離
3 1 二 艮	9 7 八	6 4 五 坤
5 3 四 坎	1 8 九 乾	2 9 一 兌

戌山

艮向、寅向

1 7 四 坎	8 5 二 艮	3 9 六 震
6 3 九 乾	5 2 八	4 1 七 巽
7 4 一 兌	2 8 五 坤	9 6 三 離

坤山、申山

例一：八運坤山艮向、申山寅向，即犯「伏吟」。

艮向、寅向

1 7 四 坎	8 5 二 艮	3 9 六 震
6 3 九 乾	5 2 八	4 1 七 巽
7 4 一 兌	2 8 五 坤	9 6 三 離

坤山、申山

例二：八運未山丑向，即犯「反吟」。

丑向

9 6 四 坎	2 8 二 艮	7 4 六 震
4 1 九 乾	5 2 八	6 3 七 巽
3 9 一 兌	8 5 五 坤	1 7 三 離

未山

楊公・都天寶照經云：「本山來龍立本向，反吟伏吟禍難當。自縊離鄉蛇虎害，作賊充軍上法場。明得三星五吉向，轉禍為祥大吉昌。」先賢又云：「反吟伏吟淚淋淋，不傷自己也傷親人。」故犯反吟或伏吟者，主應感情不和睦、損傷人口、疾病災厄、破財損耗，其禍害更甚於上山下水局，若又在失運時，更主絕嗣或死於非命。

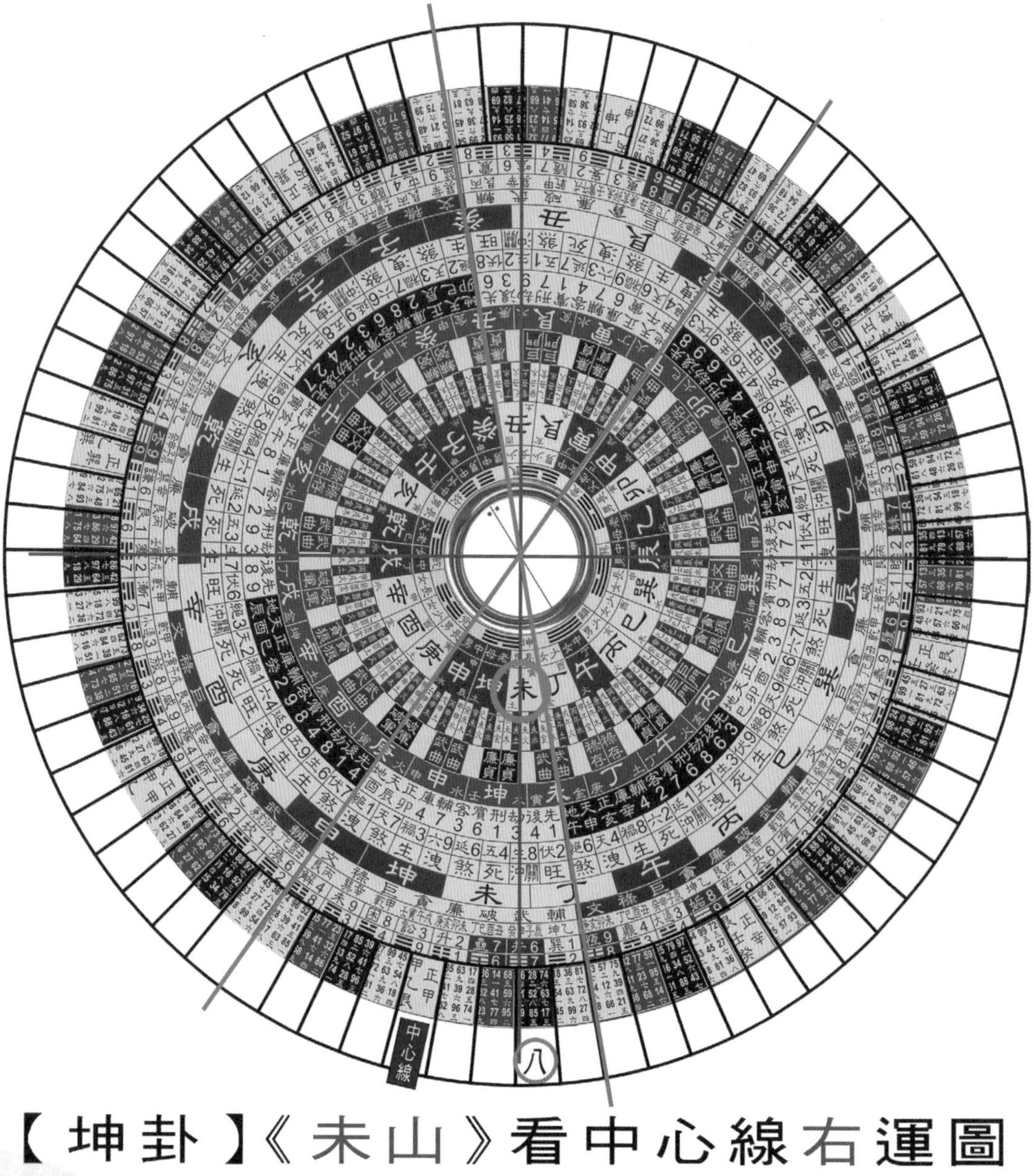

【坤卦】《未山》看中心線右運圖

【坤卦】《坤申》看中心線左運圖

犯伏吟、反吟者，若在當旺局（旺山旺向局、雙星會向局），則影響不大，若在無運局（雙星會坐局、上山下水局），表示損丁傷財、家庭不和，可用三般卦、替卦、生旺方水流匯聚予以制化。

犯伏吟、反吟者共有十二山向：

1、順飛「伏吟」

一運、九運：壬山丙向、丙山壬向。

二運、八運：艮山坤向、寅山申向、坤山艮向、申山寅向。

三運、七運：甲山庚向、庚山甲向。

四運、六運：乾山巽向、亥山巳向、巽山乾向、巳山亥向。

2、逆飛「反吟」

一運：午山子向、丁山癸向。

二運：丑山未向。

三運：酉山卯向、辛山乙向。

四運：戌山辰向。

五運：艮山坤向、寅山申向、坤山艮向、申山寅向。

六運：辰山戌向。
七運：卯山酉向、乙山辛向。
八運：未山丑向。
九運：子山午向、癸山丁向。

六、三元玄空盤八卦【二十四山】各運圖正確看法

【坎卦】《壬山》請看該卦中心線的右運圖六七八九運
【坎卦】《子癸山》請看該卦中心線的左運圖六七八九運
【艮卦】《丑山》請看該卦中心線的右運圖六七八九運
【艮卦】《艮寅山》請看該卦中心線的左運圖六七八九運
【震卦】《甲山》請看該卦中心線的右運圖六七八九運
【震卦】《卯乙山》請看該卦中心線的左運圖六七八九運

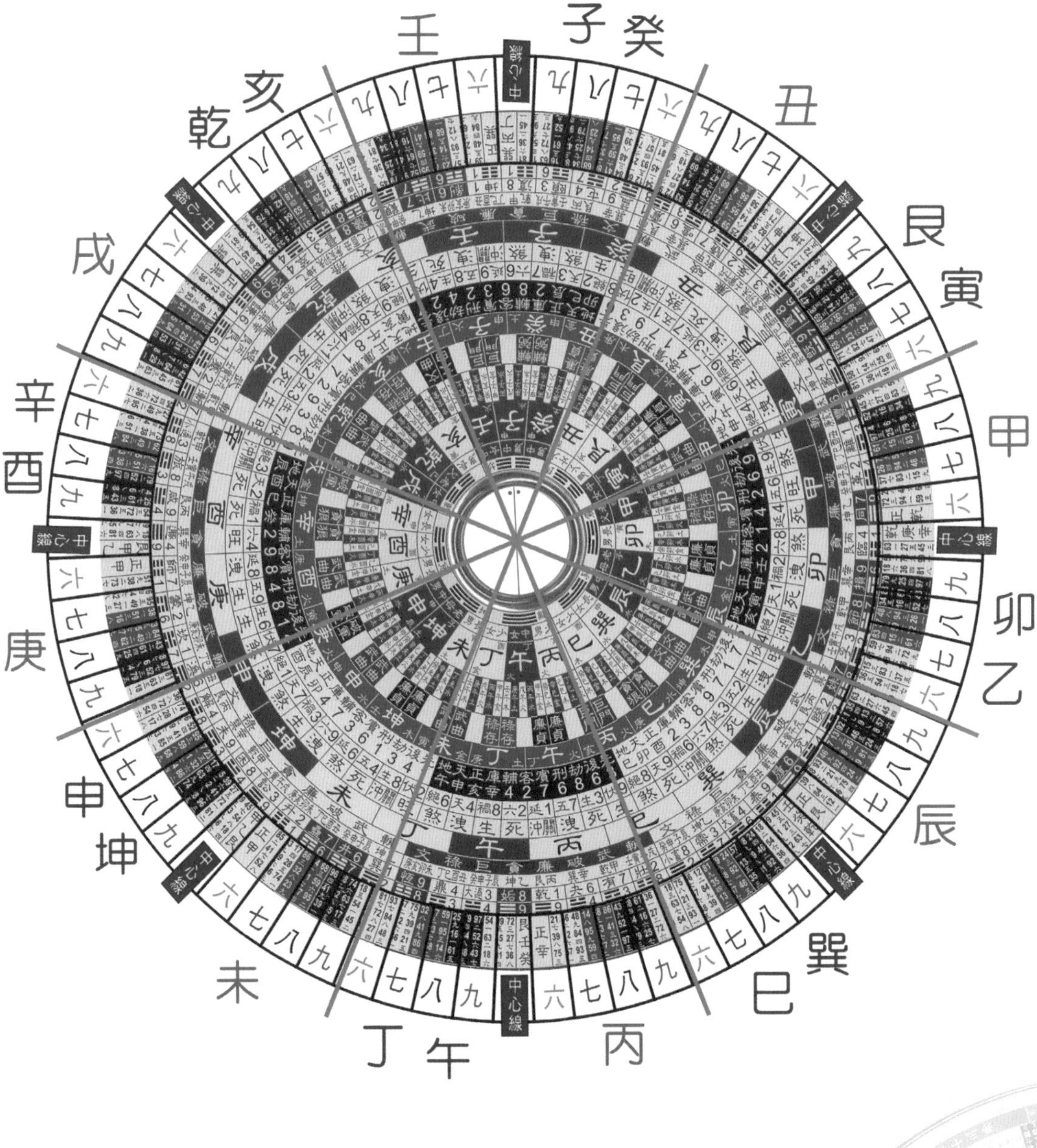
壬
子
癸
丑
艮
寅
甲
卯
乙
辰
巽
巳
丙
午
丁
未
坤
申
庚
酉
辛
戌
乾
亥
中心線

【巽卦】《辰山》請看該卦中心線的右運圖六七八九運

【巽卦】《巽巳山》請看該卦中心線的左運圖六七八九運

【離卦】《丙山》請看該卦中心線的右運圖六七八九運

【離卦】《午丁山》請看該卦中心線的左運圖六七八九運

【坤卦】《未山》請看該卦中心線的右運圖六七八九運

【坤卦】《坤申山》請看該卦中心線的左運圖六七八九運

【兌卦】《庚山》請看該卦中心線的右運圖六七八九運

【兌卦】《酉辛山》請看該卦中心線的左運圖六七八九運

【乾卦】《戌山》請看該卦中心線的右運圖六七八九運

【乾卦】《乾亥山》請看該卦中心線的左運圖六七八九運

七、玄空雙星交會吉凶總論

玄空屋宅方位九星組合剋應：

觀察星盤之吉凶，並非單純地只看向星或山星，須看全盤之相互影響及九星之組合，其中山星與向星的組合最為重要，而山星與運星及向星與運星之組合較為次要。本章是綜合《河洛吉凶斷》、《玄空秘旨》、《玄機賦》、《飛星賦》、《紫白訣》、《六十四卦斷訣》等諸篇古籍，做為推斷各宮剋應基礎，有經驗的堪輿師只要屈指一算，便可推斷此宅何人所患何病或何事，其實都是依「卦象」與「星象」彼此之間的剋應而來。

一一同宮（坎為水）

山與向組合的（好現象）：

生聰明之子。主文章科甲，名揚四海。二水比和，錢財廣豐，產業興盛，初運順利，但是純陽無陰，防婦女身體欠安，久則丁稀。

在山與向星可能引起的（壞現象）：

失運恐有：心病、耳痛、血症，腎臟及泌尿系統疾病。坎者險也，險又險則聖人不取，主應事業無成，災禍不斷。

一二同宮（水地比）

山與向組合的（好現象）：

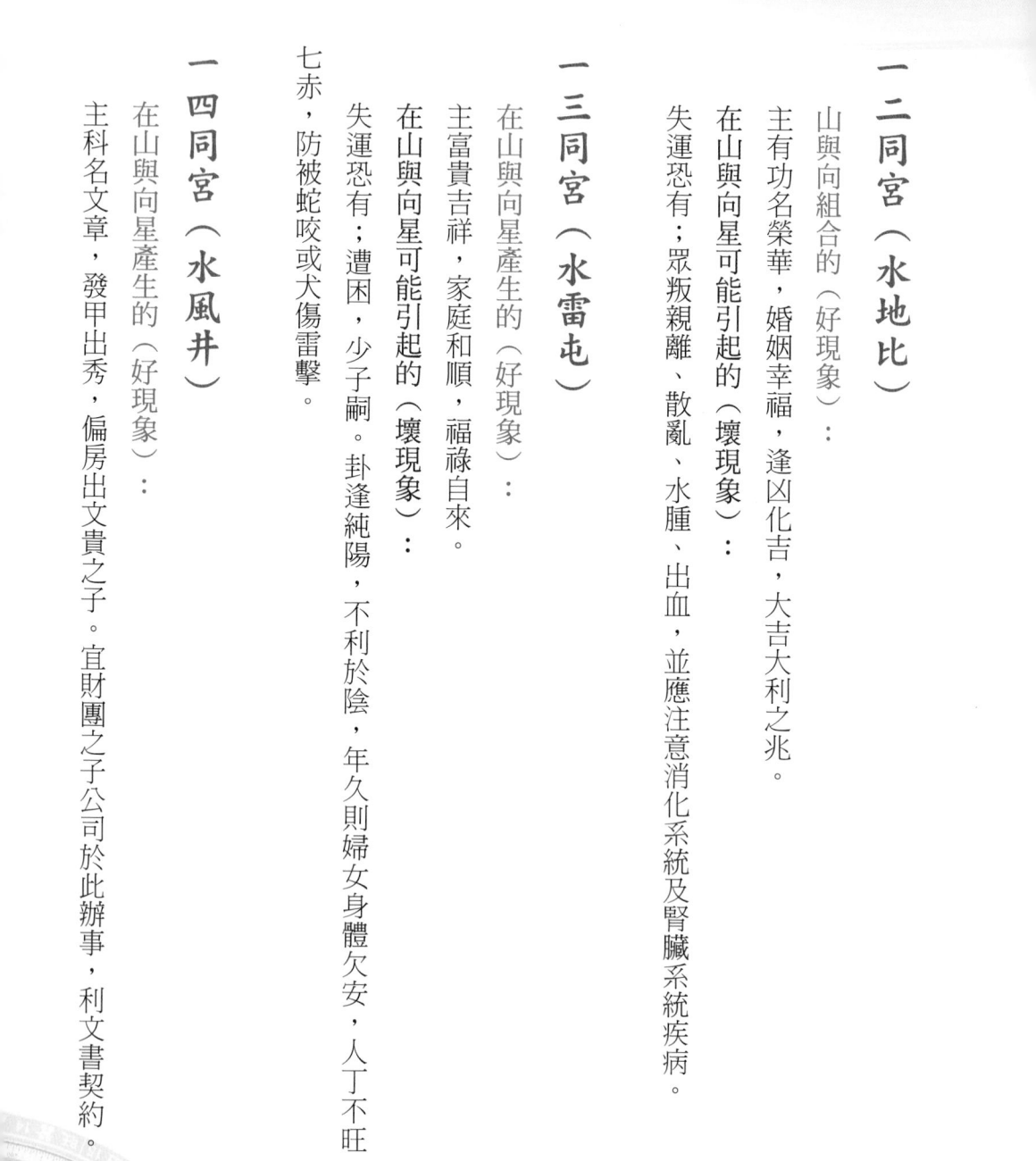

主有功名榮華，婚姻幸福，逢凶化吉，大吉大利之兆。

在山與向星可能引起的（壞現象）：

失運恐有；眾叛親離、散亂、水腫、出血，並應注意消化系統及腎臟系統疾病。

一三同宮（水雷屯）

在山與向星產生的（好現象）：

主富貴吉祥，家庭和順，福祿自來。

在山與向星可能引起的（壞現象）：

失運恐有；遭困，少子嗣。卦逢純陽，不利於陰，年久則婦女身體欠安，人丁不旺。逢七赤，防被蛇咬或犬傷雷擊。

一四同宮（水風井）

在山與向星產生的（好現象）：

主科名文章，發甲出秀，偏房出文貴之子。宜財團之子公司於此辦事，利文書契約。

在山與向星可能引起的（壞現象）：

失運恐有；有人放蕩，犯法通緝，精神異常。若一白衰退，木洩弱水，主叔嫂曖昧。失運，逢七赤，注意肺、腎等循環與泌尿系統之毛病。

一五同宮

在山與向星產生的（好現象）：

出文魁榜首，多生聰明智慧男子。

在山與向星可能引起的（壞現象）：

失運恐有；傷丁、陰處生瘡、腎結石、水腫、不孕、流產。

一六同宮（水天需）

在山與向星產生的（好現象）：

主大旺科名，發財祿並主有壽，遇二、八流年多應。

在山與向星可能引起的（壞現象）：

失運恐有；患腦出血、精神錯亂、父子不和、傷寒、盜竊犯刑、防溺水之憂或流離飄蕩。

一七同宮（水澤節）

在山與向星產生的（好現象）：

家庭生活美滿，夫唱婦隨，父子有親，衣食豐足。

在山與向星可能引起的（壞現象）：

失運恐有；貪花戀酒、男女多情，又主吐血、放蕩。

一八同宮（水山蹇）

在山與向星產生的（好現象）：

發文才之士，利開礦或水利工程等艱苦事業。

在山與向星可能引起的（壞現象）：

失運恐有；困難艱苦、兄弟不和、入獄、腰痛、鼻炎、手傷。

一九同宮（水火既濟）

在山與向星產生的（好現象）：

後天合十，為一白中男配九紫中女，最佳之陰陽相配。旺人丁，富貴雙全，萬事亨通吉利，功名利祿。

在山與向星可能引起的（壞現象）：

失運恐有；夫妻不和、離異、官災，中女身體欠安、心疼眼疾。

二一同宮（地水師）

在山與向星產生的（好現象）：

利益功名，駿業可成，婚姻美滿，無災無難。

在山與向星可能引起的（壞現象）：

失運恐有；主腹水之疾、糖尿病，中男身體欠安，小孩難養，官非訴訟。

二二同宮（坤為地）

在山與向星產生的（好現象）：

大旺田園，財帛豐盈。利武職或金屬，田產行業起家，出名醫，亦旺人丁，但是孤陰不利陽，多寡婦興家。

在山與向星可能引起的（壞現象）：

失運恐有；主妻奪夫權，多腹疾，貪鄙，產難及出寡婦。

二三同宮（地雷復）

在山與向星產生的（好現象）：

改過遷善，修道有成，不宜性急，宜守不宜進。

在山與向星可能引起的（壞現象）：

失運恐有；被重物或牆壁壓傷，長子逆母凌弟，因貪受害，破敗家業。

二四同宮（地風升）

在山與向星產生的（好現象）：

宜經營地產，旺財。

在山與向星可能引起的（壞現象）：

失運恐有；婆媳不和，不利母，男不長壽，中圈套、陷阱。

二五同宮

在山與向星產生的（好現象）：

旺人丁，發田產，出法官，利武貴，大利醫家、藥房或殯儀業。

在山與向星可能引起的（壞現象）：

失運恐有；死亡、疾病、諸事不遂，二五出寡婦，五二出鰥夫。

二六同宮（地天泰）

在山與向星產生的（好現象）：

土金相生，陰陽得配，主應父母壽長，田產致富，財丁兩旺。

在山與向星可能引起的（壞現象）：

失運恐有；寒熱往來，吝心不足，出僧尼，散財勞苦，但不主貧寒。

二七同宮（地澤臨）

在山與向星產生的（好現象）：

橫財、巨富、多生女，出醫師、法官。

在山與向星可能引起的（壞現象）：

失運恐有；孤陰不生，傷夫剋子、腸病、墮胎、流產、官非橫禍。

二八同宮（地山謙）

在山與向星產生的（好現象）：

田產致富，宜房地產業，主萬事亨通，平安順利。

在山與向星可能引起的（壞現象）：

失運恐有；家出僧尼，或主母與僕私通。

二九同宮（地火明夷）

在山與向星產生的（好現象）：

旺丁，出秀士，二運當旺，財源不絕。

在山與向星可能引起的（壞現象）：

失運恐有；目盲，出愚鈍頑夫，缺子損丁，中女血疾，心病眼疾。

三一同宮（雷水解）

在山與向星產生的（好現象）：

水木相生，萬物生機，事事順利，貴人得助。

在山與向星可能引起的（壞現象）：

失運恐有；分離，長子離家，損婦女，少子孫。

三二同宮（雷地豫）

在山與向星產生的（好現象）：

先苦後甘，逢凶化吉，貴人相助之應。

在山與向星可能引起的（壞現象）：

失運恐有；震木剋坤土，先傷母後傷長房，母子多嫌隙，財損破耗。。

三三同宮（震為雷）

在山與向星產生的（好現象）：

生生不息，萬物齊昌，利名、利長房。

在山與向星可能引起的（壞現象）：

失運恐有；是非官訟，獨陽不長，少丁婦夭之應或出愚頑之子。

三四同宮（雷風恒）

在山與向星產生的（好現象）：

長男配長女，陰陽調和二木成林，喜事連連，富貴綿綿，萬事吉昌。

在山與向星可能引起的（壞現象）：

失運恐有；不明事理，行事多變，易沉迷聲色之所。

三五同宮

在山與向星產生的（好現象）：

財祿豐盈，興家創業，驟發富貴，出高官。

在山與向星可能引起的（壞現象）：

失運恐有；瘋癲之症、遭蛇咬、車禍血光、賭博敗家。

三六同宮（雷天大壯）

在山與向星產生的（好現象）：

運勢順遂，家庭婚姻美滿幸福，貴人迎、小人離，大吉大利。

在山與向星可能引起的（壞現象）：

失運恐有；金剋木，定主傷長子、長孫。筋骨痠痛，災厄連連之兆。

三七同宮（雷澤歸妹）

在山與向星產生的（好現象）：

當旺之運，利於服務性行業。

在山與向星可能引起的（壞現象）：

失運恐有；金木交戰，定主傷長子、長孫。卦意主事業難成，家庭失和，有守寡或為僧尼之應。

三八同宮（雷山小過）

在山與向星產生的（好現象）：

可成就小事業，量力而為，終有所成。

在山與向星可能引起的（壞現象）：

失運恐有；木剋土，主傷少男，兄弟不和之象。

三九同宮（雷火豐）

在山與向星產生的（好現象）：

木火通明，有才學功名，田產廣博，富貴齊全。

在山與向星可能引起的（壞現象）：

失運恐有；生子雖聰明，但多剛暴之氣，防因一時意氣而傾家；亦防盛極而衰，犯法遭刑，又主刻薄。

四一同宮（風水渙）

在山與向星產生的（好現象）：

主應青龍入宅，諸事稱心，家門隆昌，才智兼備，富貴吉祥。

在山與向星可能引起的（壞現象）：

失運恐有；巽風在上，坎水在下，風行水上，水遇必散。縱使有財富可得，也是過路財神，主應窮困、潦倒。

四二同宮（風地觀）

在山與向星產生的（好現象）：

為人誠懇實在，易逢貴人相助而聲震四方。

在山與向星可能引起的（壞現象）：

失運恐有；木剋坤土，主傷老母，長婦難產，傷丁敗財，口舌是非之應。

四三同宮（風雷益）

在山與向星產生的（好現象）：

二木成林，茂盛至極，主應財丁兩旺，運程順遂，富貴雙全。

在山與向星可能引起的（壞現象）：

失運恐有；不明事理，行事善變。

四四同宮（巽為風）

在山與向星產生的（好現象）：

二木比和，主女人當家。巽者順也，入也，貴人多助，大吉大利。

在山與向星可能引起的（壞現象）：

失運恐有；孤陰不生，久居缺丁之兆，男人壽短，易犯氣喘、咳嗽。

四五同宮

在山與向星產生的（好現象）：

出文章名士，女強人。

在山與向星可能引起的（壞現象）：

失運恐有；癲癇病，膿血之災，走私犯法，倒閉破產。

四六同宮（風天小畜）

在山與向星產生的（好現象）：

名利雙收，步步高升，競爭中得財。

在山與向星可能引起的（壞現象）：

失運恐有；金剋巽木，主傷長女，人財兩散，筋骨疼痛，官訟賊盜。

四七同宮（風澤中孚）

在山與向星產生的（好現象）：

凡事量力而為，勿貪大棄小，則仍有所成。

在山與向星可能引起的（壞現象）：

失運恐有；金木交戰，婦女必傷，陰盛陽衰，男人運衰。主應意志薄弱，缺乏膽識，難成大業。

四八同宮（風山漸）

在山與向星產生的（好現象）：

樹木生長繁榮茂盛，主應家庭和諧，同心同德，添丁進財。

在山與向星可能引起的（壞現象）：

失運恐有；木來剋土，主應不利小房，長婦墮胎，人口不存，官司頻仍。

四九同宮（風火家人）

失運恐有；二女同室，孤陰不生，有絕嗣之應，對宅中少婦不利。

在山與向星可能引起的（壞現象）：

木火通明，生聰明子女，出才女，賢婦興家，好善樂施。

在山與向星產生的（好現象）：

五一同宮

在山與向星產生的（好現象）：

出文魁榜首，多生聰明智慧男子。

在山與向星可能引起的（壞現象）：

失運恐有；傷丁、陰處生瘡、腎結石、水腫、不孕、流產。

五二同宮

在山與向星產生的（好現象）：

旺人丁、田產豐、出法官、利武貴、大利醫家、藥房或殯儀業。

在山與向星可能引起的（壞現象）：

失運恐有；死亡、疾病、諸事不遂。二五出寡婦，五二出鰥夫。

五三同宮

在山與向星產生的（好現象）：

財祿豐盈，興家創業，驟發富貴，出高官。

在山與向星可能引起的（壞現象）：

失運恐有；癲癇病、遭蛇咬、車禍、賭博敗家。

五四同宮

在山與向星產生的（好現象）：

出文章名人雅士，女強人。

在山與向星可能引起的（壞現象）：

失運恐有；癲癇病，膿血之災，走私犯法，倒閉破產。

五五同宮

在山與向星產生的（好現象）：

大富大貴，多子孫，出各行業領導人物。

在山與向星可能引起的（壞現象）：

失運恐有；橫禍、惡疾、昏迷癡呆，官訟淫亂。

五六同宮

在山與向星產生的（好現象）：

巨富多丁，宜武職。

在山與向星可能引起的（壞現象）：

失運恐有；肺癌、腦癌，多意氣用事而失敗，官非刑訟。

五七同宮

在山與向星產生的（好現象）：

發財旺丁，最利經營商行。

在山與向星可能引起的（壞現象）：

失運恐有；吸毒、服毒、喉症、口腔病變、肺部疾病、橫死。

五八同宮

在山與向星產生的（好現象）：

出忠臣孝子，富貴雙全。

在山與向星可能引起的（壞現象）：

失運恐有；坐骨神經之疾、骨、鼻病變、傾家蕩產。

五九同宮

在山與向星產生的（好現象）：

人丁興盛，主貴。

在山與向星可能引起的（壞現象）：

失運恐有；吸毒、服毒、吐血、火災、官非、顛狂、目疾。

六一同宮（天水訟）

在山與向星產生的（好現象）：

發科甲，出法官、律師。

在山與向星可能引起的（壞現象）：

失運恐有；老父中男，獨陽不長，凡事爭先恐後，爭執不斷，刑訟難免。婦人壽短、不利中男。

六二同宮（天地否）

在山與向星產生的（好現象）：

土金相生，老父配老母之陰陽正配。主應家業興隆，人丁興旺，唯宜經營工廠，不宜商家。

在山與向星可能引起的（壞現象）：

失運恐有；天上地下，天地否，否者塞也！難以伸展之意。一生飄移不定，徒勞無功之數。

六三同宮（天雷旡妄）

在山與向星產生的（好現象）：

有水則發財，出官員、烈士。

在山與向星可能引起的（壞現象）：

失運恐有；乾金剋震木，主應父子不和，定傷長子或長孫。凡事不如人意，多災多難之應。

六四同宮（天風姤）

在山與向星產生的（好現象）：

後天合十，天地相遇，陰陽調和。故可名利雙收，貴人多助，步步得利。

在山與向星可能引起的（壞現象）：

失運恐有；金木刑剋，慎防長婦產厄。主應婦女身體不佳，腳傷痠痛。

六五同宮

在山與向星產生的（好現象）：

巨富多丁，宜武職。

在山與向星可能引起的（壞現象）：

失運恐有；肺癌、腦癌，多意氣用事而失敗，官非刑訟。

六六同宮（乾為天）

在山與向星產生的（好現象）：

上下乾金，主應財富豐盈，廣進田產，名利雙收，家道隆昌。

在山與向星可能引起的（壞現象）：

失運恐有；雙陽同堂，獨陽無陰，主應傷妻剋子，或妻死再娶。

六七同宮（天澤履）

在山與向星產生的（好現象）：

二金比和，主應掌權得勢，居官食祿。宜軍警等武職或代理商行業，此方亦宜作為出納、會計之用。

在山與向星可能引起的（壞現象）：

失運恐有；犯交劍煞，多劫掠、鬥爭，為老父配少女，主有重婚或納妾之象。

六八同宮（天山遯）

在山與向星產生的（好現象）：

土金相生，主應田產廣置，宏業日昇，父慈子孝，利武職及異路功名。

在山與向星可能引起的（壞現象）：

失運恐有；諸事不順，功名難求，此數陽盛陰衰，主應婦女壽夭，久居乏嗣，婚姻不佳，一生貧窮無依。

六九同宮（天火同人）

在山與向星產生的（好現象）：

天火相同故曰同人，同人者，與人親也，表示廣結善緣，合夥得利，貴人多助之數。

在山與向星可能引起的（壞現象）：

失運恐有；火來剋金，中女剋老父，故男懼內，血光之災，多奔波勞苦，中女產厄，不利長房與子孫。

七一同宮（澤水困）

在山與向星產生的（好現象）：

當旺主居者，溫柔慧黠，青雅小貴，可從事漁獵行業致富。

在山與向星可能引起的（壞現象）：

失運恐有；兌上坎下，水居澤中，是為困義。主應前途茫然，逢小人與是非，人口衰微，傷少女與中男。

七二同宮（澤地萃）

在山與向星產生的（好現象）：

土生金象，表示家運昌隆，榮華富貴，樂善好施，大吉大利之數。

在山與向星可能引起的（壞現象）：

失運恐有；老母當家作主，過於寵溺小兒、少女、女婿，子孫日漸稀少。

七三同宮（澤雷隨）

在山與向星產生的（好現象）：

易得功名利祿，事業步步高升，福壽雙全之大吉數。

在山與向星可能引起的（壞現象）：

失運恐有；金剋震木，主應先傷長男與長孫，次禍及長女，屬於財丁兩敗。

七四同宮（澤風大過）

在山與向星產生的（好現象）：

此卦數凡事要步步為營，不宜躁進，則利文書、出版業。

在山與向星可能引起的（壞現象）：

失運恐有；金木刑剋，損男傷婦，一生奔波勞苦，居無定所。

七五同宮

在山與向星產生的（好現象）：

發財旺丁，最利經營商行。

在山與向星可能引起的（壞現象）：

失運恐有；吸毒、喉症、口腔病變、肺部疾病、橫死之應。

七六同宮（澤天夬）

在山與向星產生的（好現象）：

二金比和，主應財丁兩旺，必出文人雅士，駿業騰達。

在山與向星可能引起的（壞現象）：

失運恐有；不明是非，任性固執，多災多厄，不得人和之數。

七七同宮（兌為澤）

在山與向星產生的（好現象）：

兌為悅也！上兌下兌，兩澤相資，雙喜臨門之象。表示萬事吉昌，貴人多助，富貴雙全之數。

在山與向星可能引起的（壞現象）：

失運恐有；孤陰不生，表示子孫不多，少婦專權，居家不寧，易有消化系統之疾。

七八同宮（澤山咸）

在山與向星產生的（好現象）：

土金相生，陰陽調和，主應婚姻和諧，富貴雙全，財丁兩旺，最得人和，宜醫卜星相之業。

在山與向星可能引起的（壞現象）：

失運恐有；慎防手臂或手指容易受傷，少男少女放蕩不羈。

七九同宮（澤火革）

在山與向星產生的（好現象）：

有信心、耐力、毅力，能成就大業、揚名之吉數。

在山與向星可能引起的（壞現象）：

失運恐有；二女同居火剋金，其心難同，先傷幼婦後傷男，家道不安，慎防火災與官非。

八一同宮（山水蒙）

在山與向星產生的（好現象）：

當旺之運，以專長來從事創業，得長輩提攜最易有成，宜畜牧業致富。

在山與向星可能引起的（壞現象）：

失運恐有：土剋水，主傷中男，處事猶豫不決，出忤逆子孫，一生漂泊之數。

八二同宮（山地剝）

在山與向星產生的（好現象）：

子女成行，樂善好施。宜房地產業或經營人口出入眾多之場所。

在山與向星可能引起的（壞現象）：

失運恐有：易受小人加害，事業難成，合夥必敗，遭陷勢孤之數。

八三同宮（山雷頤）

在山與向星產生的（好現象）：

否極泰來，旭日東昇，官貴顯達，義利分明之大吉數。

在山與向星可能引起的（壞現象）：

失運恐有；木剋弱土，主應傷妻傷子，獨陽不長，久居乏嗣窮苦之應。

八四同宮（山風蠱）

在山與向星產生的（好現象）：

利文書，宜經營紡織品行業。

在山與向星可能引起的（壞現象）：

失運恐有；萬事停滯不前，氣勢不振，進退失據，憂愁無依之數。

八五同宮

在山與向星產生的（好現象）：

出忠臣孝子，富貴齊應。

在山與向星可能引起的（壞現象）：

失運恐有；坐骨神經之疾，易犯骨、鼻之症，家道中落之應。

八六同宮（山天大畜）

在山與向星產生的（好現象）：

土金相生，財源廣進，功名利祿，子孫賢孝，事業亨通。

在山與向星可能引起的（壞現象）：

失運恐有；純陽之卦，陽盛陰衰，易有婦女短壽與乏嗣之應。

八七同宮（山澤損）

在山與向星產生的（好現象）：

土金相生之陰陽絕配，主應貴介裨助，名譽佳評，功名晉升，後裔興旺之數。

在山與向星可能引起的（壞現象）：

失運恐有；損者，減損也！表示徒勞無功，波折多難，困難重重之應。

八八同宮（艮為山）

在山與向星產生的（好現象）：

田宅興旺，宜經營各類教室、補習班等行業，可得忠心之部屬，旺丁，發文貴；但不宜經營工廠。

在山與向星可能引起的（壞現象）：

失運恐有；傷筋折骨，婦女多厄，損小口，前途困難重重，萬事艱辛。

八九同宮（山火賁）

在山與向星產生的（好現象）：

家庭和順多吉慶，田產廣豐慶隆昌，福祿綿長，諸事吉祥。

在山與向星可能引起的（壞現象）：

失運恐有；火炎土躁，婦性剛烈暴躁，先損少男後傷中女，橫禍癆疾之災。

九一同宮（火水未濟）

在山與向星產生的（好現象）：

中男中女之夫妻正配，主應財帛豐盈，功名顯赫，子孫滿堂。

在山與向星可能引起的（壞現象）：

失運恐有；意志不堅，做事虎頭蛇尾，有始無終，停滯墮落。

九二同宮（火地晉）

在山與向星產生的（好現象）：

為人光明正大，貴者相資，財源廣進，成就大業之數。

在山與向星可能引起的（壞現象）：

失運恐有；母女同居，孤陰不生，主應男人壽短，久居乏嗣之象。

九三同宮（火雷噬嗑）

在山與向星產生的（好現象）：

木火通明之青龍入宅，主應出文人雅士，富貴齊揚，榮登科甲。

在山與向星可能引起的（壞現象）：

失運恐有；家中有聰明之人，但待人稍嫌刻薄，易有官非刑訟。

九四同宮（火風鼎）

在山與向星產生的（好現象）：

木火相生，婦女當家掌權，樂善好施之家，氣運亨通，子孫智勇富貴。

在山與向星可能引起的（壞現象）：

失運恐有；孤陰不生，易招忌而生嫌隙，子孫稀少，家多爭鬧。

九五同宮

在山與向星產生的（好現象）：

人丁興盛，主貴。

在山與向星可能引起的（壞現象）：

失運恐有；吸毒、吐血、火災、官非、狂癲、眼疾等症。

九六同宮（火天大有）

在山與向星產生的（好現象）：

天生領導能力強，明辨是非，財丁雙美，起居安康。

在山與向星可能引起的（壞現象）：

失運恐有；火來剋金，先傷丈夫後傷中女，主應官非、眼疾、懼內、乏嗣。

九七同宮（火澤睽）

在山與向星產生的（好現象）：

逢當旺之運，則妯娌友好，出美貌女子，旺財帛。

在山與向星可能引起的（壞現象）：

失運恐有；二女同居，其志不同行。合夥必敗，傷幼婦與少女，男人壽短，家道中落，日漸衰微。

九八同宮（火山旅）

在山與向星產生的（好現象）：

當旺之運，主應財丁兩旺，並主科甲名利。

在山與向星可能引起的（壞現象）：

失運恐有；火炎土躁，婦女性烈，損傷小兒。亦主生活潦倒不堪，親人無助，孤獨無依。

九九同宮（離為火）

在山與向星產生的（好現象）：

此卦為天官賜福之大吉數，主應易逢貴人得助，事業有成，財帛豐裕。

在山與向星可能引起的（壞現象）：

失運恐有；火炎熾熱，純陰之卦，婦人掌權當家作主，男人壽短夭亡。易有官非、血光、頭疾、心疾之應。

八、三元玄空堪輿應用法

例一：下元八運：壬山丙向—屋外及屋內八大方位佈局

八運壬山是「雙旺星到山」，坐後（屋宅後方）需要靠山，也需要水來相助，給住者們人丁更旺。向上（明堂前）97在向，若見有水池（風水球）或一遍田地，水現白光，發財更快！前氣與後氣要陰陽交合，才能旺財丁！向上（明堂前）有一排房屋或案山，謂之「回龍顧主」賺錢很快，又能存得住。

丙向

52 七巽	97 三離	79 五坤
61 六震	43 八	25 一兌
16 二艮	88 四坎	34 九乾

壬山

坎卦—（北方）：

88坐山，八白當運星，坐後（屋宅後方）須要靠山來助丁，可留後門納八白氣可安床對身體有益，此方可安瓦斯爐向前面納七赤氣。

艮卦—（東北方）：

16可放洗衣機，規劃作水槽，水龍頭或放風水球的位置。

坤卦—（西南方）：

79向星九，前門可留在虎邊納九紫氣，別派陽宅學最怕前門留在虎邊，其實壬山在八運，門留虎邊是最好的、很旺的。

兌卦─（西方）：

25零神加五黃，宜靜不宜動，放瓦斯爐很容易患胃癌症，安床睡覺做惡夢，放水族箱或風水球，會影響兌命人，藥石不斷，安書桌，書讀不好。

乾卦─（西北方）：

34留後門，犯暗桃花，可規劃作廁所、浴室，外局若有高壓電塔，犯劫財。

中宮─（中間區塊）：

43忌留天井，會犯劫財，忌放水族箱或風水球，會損財，忌吊扇易犯桃花。

震卦─（東方）：

61可規劃密堂、修行、禪房、禪坐、書房。

巽卦─（東南方）：

52前門留在龍邊，犯零神星又是病符星。出入身體欠安，忌放水族箱或風水球，會影響身體，體弱多病，外局若有高起，犯毒害。

離卦─（南方）：

97向星七赤是衰星，但是無妨，可安裝冷氣機、抽風機。

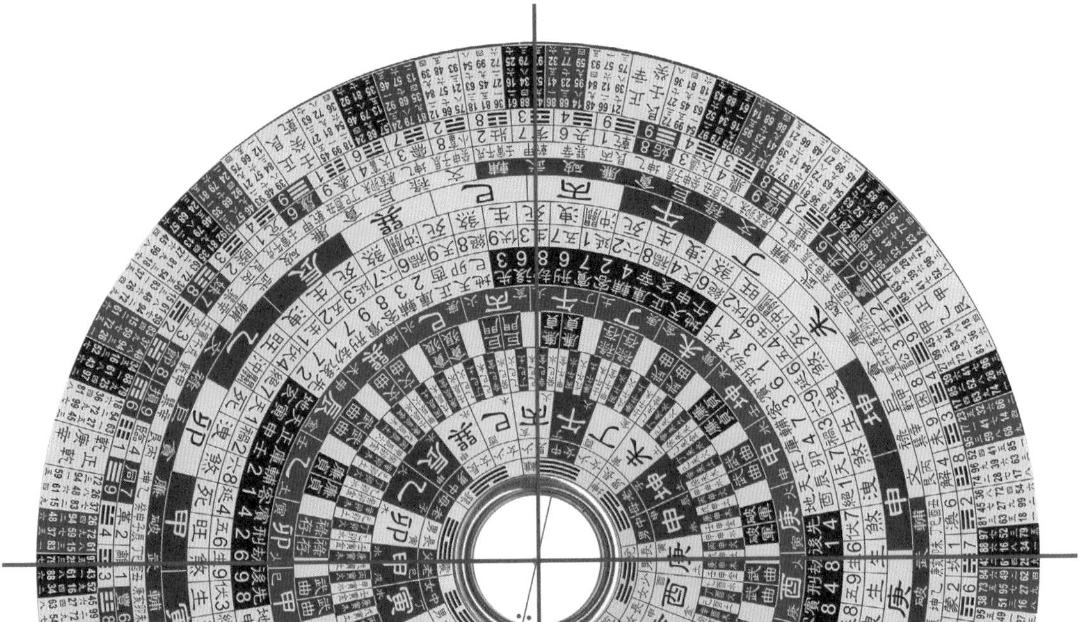
中心線
八
壬山

例二、下元八運：艮山坤向、寅山申向—屋外及屋內八大方位佈局

八運艮山、寅山是「上山下水」損丁財，坐山五黃是死運星，影響身體欠安。向上（明堂前）二黑零神病符星，如果開中門全家人會藥石不斷，有陰人出入。此宅若沒有改換天心，此屋住不平安！

改制方法：坐山安天地盤轉運法，向上（明堂前）改氣口納新氣，只有玄空大卦有此方法改善，才能使住者們平安順利，配合日課效果甚佳。

坤向、申向

6 9 三 離	8 2 五 坤	4 7 一 兌
1 4 七 巽	2 5 八	3 6 九 乾
9 3 六 震	5 8 二 艮	7 1 四 坎

艮山、寅山

艮卦—（東北方）：

58坐山五黃是癌毒星，會損人丁，安瓦斯爐很容易患癌症，安床懷孕易生怪胎，留後門納八白氣，坐山後面宜低不能逼，如果空地全部蓋滿，會損丁。

震卦—（東方）：

93留後門犯劫財，放水族箱或風水球，會影響財運。

巽卦—（東南方）：

14安書桌旺文學，安電腦思緒靈活，安鋼琴彈得好。

離卦—（南方）：

69開龍門納九紫未來氣，可放水族箱或風水球助財運，可當客廳泡茶為用。

坤卦—（西南方）：

82向上（明堂前）二黑零神病符星，勿開中門導致身體欠安，陰人出入。

兌卦—（西方）：

47可安床，夫妻感情良好，外局若有高大樹木，易犯桃花。

乾卦—（西北方）：

36忌安床睡覺，易筋骨酸痛；外局有高樓大廈，易犯小偷。

坎卦—（北方）：

71可放洗衣機或抽風機。

中宮—（中間區塊）：

25零神加五黃，宜靜不宜動，放書桌，書讀不好；放辦公桌影響脾胃，忌放水族箱或風水球，會藥石不斷。

PS：如果要盡速學會三元玄空的陽宅診斷法，請購買知青頻道出版公司出版的《學會三元玄空，這本最好用》，同本書作者。

艮寅山

第拾柒層
二十八星宿

這一層可明確的看出屋外各種大型之形煞物對我之屋宅OK不OK。

一、二十八星宿的意義

二十八星宿據說是源自西域星象術，再融入漢人傳統文化，形成不同的方位、意義、喜忌，進而影響每個人的生活。

二十八星宿是中國古代天文學的重大創造，它把連續通過南中天的恒星分為二十八群，各以一個字來命名，宿名為「角、亢、氐、房、心、尾、箕；斗、牛、女、虛、危、室、壁；奎、婁、胃、昴、畢、觜、參；井、鬼、柳、星、張、翼、軫。」

二十八星宿是沿著黃道和赤道之間來劃分，自古以來，人們都是依據它們的出沒和中天時刻來定一年四季二十四節氣。古人把二十八個部份歸納為四大星區，「宿」是指星座而

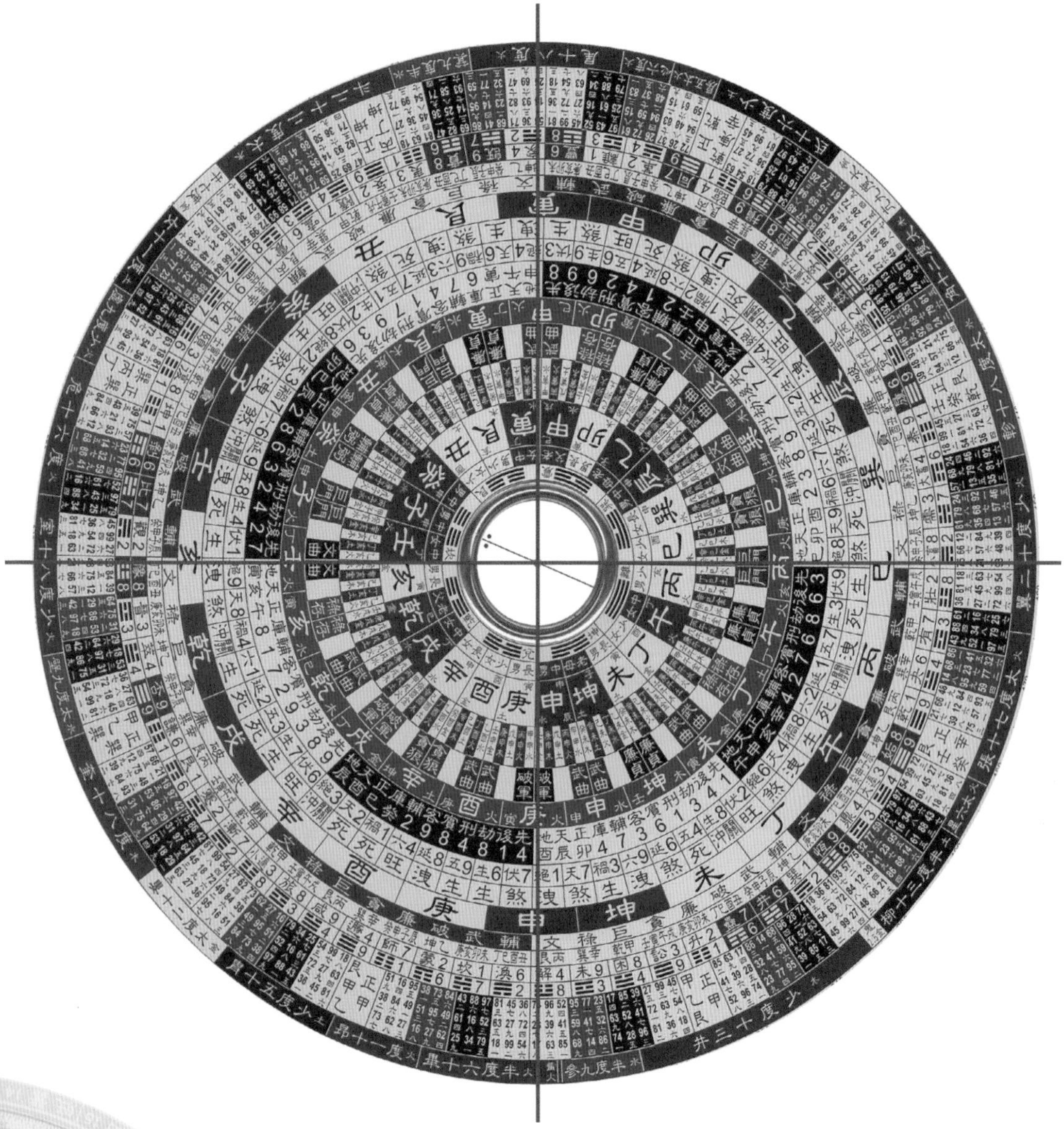

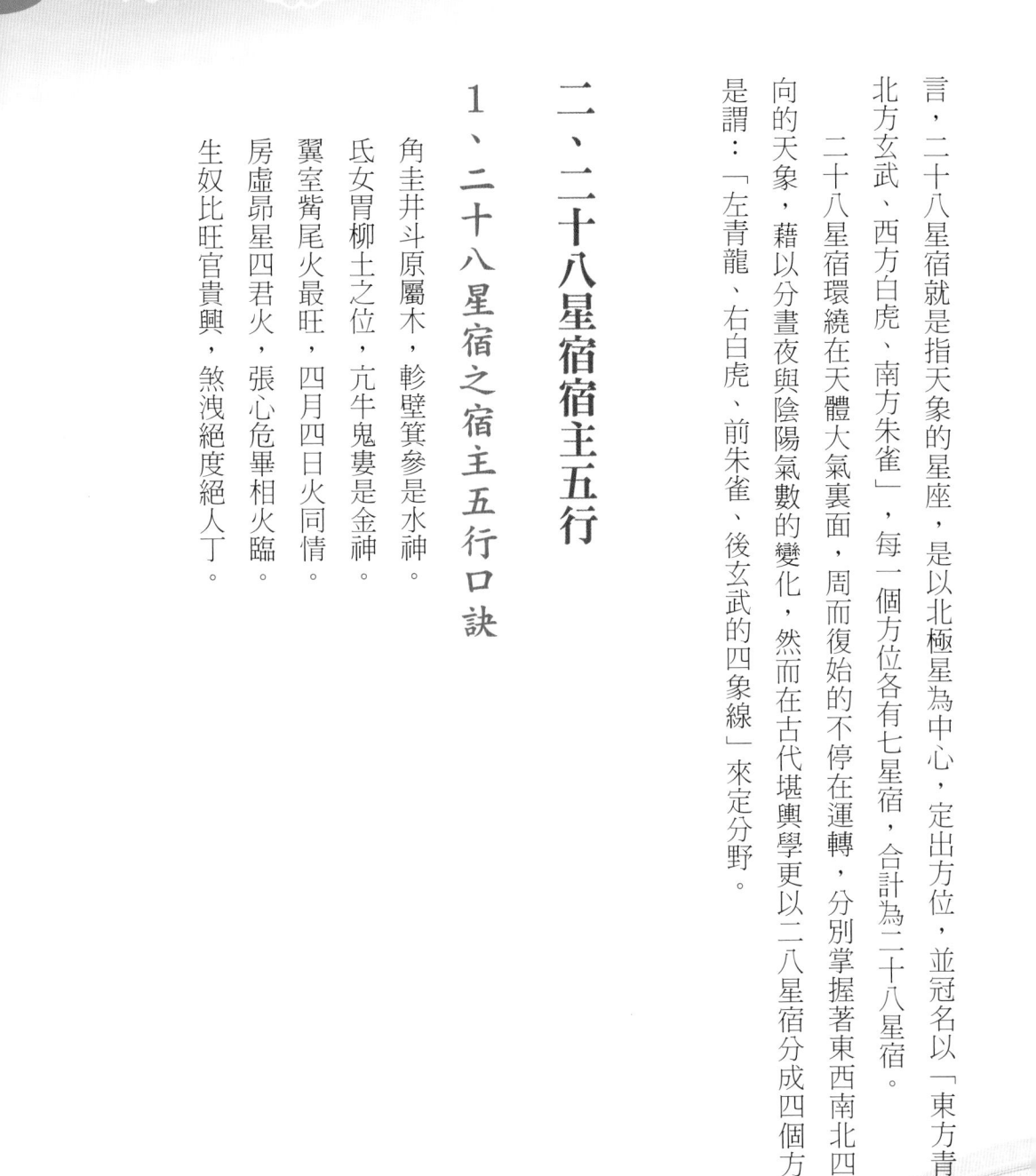

言，二十八星宿就是指天象的星座，是以北極星為中心，定出方位，並冠名以「東方青龍、北方玄武、西方白虎、南方朱雀」，每一個方位各有七星宿，合計為二十八星宿。

二十八星宿環繞在天體大氣裏面，周而復始的不停在運轉，分別掌握著東西南北四個方向的天象，藉以分晝夜與陰陽氣數的變化，然而在古代堪輿學更以二八星宿分成四個方向，是謂：「左青龍、右白虎、前朱雀、後玄武的四象線」來定分野。

二、二十八星宿宿主五行

1、二十八星宿之宿主五行口訣

角圭井斗原屬木，軫壁箕參是水神。
氐女胃柳土之位，亢牛鬼婁是金神。
翼室觜尾火最旺，四月四日火同情。
房虛昴星四君火，張心危畢相火臨。
生奴比旺官貴興，煞洩絕度絕人丁。

2、二十八星宿涵義

羅盤二十八星宿有「半」、「太」、「少」的標示，其涵義分別為：

「半」二分之一的意思；「太」四分之三的意思；「少」四分之一的意思。

例一：柳十三度半（土），亦即星宿柳占了13度半（188.5°～202°）。

例二：星六太（火），亦即星宿星占了六又四分之三度（182°～188.75°）。

例三：翼二十度少（火），亦即星宿翼占了19.四分之三度（144.5°～164.25°）。

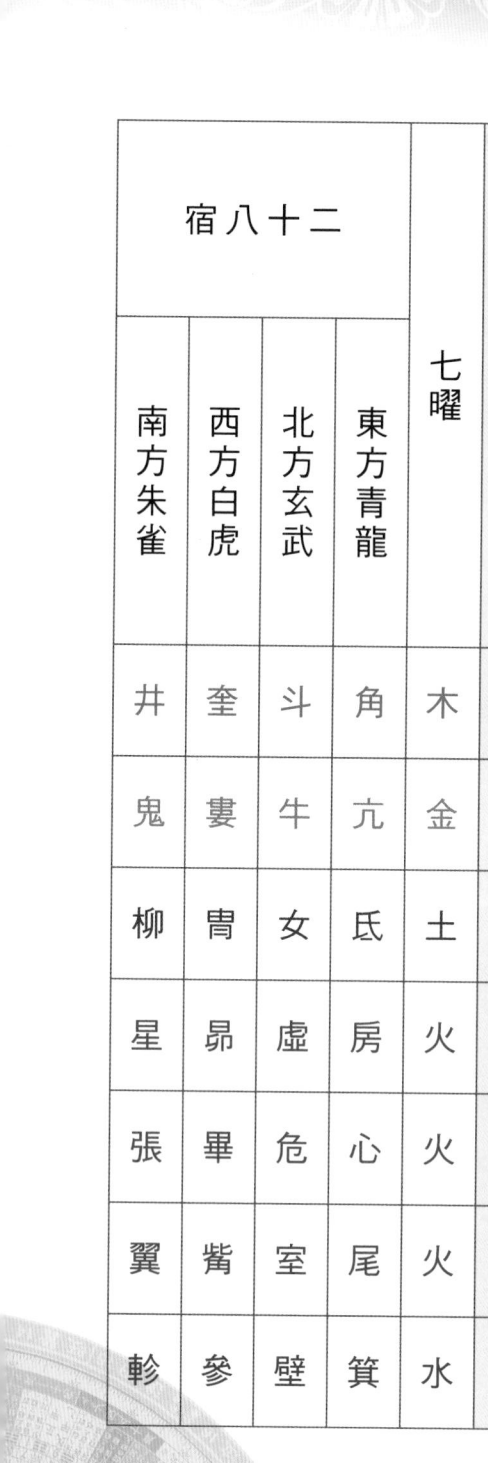

二十八星宿方位五行表

	星期	四	五	六	日	一	二	三
	七曜	木	金	土	火	火	火	水
二十八宿	東方青龍	角	亢	氐	房	心	尾	箕
	北方玄武	斗	牛	女	虛	危	室	壁
	西方白虎	奎	婁	胃	昴	畢	觜	參
	南方朱雀	井	鬼	柳	星	張	翼	軫

以「（坐山之星）為我」，與其它二十八星宿的五行（形煞物或高樓）對坐山論生剋關係。

生我者—生氣（該形煞物或高樓）對我很好。
同我者—旺氣（該形煞物或高樓）對我好。
我生者—洩氣（該形煞物或高樓）對我不好。
我剋者—死氣（該形煞物或高樓）對我不太好。
剋我者—煞氣（該形煞物或高樓）對我很不好。

PS：生剋關係以生氣、旺氣為最吉，洩氣與死氣居吉凶之間，煞氣最凶，而五黃位（沖關）不論生剋關係皆以凶論之，若是煞氣又與五黃位相臨，遇動必有大災禍。

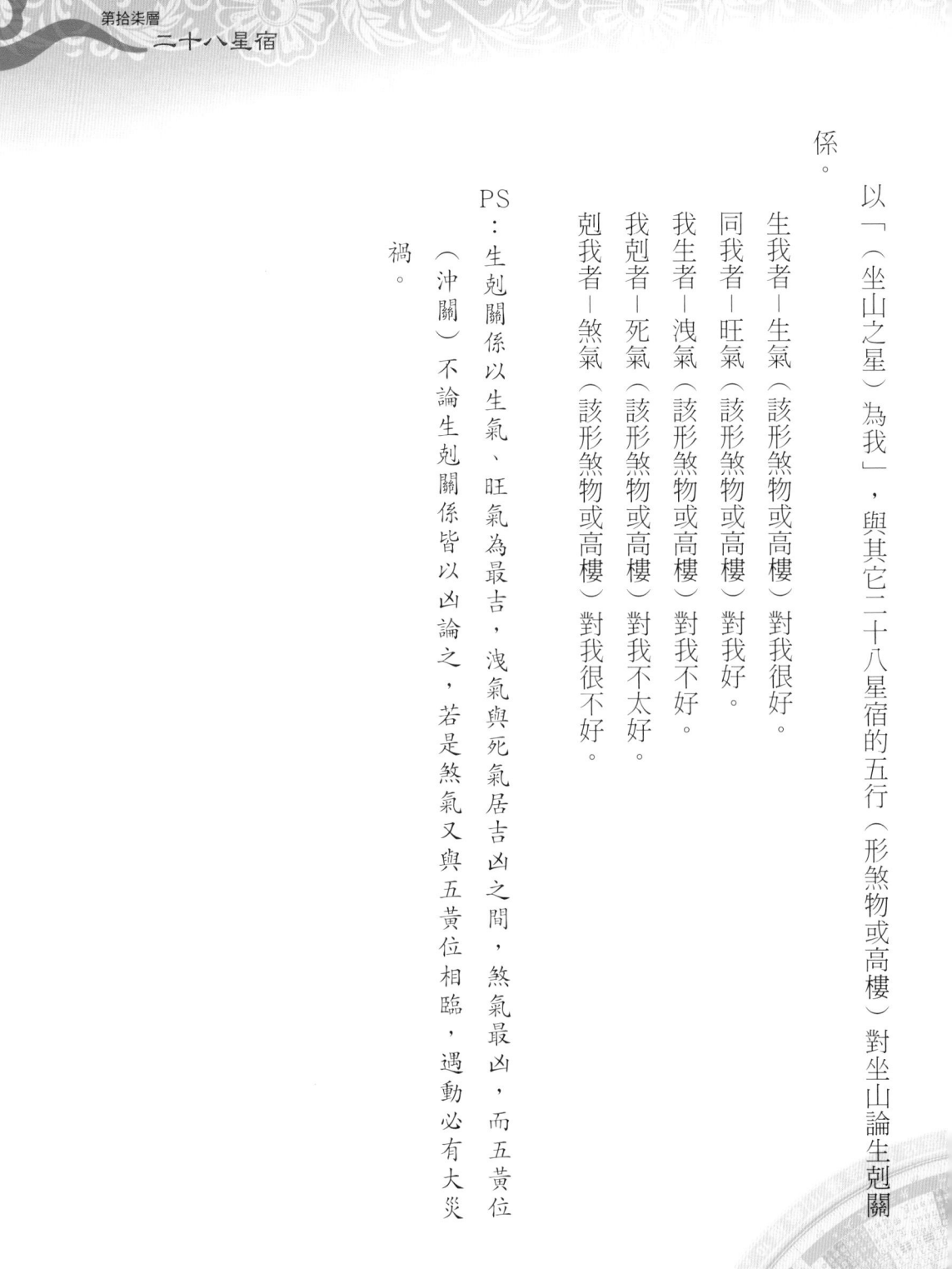

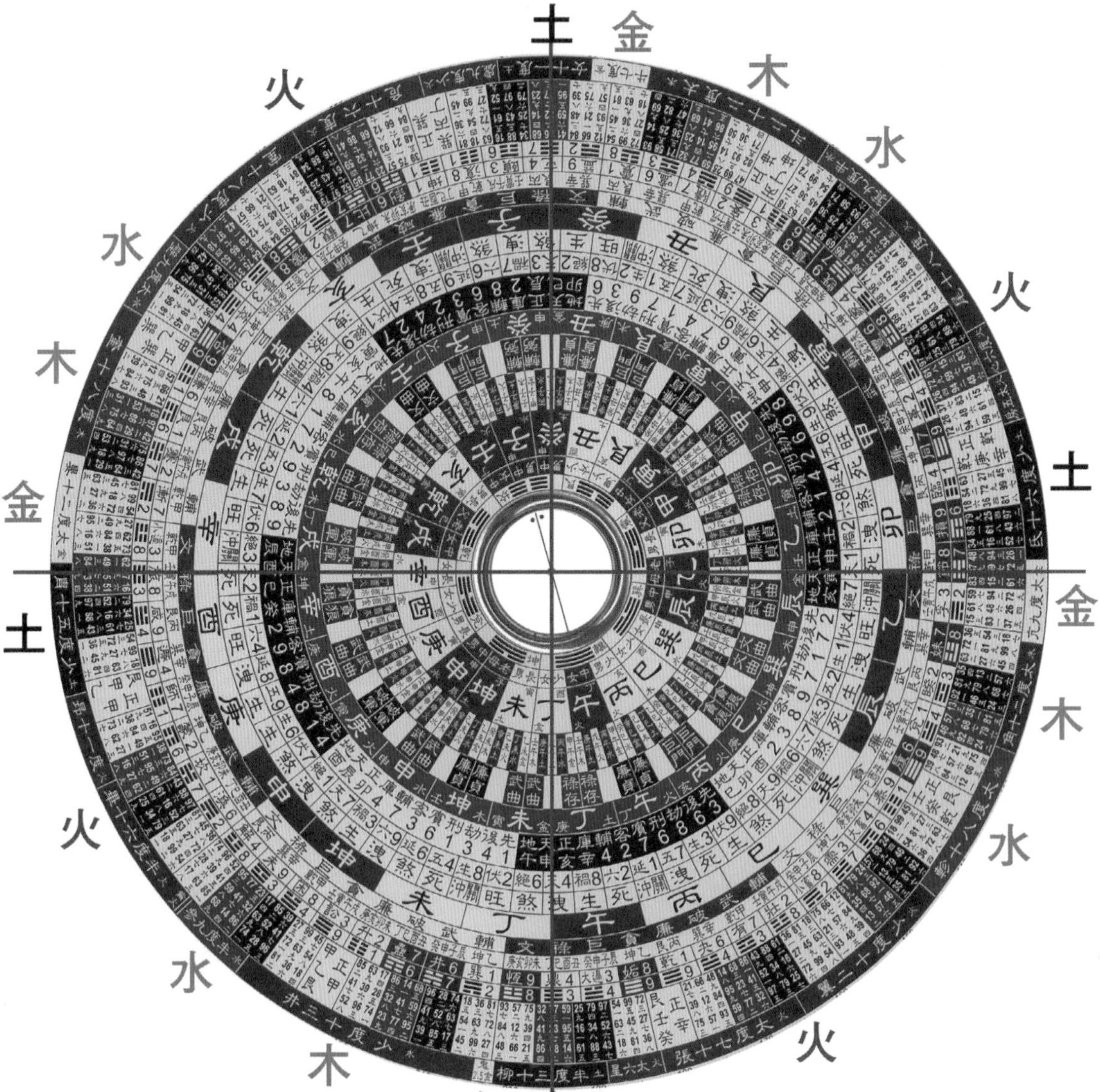
土
金
木
水
火
土
金
木
水
火
土
金
木
水
火
土
金
木
水
火

角：（又稱木蛟是吉星）

角星造作可榮昌，可置田產及辦喜事，辦嫁娶可出貴子，讀書人可以一帆風順，但是不可用角星行埋葬之事，否則三年之後有瘟疫，如果用角星起工修築墳墓或地基，則對主人不利，也主造化萬物、天下太平。

亢：（又稱金龍是凶星）

亢星造作則長房在十日之內有災殃，祖田不保且會失去官職，及會受小人所傷，如果用亢星行嫁娶，則兒孫新婦要守空房，如果用亢星行埋葬則有災禍、重傷。

氐：（又稱土貉是凶星）

氐星造作會有災殃，田園財產一時空，用氐星進行埋葬，則有人會懸吊自縊、災禍接二連三，用氐星行婚禮則會離別、婦人不貞，航行也不利，更會生出聾啞的子孫，而鬧得家庭更窮。

房：（又稱日兔是吉星）

房星造作則財源滾滾，富貴榮享、有福祿，並且身體健康，用房星行埋葬則仕途平穩，嫁娶用此日婚姻美滿得貴子、安和樂利。

心：（又稱月狐是凶星）

心星造作則大凶，有囚獄之災，忤逆長輩、惹官非，損失宅產。埋葬則大凶，用於婚姻則傷子，凶事接二連三，令人寢食難安。

尾：（又稱火虎是吉星）

尾星造作可榮華富貴、福祿、財源滾滾而來，行婚姻則大吉利、子孫有利，有貴氣，用尾星行埋葬則子孫興旺，地理方面的開門放水則財源滾滾而來，並且有名望。

箕：（又稱水豹是吉星）

箕星造作年年大吉昌，埋葬修墳大吉利，風水方面的開門放水，則可升官，財源滾滾而來，六親緣厚，生活過得快樂平安且身體健康、仕途平穩、風調雨順、五穀豐收。

斗：（又稱木獬是吉星）

斗星造作可招財、有利於仕途，家業欣欣向榮，修築墳地可招富貴，開門放水則有進財，可使家庭和睦、有福無災、天下太平、國富民康。

牛：（又稱金牛是凶星）

牛星造作有災厄，天災橫禍不可免，家庭不安而且傷人口，事業不利，如果行婚姻則不利，財運漸退，假若開門放水則不利六畜。

女：（又稱土蝠是凶星）

女星造作不利婦女，恐損人口，兄弟互相猜忌，感情不和睦，好比水火不能相容，如果行埋葬則容易招鬼怪，有怪病發生，易惹事生非而破財，要是開門放水，則家庭破散，離鄉背井，此星用之女權主事。

虛：（又稱日鼠是凶星）

虛星造作有災殃，男女相剋不能成雙，家庭失和，兒孫媳婦皆都不守節操，甚至亂倫。

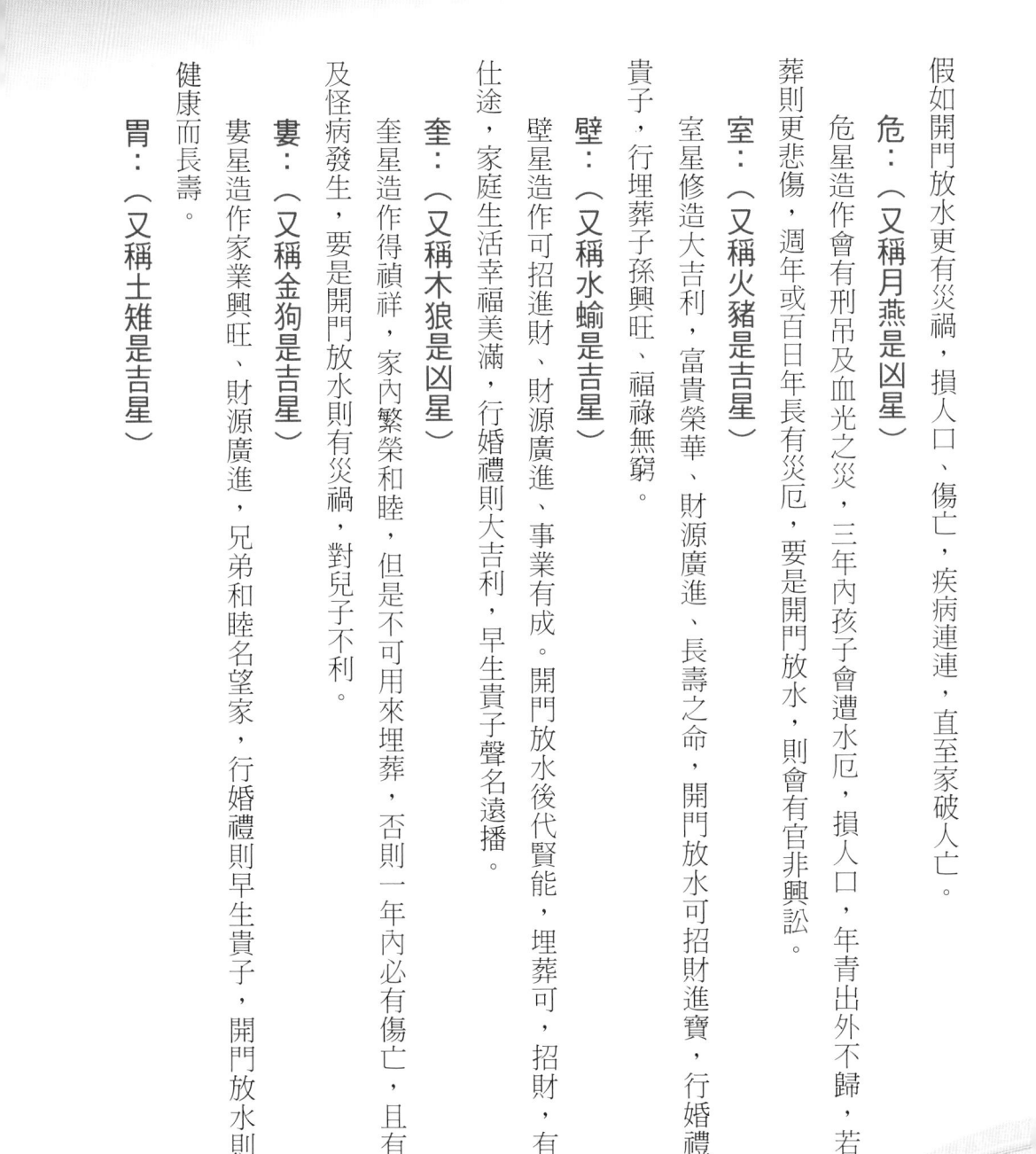

假如開門放水更有災禍，損人口、傷亡，疾病連連，直至家破人亡。

危：（又稱月燕是凶星）

危星造作會有刑吊及血光之災，三年內孩子會遭水厄，損人口，年青出外不歸，若行埋葬則更悲傷，週年或百日年長有災厄，要是開門放水，則會有官非興訟。

室：（又稱火豬是吉星）

室星修造大吉利，富貴榮華、財源廣進、長壽之命，開門放水可招財進寶，行婚禮可生貴子，行埋葬子孫興旺、福祿無窮。

壁：（又稱水蝓是吉星）

壁星造作可招進財、財源廣進、事業有成。開門放水後代賢能，埋葬可，招財，有利於仕途，家庭生活幸福美滿，行婚禮則大吉利，早生貴子聲名遠播。

奎：（又稱木狼是凶星）

奎星造作得禎祥，家內繁榮和睦，但是不可用來埋葬，否則一年內必有傷亡，且有官事及怪病發生，要是開門放水則有災禍，對兒子不利。

婁：（又稱金狗是吉星）

婁星造作家業興旺、財源廣進，兄弟和睦名望家，行婚禮則早生貴子，開門放水則身體健康而長壽。

胃：（又稱土雉是吉星）

胃星造作榮華富貴、喜氣洋洋，埋葬則有利於仕途，夫婦可白首偕老，行婚禮則可使家內富貴，兒孫代代有名望。

昴：（又稱日雞是凶星）

昴星造作家業興盛，但埋葬會常有官災，且會傷亡不斷，變賣田產，開門放水則會招災禍，孩童得怪病，行婚禮會有生離死別之象。

畢：（又稱月烏是吉星）

畢星造作財源廣進，行埋葬利於仕途，事業興旺，開門放水闔家歡樂，行婚禮則早生貴子而福壽雙全。

觜：（又稱火猴是凶星）

觜星造作有刑害，孤苦伶仃，若行埋葬則容易有暴死的現象，多數應於寅年，災禍不斷，直至使田地退散而破家。

參：（又稱水猿是凶星）

參星造作旺家業，文星高照、田產有利，但是行埋葬則大凶，開門放水則有利於仕途，田產及子孫興旺，但是行婚禮則大凶，會遭刑剋，感情變故。

井：（又稱木犴是吉星）

井星造作財源廣進、金榜題名，埋葬則不利，容易得怪病而命歸黃泉，開門放水可招財進寶、貴人重重、子孫興旺。

鬼：（又稱金羊是凶星）

鬼星造作大凶，傷人口，埋葬用可加官晉祿，對兒孫的仕途有利，但是開門放水則會傷人口，要是行婚禮夫妻不長久，修土築牆主大凶。

柳：（又稱土獐是凶星）

柳星造作有官事，無日安寧，埋葬多疾病，田產退敗，開門放水會產生耳聾及瞎眼之疾，甚至駝背，嚴重的話甚至遭刑打，婦人不守婦道。

星：（又稱日馬是凶星）

星星造作有利於仕途，但不可埋葬與放水，否則大凶，會遭生離死別之禍，放水開門損人丁。

張：（又稱月鹿是吉星）

張星造作財源廣進，埋葬有利於仕途，開門放水可招財進寶，行婚禮則夫妻恩愛、事事如意，怡然自得。

翼：（又稱火蛇是凶星）

翼星修造容易得怪病，埋葬則子孫遠走他鄉，行婚禮則不利，婦女不守婦道，開門放水則家破，少女會淫奔。

軫：（又稱水蚓是吉星）

軫星造作則有利於仕途，榮華富貴、增添福壽、財源廣進，埋葬有利於仕途，行婚禮則得貴子。

第拾捌層

周天三百六十度

這一層最簡單一下子可明確的看出各方位是在幾度以作判斷。

現今風水堪輿師所使用的羅盤，都增列了一層「三百六十度周天」，這是古代羅盤所沒有的，但是「三百六十度周天」對於研習羅盤二十四山卻是有很大的幫助。因為將三百六十度除以「二十四山」，就知道每山各佔十五度，每山各有五分金，每分金各佔三度，有了數字的記錄，就更加容易辨別與使用了。

一般建築設計師並不了解坐山的涵義，所以我們立好坐山之後，與其最好的溝通互動，就是以「三百六十度周天」當做媒介，亦可準確瞭解坐山之真正方位。

「三百六十度周天」何時開始在風水羅盤上出現？最早應該是在七〇年代後期左右，當時已經可以在市面上買到有「三百六十度周天」的風水堪輿羅盤，但真正廣泛使用則是由九〇年代才開始，此時幾乎所有的羅盤都已經有「三百六十度周天」這一層了。

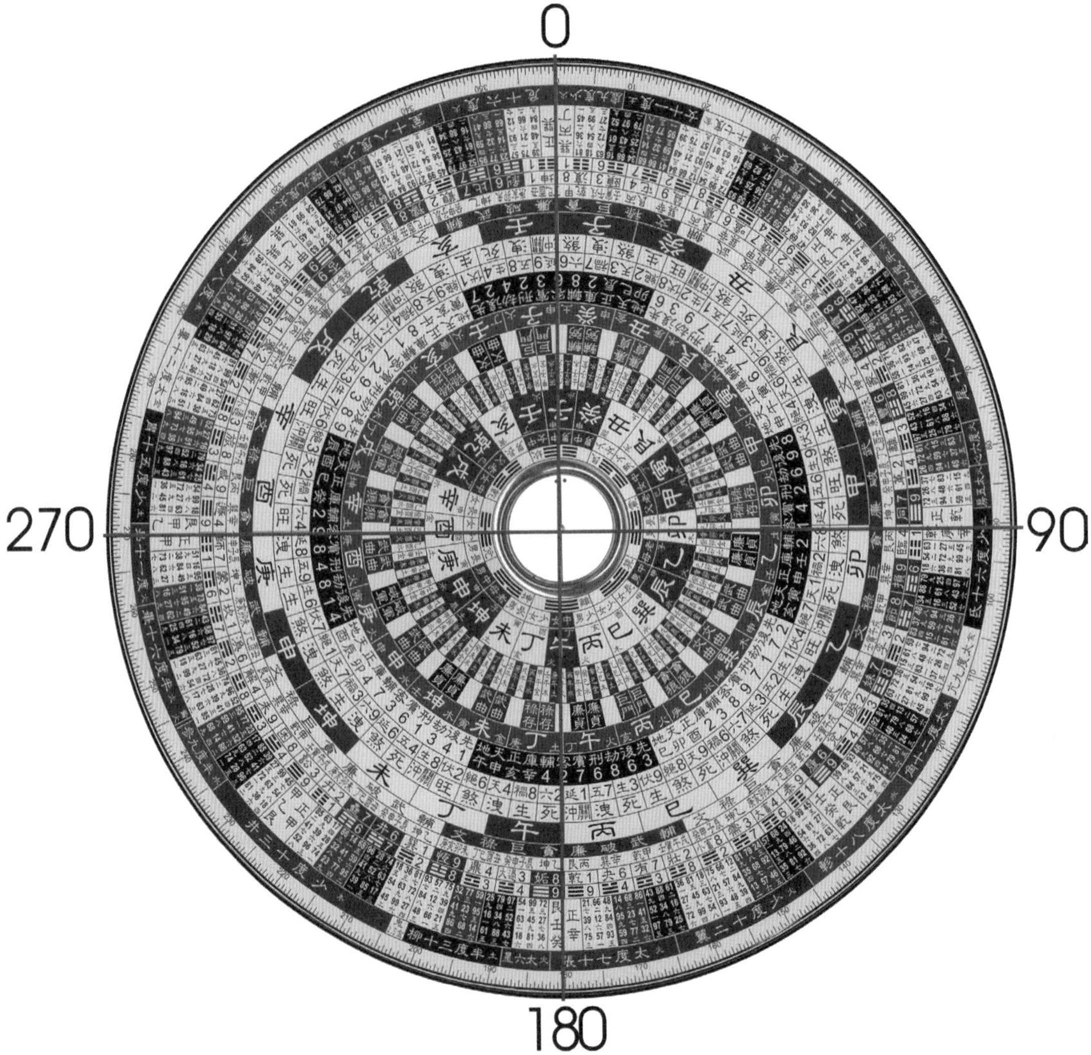
0
90
180
270

第拾玖層

二十四山星神

這一層可明確的看出房子中神位、門、辦公桌之位置好不好。

一、二十四山星神的意義

二十四山星神係依《門樓玉輦經》來安「二十四顆」風水門星的次序，順序為：「福德、瘟疫、進財、長病、訴訟、官爵、官貴、自吊、旺庄、興福、法場、癲狂、口舌、旺蠶、進田、哭泣、孤寡、榮福、少亡、娼淫、姻親、歡樂、敗絕、旺財」，吉凶各佔十二星神位。

二十四山星神吉利方位有：福德、進財、官爵、官貴、旺莊、興福、旺產、進田、榮福、姻親、歡樂、旺財；凶厄方位有：瘟疫、長病、訴訟、自吊、法場、顛狂、口舌、哭泣、孤寡、少亡、娼淫、敗絕。

二十四山星神

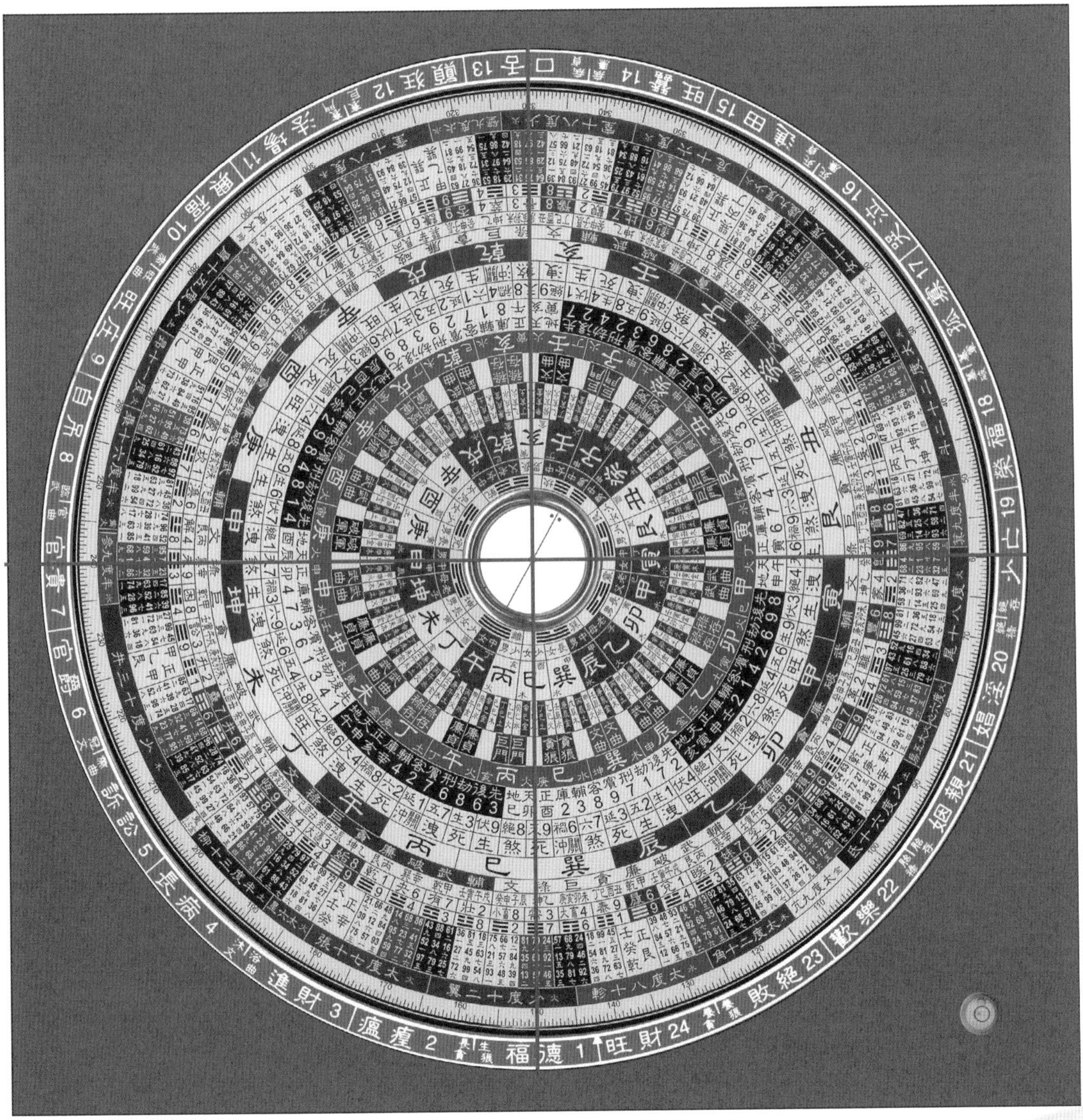

二十四山星神可用於陽宅安福德正神位，亦可用於陰宅安后土、山神、龍神，今用來尋找安神位、床位、辦公桌、開門位等均適用。

二、二十四山星神應用法

二十四山星神的使用方法，是要對照羅盤第四層【二十四山地盤正針】每山右上角之五行，用來尋找第拾玖層【二十四山星神】的吉凶方位。

此層二十四山右上角【小字的天干或地支】是為了配合第十九層，羅盤最外層安神二十四星神所做出的對應點，只要量出二十四坐山，就可直接將該坐山上方的天干或地支旋轉對準第十九層，羅盤最外層的【福德】位，運用方法介紹如下：

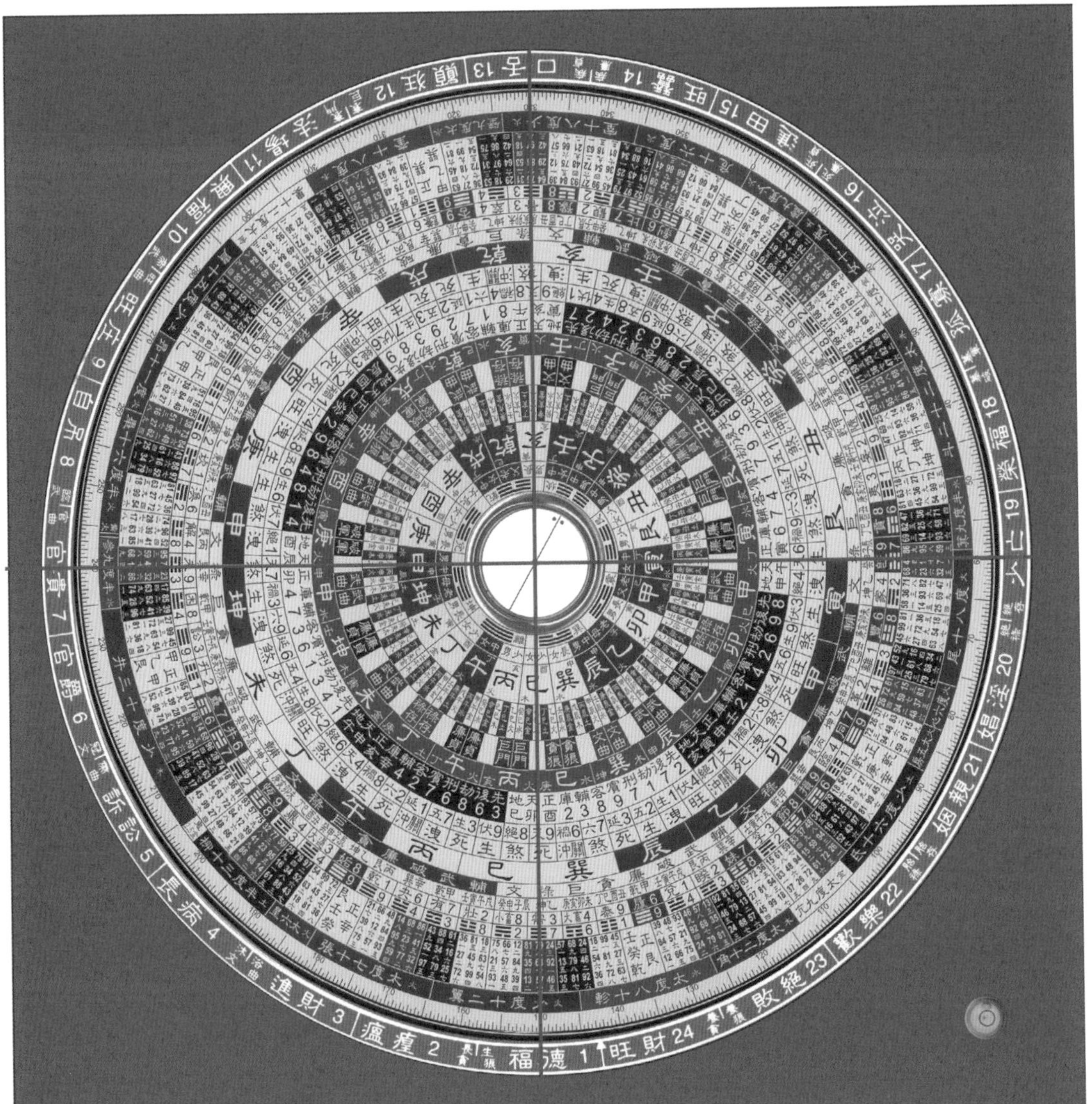

二十四山星神歌訣：

坎（子）癸申辰巽辛猴，艮丙兩山趕豬走。
離（午）壬寅戌在丁方，乾甲二山蛇遇路。
坤乙兩山尋鼠位，震（卯）庚亥未虎頭上。
兌（酉）丁巳丑向雞鄉，順行福德吉方安。

歌訣說明：

子、癸、申、辰、巽、辛山在「申」（將申對準福德）；
艮、丙山在「亥」（將亥對準福德）；
午、壬、寅、戌山在「丁」（將丁對準福德）；
乾、甲山在「巳」（將巳對準福德）；
坤、乙山在「子」（將子對準福德）；
卯、庚、亥、未山在「寅」（將寅對準福德）；
酉、丁、巳、丑山在「酉」（將酉對準福德）；
如此便可尋求吉利方位佈局。

1、首先以羅盤量出陽宅正確的坐向。

2、量出方位之後，以第四層【二十四山地盤正針】坐山右上角顯示的天干或地支，轉動對準【福德】位。

3、將羅盤轉成原來的「坐山」，就可以知道其陽宅二十四山，各方位的吉凶意義。

「福德」：安門大吉祥，年年進財得田庄，東方招得角音契，貴子連連家聲揚（乃為大吉之數，年年進寶，德文昌科甲）。

「瘟疫」：之位勿安門，年年產業總空乏，怪異百般皆主見，家聲敗壞不盡言（易生怪病、陰煞，女人難產）。

「進財」：之位最吉祥，六畜興旺不可擋，加官進祿產業興，綿綿富貴達邦鄉（百事俱興，家運興旺）。

「長病」：之位不可當，家聲破敗少年亡，年年月月官方起，賣盡田園遭禍殃（身體易染疾病、目疾、凶兆）。

「訴訟」：之位不是祥，安門立向有官方，丁乏財散退兩難，哭泣搥胸受驚惶（招禍惹災、口舌是非、官非訴訟）。

「官爵」：安門最是祥，時常進出外田庄，生得貴子興家旺，財寶珍珠時寶箱（德高望重、財源廣進，吉慶榮昌）。

「官貴」：之位好安門，財運亨通官貴顯，人丁旺盛家和興，祿胎父子及文身（名揚立萬、得高位尊、財運豐厚、人緣甚佳）。

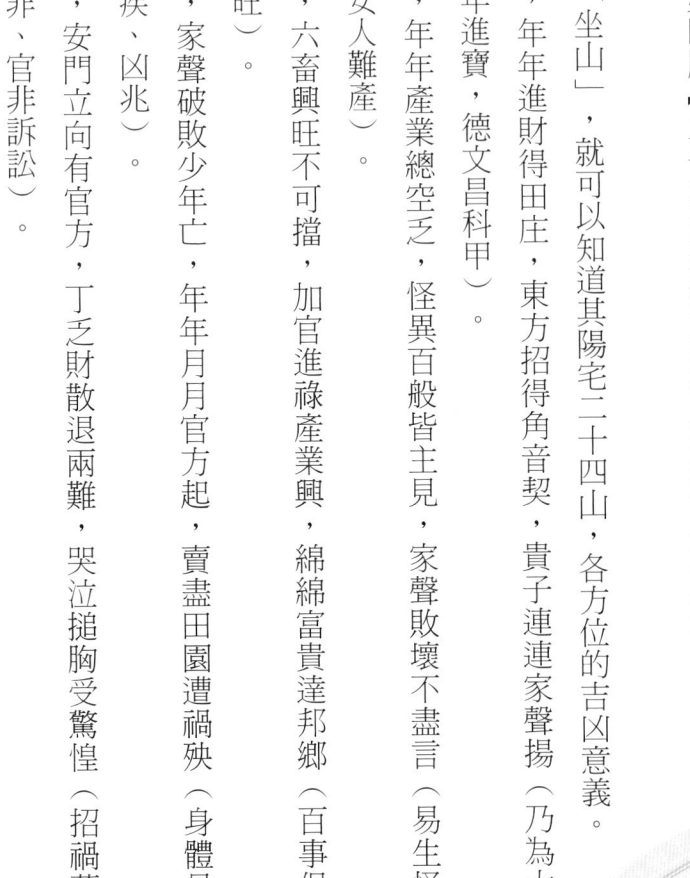

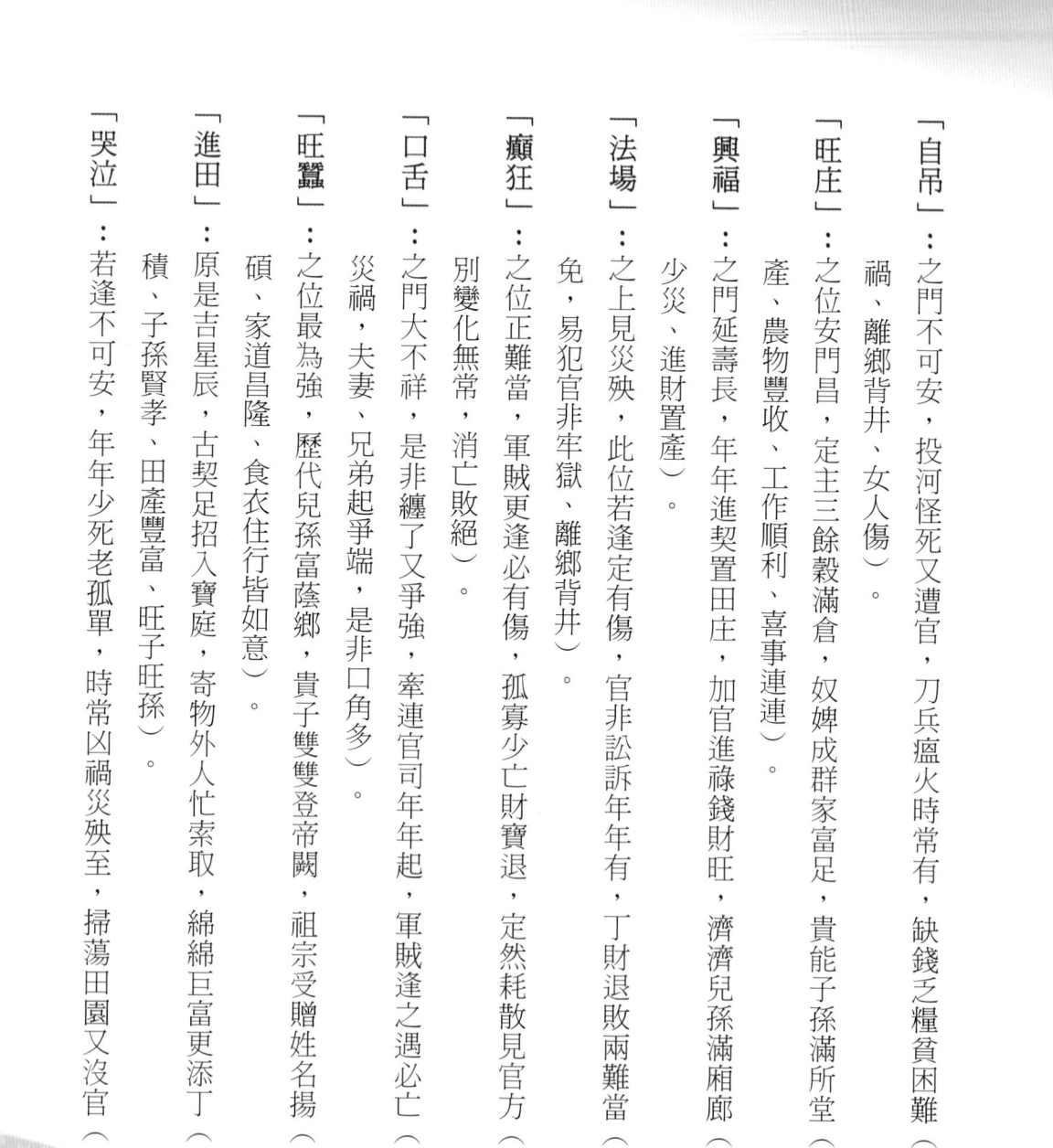

「**自吊**」：之門不可安，投河怪死又遭官，刀兵瘟火時常有，缺錢乏糧貧困難（易惹災禍、離鄉背井、女人傷）。

「**旺庄**」：之位安門昌，定主三餘穀滿倉，奴婢成群家富足，貴能子孫滿所堂（進財置產、農物豐收、工作順利、喜事連連）。

「**興福**」：之門延壽長，年年進契置田庄，加官進祿錢財旺，濟濟兒孫滿廂廊（壽長、少災、進財置產）。

「**法場**」：之上見災殃，此位若逢定有傷，官非訟訴年年有，丁財退敗兩難當（刑傷難免，易犯官非牢獄、離鄉背井）。

「**癲狂**」：之位正難當，軍賊更逢必有傷，孤寡少亡財寶退，定然耗散見官方（生離死別變化無常，消亡敗絕）。

「**口舌**」：之門大不祥，是非纏了又爭強，牽連官司年年起，軍賊逢之遇必亡（無辜惹災禍，夫妻、兄弟起爭端，是非口角多）。

「**旺蠶**」：之位最為強，歷代兒孫富蔭鄉，貴子雙雙登帝闕，祖宗受贈姓名揚（收入豐碩、家道昌隆、食衣住行皆如意）。

「**進田**」：原是吉星辰，古契足招入寶庭，寄物外人忙索取，綿綿巨富更添丁（財富累積、子孫賢孝、田產豐富、旺子旺孫）。

「**哭泣**」：若逢不可安，年年少死老孤單，時常凶禍災殃至，掃蕩田園又沒官（傷心惹禍、家財敗退、終日淚吟吟）。

「孤寡」：之門事不因，拋離幼子及雙親，田蠶等物皆空耗，堂堂屋舍冷如冰（孤芳自賞難以溝通，敗財、家人不聚）。

「榮福」：之門最吉昌，年年常見買田庄，牛羊興旺人聰俊，登榜兒孫姓字香（發跡容易、喜事連連、榮華富貴、家道興隆）。

「少亡」：門下不可當，三十二年哭子殤，怪禍喪家飛浪起，上山下水虎蛇傷（貪杯好酒，容易刑傷，意外血光連連）。

「娼淫」：之位是堪憂，田地丁財退不休，室女貪花跟士走，懷胎寡母不知羞（爛桃花，未嫁私奔或已婚叛離，全家不知羞恥為何物）。

「姻親」：之位亦堪登，定主奇婚得美稱，蓄產田蠶常富足，滿家大小福威增（子孫賢孝、吉慶有餘、金銀財寶、滿室盈箱）。

「歡樂」：之門更可觀，一堂子孫都團圓，興丁益業常豐足，遵法俱和守分安（歡慶連連、進財容易、聲名遠播、佳音常起）。

「敗絕」：之門不可言，田庄漸退苦兒孫，公門橫禍時時起，父子東西各兩奔（人丁凋落、家人不聚）。

「旺財」：富貴足財糧，千口一家不比常，歷任為官嘉職顯，兒孫代代姓名揚（財源廣進、富比三江、一生豐足、壽比天高）。

範例：「坐乾向巽」，歌訣云：【乾甲二山蛇遇路】，乾、甲山在「巳」（將巳對準福德）。所以就將「巳山」轉到「福德」（如圖1），接著將羅盤的「坐山」乾，旋轉到最下方（如圖2），如此二十四山的吉凶方位就一覽無遺了。

據此得知，依坐山順時針方向依序：「乾山為癲狂、亥山為口舌、壬山為旺蠶、子山為進田、癸山為哭泣、丑山為孤寡、艮山為榮福、寅山為少亡、甲山為娼淫、卯山為姻親、乙山為歡樂、辰山為敗絕、巽山為旺財、巳山為福德、丙山為瘟疫、午山為進財、丁山為長病、未山為訴訟、坤山為官爵、申山為官貴、庚山為自吊、酉山為旺庄、辛山為興福、戌山為法場。」

PS：本中心有研發可旋轉式兩層塑膠羅盤，操作容易，攜帶簡便，坐山方位吉凶一目了然，請來電洽詢。

1

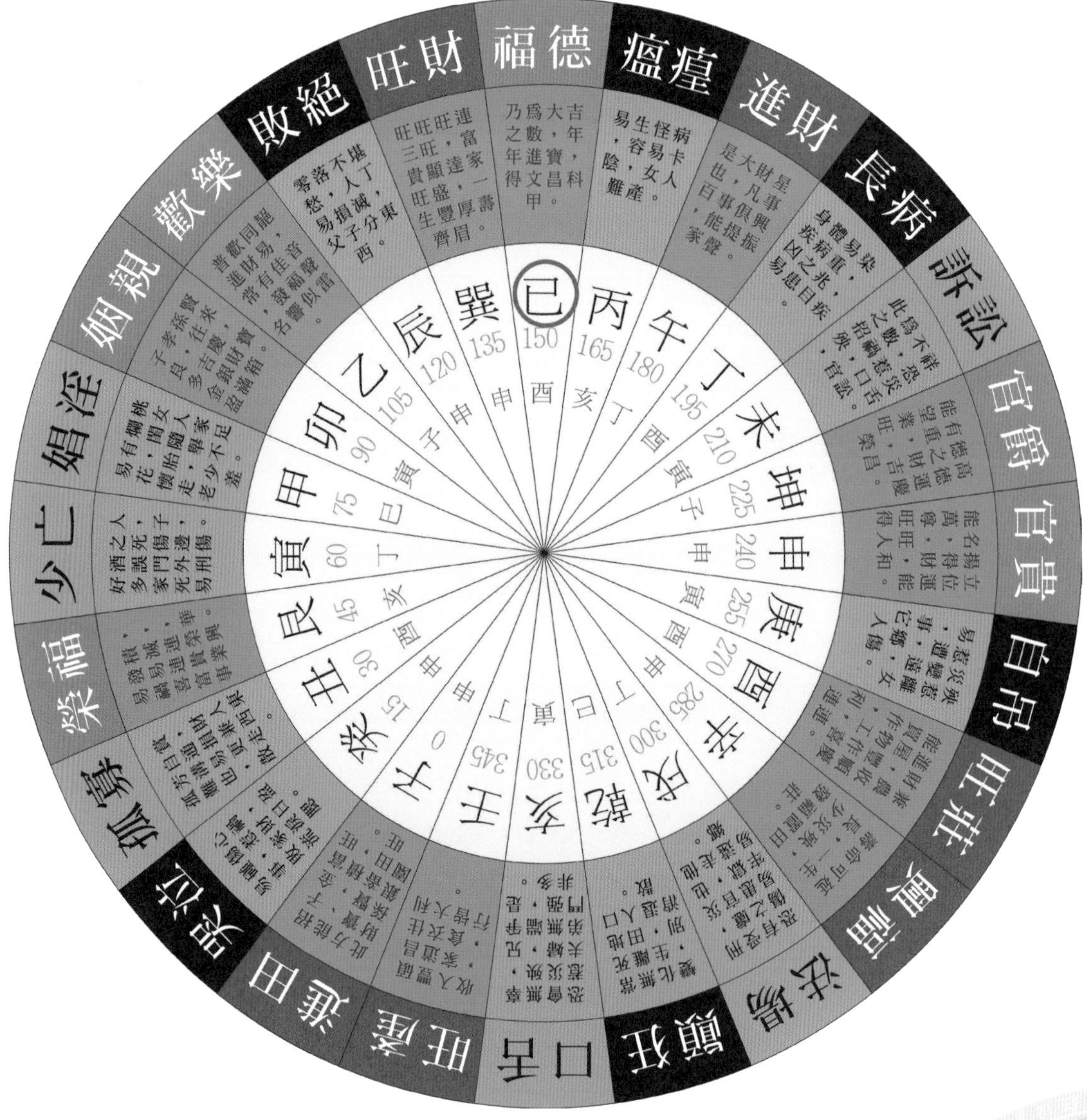
福德
乃爲大吉之數，年年進寶，得文昌科甲。
瘟𤸃
易生怪病，容易卡陰，女人難產。
進財
是大財星也，凡事百事俱興，能提振家聲。
長病
身體易染疾病重，凶之兆，易患目疾。
訴訟
此爲不祥之數，恐災招禍惹口舌殃，官訟。
官爵
能有德高望重之德業，財運旺，吉慶榮昌。
官貴
能名揚立萬，得位尊，財運旺旺，能得人和。
自吊
易惹災殃，遭變惹事，遠離它鄉，女人傷。
旺莊
能進財兼買屋，農作物豐收，工作順利，喜慶連連。
興福
壽命可延長，一生少災殃，發福置田莊。
法場
恐有受刑傷之慮，易患官災牢獄，也易遠走他鄉。
顛狂
變化無常，生離死別，田地人口消退散。
口舌
恐會無辜惹災殃，夫婦，兄弟無端爭門強，是非多。
旺產
收入豐碩，家道昌，食衣住行皆大利。
進田
此方能招財寶，子孫賢，金銀畜積富，園田旺。
哭泣
易碰傷心事，若禍招，敗家日流淚眼。
孤寡
孤芳自賞，難溝通，易損財人，也更兼散走西東。
榮福
易發積，禍易滅，喜連連，富貴榮華，事業興。
少亡
好酒之人，多謀死，家門傷子，死外邊，易刑傷。
娼淫
易有爛桃花，閨女懷胎隨人走，舉家老少不足羞。
姻親
子孝孫賢良，往來多吉慶，金銀財寶盈滿箱。
歡樂
普歡同龍進財易，常有佳音，發福聲名響似雷。
敗絕
零落不堪愁，人丁易損滅，父子分東西。
旺財
旺旺旺連三旺，富貴顯達家旺盛，一生豐厚壽齊眉。
巳 150 酉
丙 165 亥
午 180 丁
丁 195 酉
未 210 寅
坤 225 子
申 240 申
庚 255 寅
酉 270 酉
辛 285 申
戌 300 丁
乾 315 巳
亥 330 寅
壬 345 丁
子 0 申
癸 15 申
丑 30 酉
艮 45 亥
寅 60 丁
甲 75 巳
卯 90 寅
乙 105 子
辰 120 申
巽 135 申

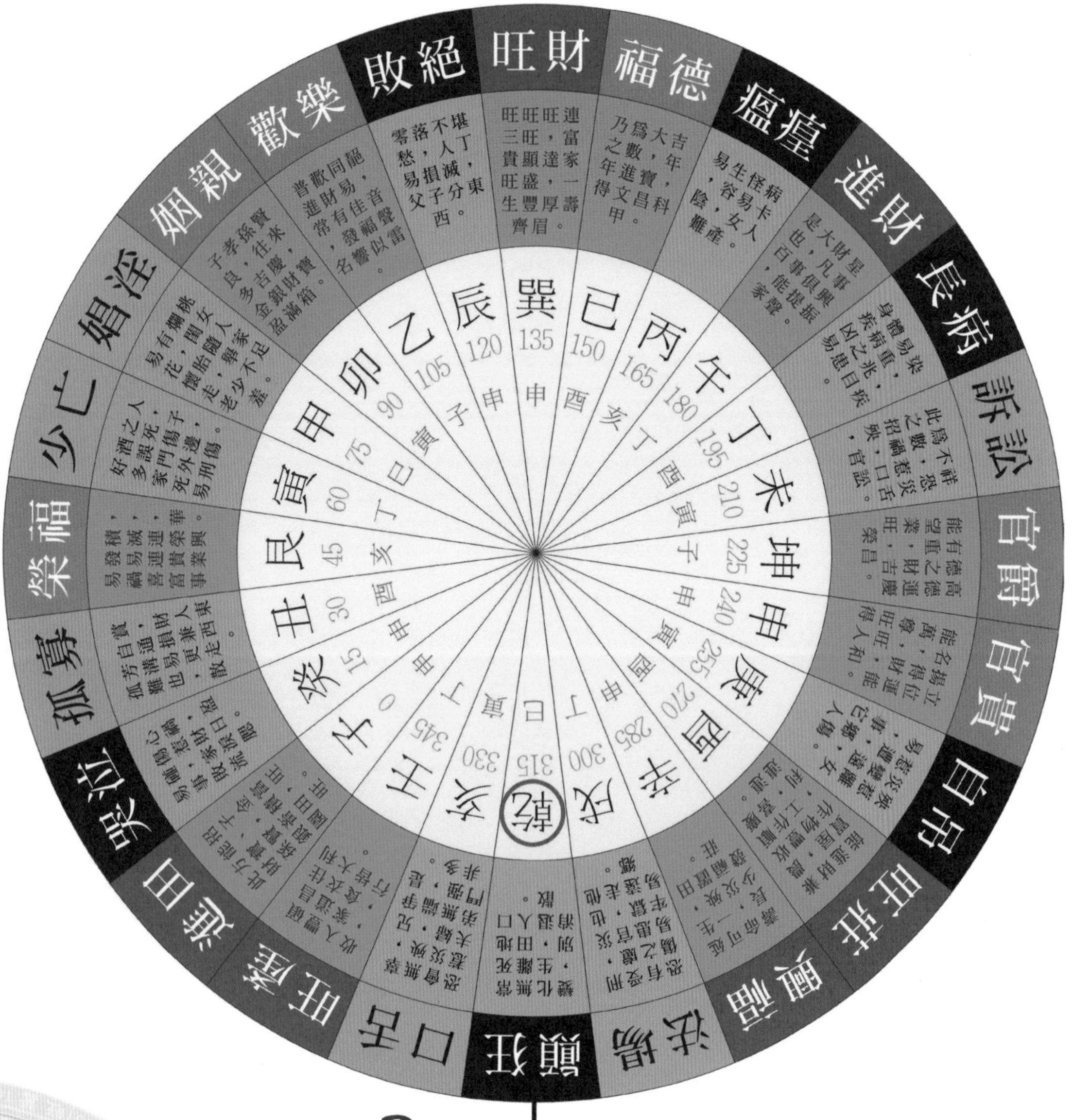
旺財
福德
瘟㾮
進財
長病
訴訟
官爵
官貴
自吊
旺莊
興福
法場
顛狂
口舌
旺蠶
進田
哭泣
孤寡
榮福
少亡
娼淫
姻親
歡樂
敗絕
巽 135
巳 150
丙 165
午 180
丁 195
未 210
坤 225
申 240
庚 255
酉 270
辛 285
戌 300
乾 315
亥 330
壬 345
子 0
癸 15
丑 30
艮 45
寅 60
甲 75
卯 90
乙 105
辰 120

2

您想讓客戶認定您是專家嗎？

陰陽宅堪輿　專業級配備

7寸2 吉祥羅盤

8寸6 吉祥羅盤

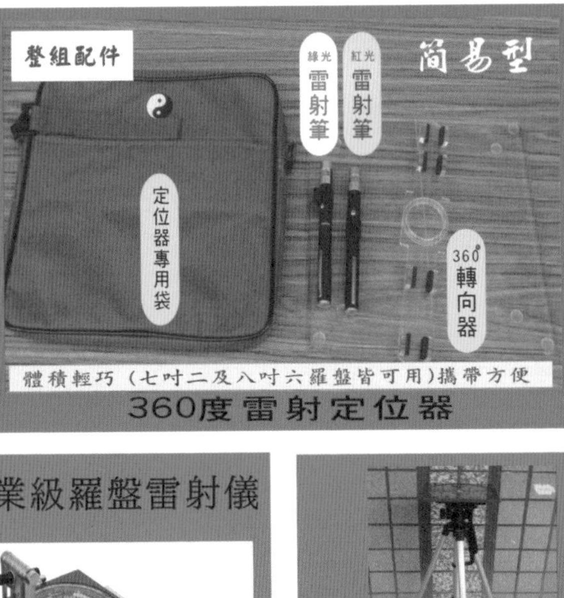

360度雷射定位器

專業級羅盤雷射儀

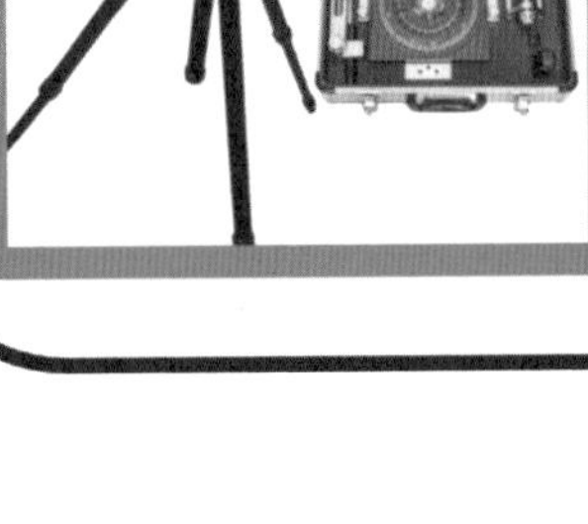

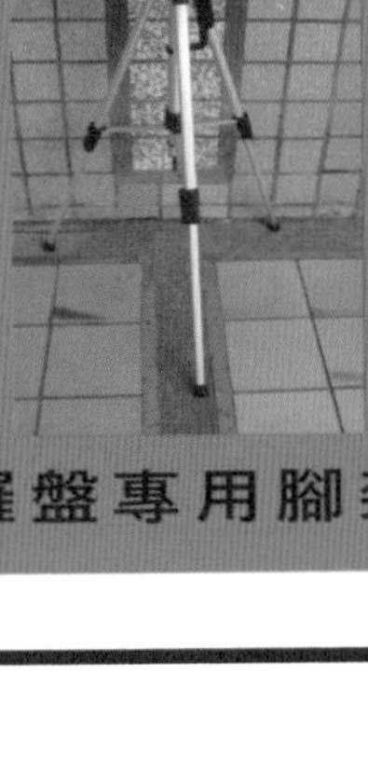

羅盤專用腳架

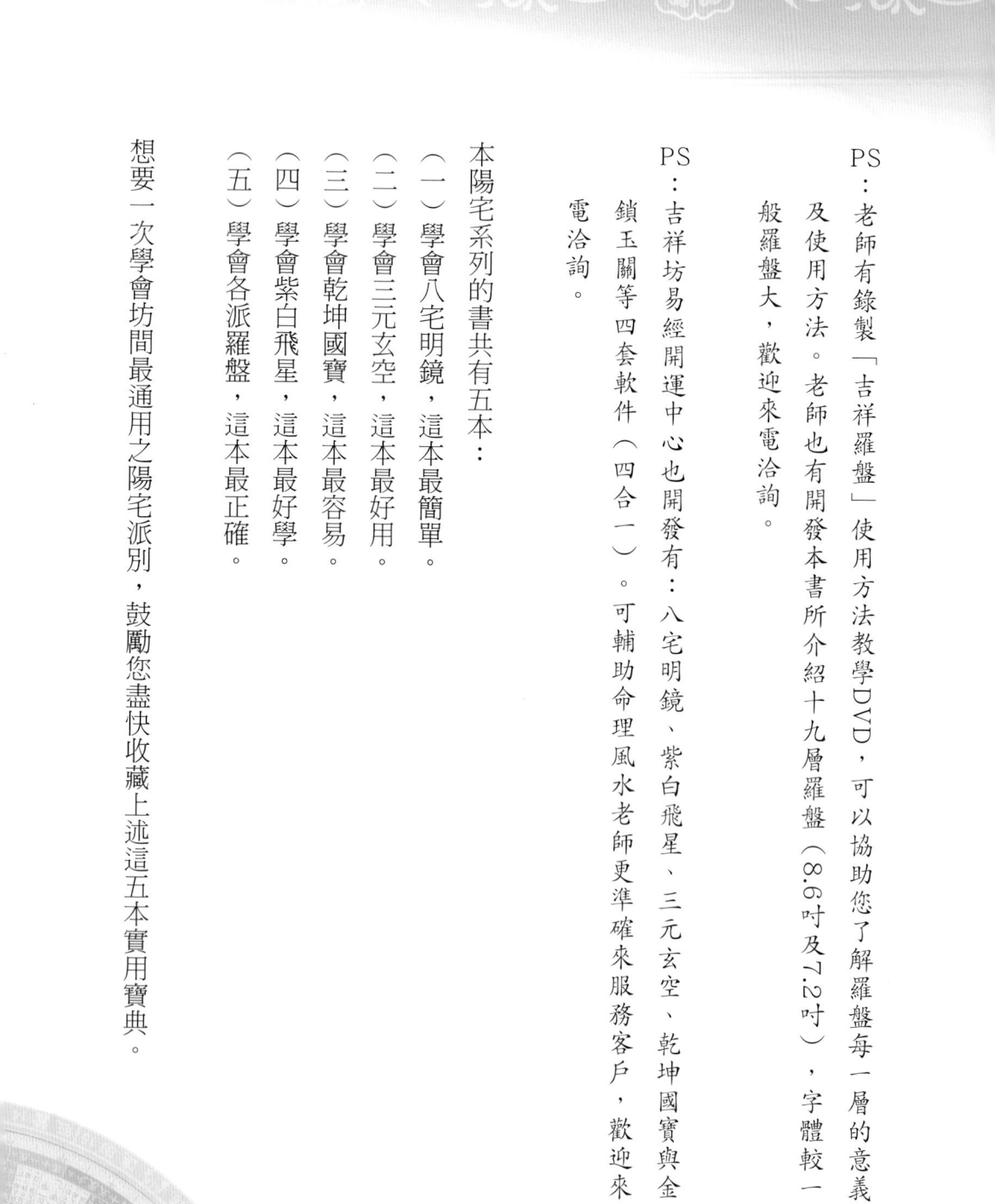

PS：老師有錄製「吉祥羅盤」使用方法教學DVD，可以協助您了解羅盤每一層的意義及使用方法。老師也有開發本書所介紹十九層羅盤（8.6吋及7.2吋），字體較一般羅盤大，歡迎來電洽詢。

PS：吉祥坊易經開運中心也開發有：八宅明鏡、紫白飛星、三元玄空、乾坤國寶與金鎖玉關等四套軟件（四合一）。可輔助命理風水老師更準確來服務客戶，歡迎來電洽詢。

本陽宅系列的書共有五本：

（一）學會八宅明鏡，這本最簡單。
（二）學會三元玄空，這本最好用。
（三）學會乾坤國寶，這本最容易。
（四）學會紫白飛星，這本最好學。
（五）學會各派羅盤，這本最正確。

想要一次學會坊間最通用之陽宅派別，鼓勵您盡快收藏上述這五本實用寶典。

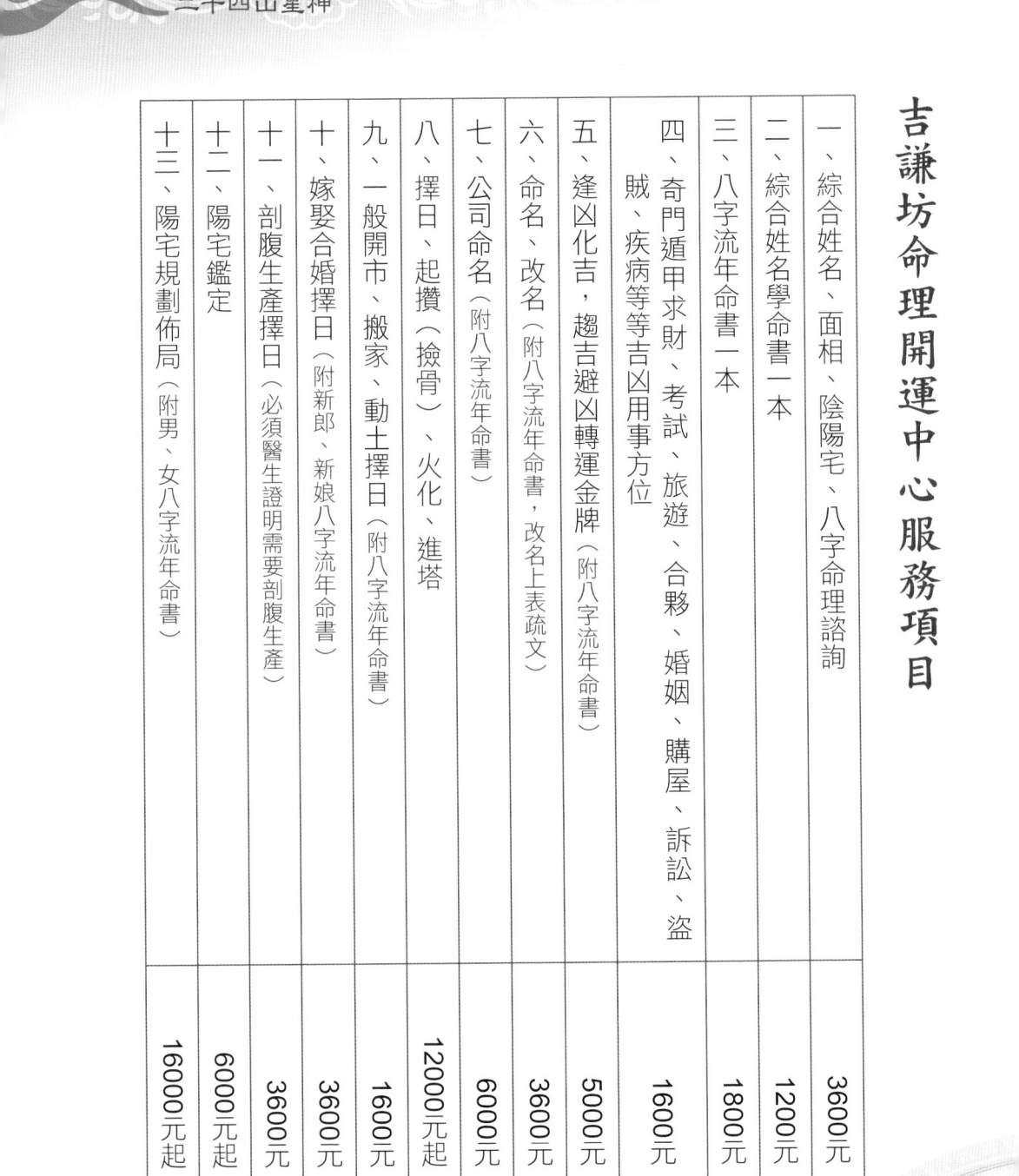

吉謙坊命理開運中心服務項目

一、綜合姓名、面相、陰陽宅、八字命理諮詢	3600元
二、綜合姓名學命書一本	1200元
三、八字流年命書一本	1800元
四、奇門遁甲求財、考試、旅遊、合夥、婚姻、購屋、訴訟、盜賊、疾病等等吉凶用事方位	1600元
五、逢凶化吉，趨吉避凶轉運金牌（附八字流年命書）	5000元
六、命名、改名（附八字流年命書，改名上表疏文）	3600元
七、公司命名（附八字流年命書）	6000元
八、擇日、起攢（撿骨）、火化、進塔	12000元起
九、一般開市、搬家、動土擇日（附八字流年命書）	1600元
十、嫁娶合婚擇日（附新郎、新娘八字流年命書）	3600元
十一、剖腹生產擇日（必須醫生證明需要剖腹生產）	3600元
十二、陽宅鑑定	6000元起
十三、陽宅規劃佈局（附男、女八字流年命書）	16000元起

十四、入宅安香、安神、安公媽	12000元起
十五、開運印鑑 （附八字流年命書）（紅壇木、琥珀、赤牛角等，印鑑擇日開光）	9000元起
十六、開運名片（附八字流年命書，名片擇日開光）	3600元
十七、數字論吉凶（找尋最適合自己的幸運數字，包括先天與後天數字）	500元
十八、專題講座、喪禮服務、前世今生	電洽或面洽
十九、生基造福（此地產權與使用權清楚，達到催官、增壽、進祿、招財、保命、啟智之效，請參考www.3478.com.tw）	電洽或面洽
二十、各類開運化煞物品（請參考www.3478.com.tw）	電洽或面洽
廿一、賣屋動竅妙、訴訟必勝法、無法入睡、收驚尋人、考試投標助運等	電洽或面洽
廿二、命理五術教學	電洽或面洽

服務處：高雄市茄萣區茄萣路二段187號
電話：07-6922600　李羽宸老師　行動：0930-867707
網址：http://www.3478.com.tw　E-mail：chominli@yahoo.com.tw
網址：http://3478.kk131.com

吉祥坊易經開運中心服務項目

一、命理諮詢附八字詳批或紫微詳批	3600元
二、命名、改名（用多種學派）、附八字命書一本	3600元
三、一般開市、搬家、動土、擇日、附奇門遁甲擇日	1600元
四、嫁娶合婚擇日附新郎、新娘八字命書一本	3600元
五、剖腹生產擇日附36張時辰命盤優先順序	3600元
六、陽宅鑑定及規劃佈局附男、女主人八字命書一本	12000元
七、開運印鑑附八字流年命書一本	9000元
八、開運名片附八字流年命書一本	3600元
九、各種羅盤8.6吋、7.2吋、6~2吋專用腳架--所有羅盤均適用	1800元
十、吉祥羅盤8.6吋、7.2吋、2吋讀者優惠價	電洽
十一、360度羅盤雷射定位器（方便好用壓克力製）	3500元

十二、姓名學、八字論命、奇門遁甲、紫微斗數、擇日軟體、前世今生八宅明鏡、紫白飛星、三元玄空、乾坤國寶數字論吉凶、開運養生等軟体請上網瀏覽	好用軟體特價
十三、各類開運物品或制煞物品、請上網查閱	電洽

服務處：台中市西屯區西屯路二段297之8巷78號（逢甲公園旁）
電話：04-24521393　黃恆堉老師　行動：0936-286531　0980-258768
網址：http://www.abab.com.tw　E-mail：w257@yahoo.com.tw
網址：http://www.131.com.tw　E-mail：abab257@yahoo.com.tw

國家圖書館出版品預行編目資料

學會各派羅盤，這本最正確 / 黃恆堉、李羽宸著.
——第一版——臺北市：知青頻道出版；
紅螞蟻圖書發行，2015.11
面　公分——(Easy Quick；139)
ISBN 978-986-5699-69-7（平裝附DVD）

1.堪輿 2.羅盤

294　　104019725

Easy Quick 139

學會各派羅盤，這本最正確

作　　者／黃恆堉、李羽宸
發 行 人／賴秀珍
總 編 輯／何南輝
校　　對／周英嬌、黃恆堉、李羽宸
美術構成／Chris' office
出　　版／知青頻道出版有限公司
發　　行／紅螞蟻圖書有限公司
地　　址／台北市內湖區舊宗路二段121巷19號（紅螞蟻資訊大樓）
網　　站／www.e-redant.com
郵撥帳號／1604621-1　紅螞蟻圖書有限公司
電　　話／(02)2795-3656（代表號）
傳　　真／(02)2795-4100
登 記 證／局版北市業字第796號
法律顧問／許晏賓律師
印 刷 廠／卡樂彩色製版印刷有限公司
出版日期／2015年11月　第一版第一刷
2021年 9 月　　第四刷(500本)

定價 360 元　港幣 120 元

ISBN 978-986-5699-69-7　　Printed in Taiwan